유니버+시티 Univer+City

대학과 도시의 상생발전

유니버+시티 Univer+City
대학과 도시의 상생발전

POSTECH PRESS

차 례

II. 대학과 도시의 상생발전: 지금 우리는 이렇게

Univer+City: 대학과 도시가 협력하여
상생발전을 모색한다는 의미를 지닌
새로운 상형문자(象形文字)

우주에서 찍어 보낸 지구사진 중에서 우리의 눈을 특별히 사로잡
는 것은 세계의 도시들이 만들어내는 휘황찬란한 야경(夜景)이다. 광
활한 우주에서 밤에도 빛을 발하는 유일한 별인 지구는 24시간 살아
움직이는 도시와 더불어 거대한 유기체(有機體)가 되었다. 도로, 상하
수도 그리고 인터넷 등 수많은 네트워크가 오늘의 도시를 움직이지
만 그러나 도시는 고대 이집트에도 존재했던 것이다. 현대에 이르면
서 도시 발전은 급속히 가속되었고, 그 결과 2014년 유엔은 인류 역
사상 처음으로 세계 인구의 절반 이상이 도시에 거주한다고 발표했
다.

기나긴 세월의 인류사를 다시 돌아보면, 큰 강물처럼 잔잔하게만
흘러왔던 인간의 삶은 19세기 초에 일어난 산업혁명을 변곡점으로
크게 출렁이기 시작했다. 기계의 등장으로 대량 생산이 이루어지면

〈그림 1〉 우주에서 본 한반도와 일본열도의 야경(夜景). 도시는 밤에도 움직인다.

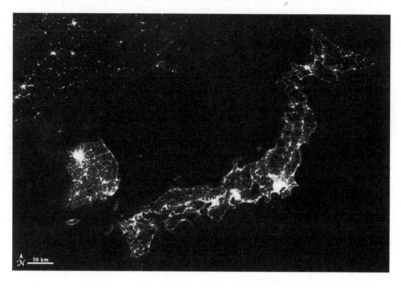

서 많은 노동자들이 일자리를 찾아 도시로 모여 들었고, 이들이 형성한 대규모 시장은 도시를 다시 금융과 상업의 중심지로 만들면서 서로 상승작용을 일으켜 사람들을 계속 도시로 불러 들였다. 이에 따라 공기 및 식수의 오염 그리고 쓰레기 처리 등 많은 어려움이 야기되었지만, 이런 문제들 역시 상당부분 기술로 해결되면서 도시는 오늘날에도 계속 발전하고 있다.

실제로 지난 200여년 동안 가속된 문명발전은 도시의 생성과 팽창과정이다. 도시발전과 인류 번영은 완벽한 상관관계를 지니고 있어 평균적으로 어떤 국가이건 도시인구 비중이 10% 늘어날 때마다 그 나라의 1인당 생산성은 30%씩 증가했다. 이러한 도시 발달은 삶의 기본인 의식주는 물론이고 인간의 가치관과 사고방식까지 바꾸고 있다. 중국에서는 한국의 분당(인구 30만명) 같은 도시가 앞으로 40년간 1만3000

개 탄생할 것이라는 예측이다. 현대인은 도시시대에 살고 있다.

그런데 지구 어느 대륙에 위치했건 도시의 발전과정엔 오르내림이 있게 마련이며, 이는 당연히 도시가 지닌 산업경쟁력과 관련된다. 미국 북동부 오대호(五大湖) 주변의 디트로이트, 피츠버그 등은 1970년 대까지 각각 북미의 자동차와 철강 대부분을 생산하면서 제조업의 심장부로 불리던 곳이다. 그러나 지난 20세기 후반에 해당 산업들은 경쟁력을 잃었고, 그 결과로 이 지역은 공장설비가 모두 녹슬고 말았다는 의미로 러스트 벨트(Rust Belt)라 칭해졌다. 직업이 없어지면서 당연히 인구도 감소했고 도시는 활력을 잃었다.

하지만 지난 10~20년 사이에 러스트 벨트의 많은 도시들은 다시 활기를 되찾기 시작해서 최근에는 오히려 이 지역을 모든 측면에서 따사로움을 즐길 수 있다는 썬 벨트(Sun Belt)라 부르고 있다. 쇠락했던 이들 도시는 무슨 힘으로 복원되고 있을까? 정보산업과 전통 제조업이 결합하면서 전체적인 산업경쟁력이 증진되었고 아울러 서비스 산업의 발전 등도 그 요인이지만, 도시 회복의 핵심은 젊은이들이 모여 있는 대학의 가치창출(價値創出) 역할이었다.

실제로 러스트 벨트에 속해 있던 도시로서 최근 미국의 전체평균보다 더 높은 경제성장률을 보이는 곳은 모두 아홉 개 도시인데, 그중의 여섯 곳, 즉 밀워키, 앤 아버, 매디슨 등에는 주요 연구대학이 자리 잡고 있다. 대학의 연구 활동이 새로운 지식가치를 만들어내면서 산업은 이를 이용해 경쟁력을 높였고 그 결과 도시는 활력을 다시 찾았다. 대학과 산업의 긴밀한 협력 그리고 이를 이어주는 지방 및 중앙정부의 역할은 도시 부활(復活)의 핵심이다.

우리나라의 경우, 미래 세대에게 지식을 전수하는 것이 유일한 목적이었던 전통적 대학이 연구를 시작한 것은 겨우 30년 전이다. 정량화가 가능한 연구성과 중심의 세계 대학 랭킹에서 서울대학교가 Top 100에 처음 포함된 것이 2005년이었는데, 이제는 다섯 개 정도의 대학이 여기에 항상 포함되곤 한다. 여하튼 우리 사회는 그간 많이 달라졌으며 이제는 대학들도 새로운 미래를 준비해야 할 시점이다. 21세기의 지식산업 경쟁력 확보에 대학이 기여해야 한다.

특히 심각한 문제는 우리 사회가 전반적인 정체와 저성장의 늪에서 고통 받고 있다는 점이다. 이를 타개하기 위해서는 대학들이 그간 교육과 연구를 통해 추구해 왔던 인재가치와 지식가치를 앞으로는 창업(創業)과 창직(創職)으로 연계하여 사회·경제발전에 좀 더 직접적으로 기여해야 한다. 끊임없이 자동화를 모색하는 대기업의 일자리 확충은 어느 나라에서나 한계에 이르렀으며, 실제로 미국의 경우도 신규 일자리의 절반 이상은 전체 기업의 4%에 불과한 벤처기업이 만들고 있다. 우리 대학들이 벤처 육성에 매진해야 하는 이유다.

지난 반세기 동안에 우리는 전자, 조선, 자동차, 철강 등 제반 산업분야에서 기적 같은 발전을 이루었으며 그에 따라 산업도시들도 생성되고 번성했다. 그러나 과거보다 더 중요한 것은 미래이며, 특히 대한민국이 본격적인 선진국으로 진입하기 위해서는 대학이 해당지역의 도시경쟁력을 높이는 일에 적극 참여하는 것이 매우 중요하다. 이러한 목적으로 울산 및 포항에서는 2016년부터 두 도시의 시청과 상공회의소 그리고 지역의 대학들, 즉 울산대학교, UNIST, 한동대, 포스텍 등이 함께 〈Univer+City〉라는 모임을 만들어 대학과 도시의 상생발전을 추구하고 있다.

〈그림 2〉 2016년 5월 울산·포항지역의 첫 〈Univer+City〉 행사

　이 책자는 대학과 도시의 상생발전에 뜻을 함께 모은 전국 각 지역의 시장과 대학총장들의 귀한 제안을 모은 것이다. 1) 현재 각 시와 대학교에서 추진중인 과제, 2) 대학과 지방 혹은 중앙정부가 서로에게 요청하고 싶은 일, 3) 대학과 도시의 상생발전을 위한 시장과 총장의 새로운 제안, 그리고 4) 미래를 준비하는 창의적 인재육성 방안 등을 함께 공유(共有)하는 것이 발간의 목적인 바 이렇게 결집된 Univer+City의 지혜가 대한민국 발전에 기여하길 소망한다.

　바쁜 일과 속에서도 많은 시간을 내어 원고를 마련해 주신 일곱 분의 시장과 열다섯 분의 대학총장께 각별한 감사를 드리며, 책의 출간을 주도한 박태준미래전략연구소 김병현 소장 및 여러 연구원의 노고에도 사의를 표한다.

2017년 10월

김도연 포스텍 총장　dohyeonkim@postech.ac.kr

I

대학과 도시의 상생발전:
유니버+시티는 우리의 미래

대학과 도시의 상생발전:
유니버+시티는 우리의 미래

포스텍 박태준미래전략연구소

'유니버+시티 Univer+City'의 길

'유니버+시티'란 대학을 뜻하는 University의 '유니버(Univer)'와 도시를 뜻하는 '시티(City)'를 결합시킨 용어다. 빅데이터, 바이오에너지 같이 일반 대중에게 익은 외래어는 아직 아니지만, 우리나라 여러 대학과 도시의 밝고 희망찬 미래를 담보한 말이어서 머잖은 장래에 많은 이에게 익숙한 용어로 자리 잡으면 좋겠다. 유니버+시티는 대학과 도시가 진정한 상생발전의 공동체로 거듭난 지역사회다.

대학과 도시는 상생발전을 위해 각종 제도를 완비하고 실천해야 한다. 대학이 도시의 현안 문제들이나 미래 과제들을 해결하고, 도시는 대학에 행정적 재정적 지원을 해줄 뿐만 아니라, 도시가 대학과 기업의 유기적 협력을 매개하고 지원하는 구조가 정착되어야 한다. 이는 도시와 대학이 더불어 상생발전의 길로 나아가는 선순환 발전

구조다. 상생발전을 추구하고 그것을 함께 수확하는 동상동몽(同床同夢)의 파트너로 굳어지는 것이다.

물론 대학과 도시, 그리고 기업의 고유 영역은 그대로 보존되고 존중되어야 한다. 대학과 도시와 기업이 운명공동체라는 인식을 공유하여 상생발전의 제도를 갖추고 실행하는 가운데, 대학은 더 좋은 인재를 길러내고 더 좋은 지식을 일궈내서 더 많은 창업과 창직(創職)에 기여하고, 도시(시정부)는 더 풍요로운 경제적 환경을 조성하면서 더 좋은 삶의 질을 보장하기 위한 행정 역량을 펼쳐나가고, 기업은 지속가능의 튼실한 경영을 확보하여 그만큼 더 지역사회에 기여하게 된다. 이러한 유니버+시티의 상생발전 구조는 창조적이고 발전적인 조화의 관계를 추구하는 화이부동(和而不同)·구동존이(求同存異)의 전통정신에도 합치되는 것이다.

그런데 '대학과 도시의 상생'은 '도시재생' 사업과도 맥을 같이 한다. 실제로 세계 여러 나라에서 대학이 도시의 혁신에 앞장서거나 도시에 새로운 활력을 불어넣는 프로젝트를 '도시재생'이라 부르기 때문이다.

그러나 현재 우리나라에서 '도시재생'은 중앙정부가 주도하여 도시 낙후 지역을 혁신적으로 개선하는 데 역점을 두는 프로젝트이고, 대학과 도시의 상생발전을 추구하는 '유니버+시티'는 대학과 지방정부와 기업이 하나가 되어 도시의 체질을 근본적으로 변화시켜 공동체의 지속가능한 발전을 확보하려는 프로젝트이다. 이러한 차이와는 별개로, 대학은 '도시재생' 사업을 위해 그 마스터플랜 같은 전체 설계, 미학적인 세부 디자인, 지식융합시대에 걸맞은 공공인프라 구축 등 여러 방면에서 다양한 지식을 제공할 수 있을 것이며, 그 사업의 다섯 가지 유형들[1] 중에 특히 '경제기반형'에는 주도적으로 참여하는 방안도 가능하다.

동서양을 막론하고 전통적으로 대학의 상징은 횃불이었다. 대학은 진리의 길을 밝히는 지성의 공간이고 지식의 집단이라는 뜻이며, 이것이 사회적 통념이기도 했다. '지식기반'을 넘어 '지식융합'이 대세를 형성하고 있는 우리 시대에 대학은 어떻게 횃불로서의 사명에 충실할 수 있을 것인가? 유니버+시티는 그 중요한 대답이다. 어느 지역, 어느 도시에서나 대학은 지식의 백화점이고 지식의 공장으로서 '지식'을 가장 많이 보유하고 또 가장 많은 '지식'을 새로이 창출하는 곳이다.

한국사회에서 서울은 전국의 인재들을 빨아들이는 블랙홀이다. 이것이 우리나라 대다수 지방 도시에 '지식의 공동화(空洞化)'라는 심각한 문제를 야기했다. "쓸 만한 인재는 거의 다 서울 가고 없다"는 말을 실감하게 만들었다. 이러한 상황에서 우리의 대다수 도시들은 '지식의 시대'를 제대로 감당할 수는 없다. 도시의 정체나 퇴보는 그 공동체의 대학에도 아주 나쁜 영향으로 회귀되기에, 여기서 대학과 도시가 설정해야 하는 새로운 시대적 좌표를 바라볼 수 있다. 서로 어깨를 함께하고 '대학과 도시의 상생발전'에 적극 나서야 한다는 것이다. 대학과 도시가 공동체의 위기에 대응할 혁신에 대한 절박한 인식을 공유하고 상생발전의 제도와 문화를 정착시키며 지속가능한 밝은 미래로 나아가는 길—이것이 유니버+시티의 길이다.

---

1   '도시재생 뉴딜' 사업에는 우리 동네 살리기, 주거정비 지원형, 일반 근린형, 중심시가지형, 경제기반형
     등 5가지 유형이 있다.

한국사회에서 대학과 도시의 상생발전이 정책적 논의로 대두한 것은 그리 오래된 일이 아니다. '유니버+시티'란 포스텍이 2016년 5월 처음으로 대학과 도시가 함께 책임을 지고 공동체의 더 밝은 미래를 함께 열어나가야 한다는 차원에서 화두로 내놓은 말이다.

대학과 도시의 협력이나 상생 문제에 대한 논의가 21세기에 들어와서 상당히 활발해졌다는 사실은 그 주제를 학문적 시각에서 연구해온 우리나라 관련 학계의 동향을 통해서도 확인할 수 있다. 지역과 대학 간의 협력관계를 분석하기 위해 1980년대부터 2015년 12월까지 발행된 학회지 게재 논문과 석박사 학위논문 중 '지역과 대학발전', '대학과 지역사회', '대학과 기업', '대학과 지방자치단체', '대학과 비영리단체' 등을 키워드로 검색한 후 내용분석을 거쳐 그중 136편의 논문을 선별하고 시기별로 분류해 보니, 문민정부(김영삼 정부) 이전 7건, 문민정부 시절 7건, 국민의 정부(김대중 정부) 시절 17건, 참여정부(노무현 정부) 시절 31건, 이명박 정부 시절 52건, 박근혜 정부 시절 22건 등으로 나타났다.[2]

이러한 조사분석의 결과는 우리나라에서 대학과 도시, 지역과 대학의 협력이나 상생에 관한 담론이 21세기에 들어와서 사회적 관심사로 대두했다는 하나의 증표가 될 수 있다. 한국사회의 무엇이 대학과 도시의 협력 및 상생 문제를 제기하게 했는가? 어떤 경제적 변인과 어떤 사회적 변인이 작용했는가?

---

2 김이수, "메타분석을 활용한 지역과 대학간 협력에 관한 연구 -국내 연구를 중심으로-" 『한국자치행정학보』, 제30권 제1호(2016), 115-144.

지난 십수 년 동안 우리나라에서 대학과 도시의 협력·상생 문제가 꾸준히 사회적으로 확장되게 만든 배경으로는 크게 두 가지를 짚어 볼 수 있다.

첫째, 한국경제가 저성장 시대에 진입함으로써 다이내믹코리아의 동력을 상실해 가고 있다는 것이다. 그 결정적 계기는 여전히 'IMF 사태'라 회자되는 외환위기사태였다.

1997년 12월 3일, 정축년이 저물어가는 그날, 느닷없이 미셸 캉드 쉬라는 백인 남성이 서울에 출현해 카메라 세례를 받을 때, 한국경 제는 미증유의 참담함 속으로 빨려들고 있었다. 그는 국제통화기금 (IMF) 총재였다. 외환위기로 국가부도의 벼랑 끝에 내몰린 우리나라 는 이른바 'IMF사태'로 치달았다. 그것은 1962년 제1차 경제개발5 개년계획과 더불어 개막했던 산업화 시대의 고도성장이 마침표를 찍 는 것이기도 했다.

IMF사태 이후 한국사회는 저성장 시대에 진입했고 상대적으로 감 당해내야 하는 사회적 문제들은 급속히 부각되었다. 청년실업, 비정 규직, 중산층 붕괴, 양극화, 저출산 등 오늘의 우리를 무겁게 짓누르 는 짐들이 바로 그것이다.

저성장 시대는 서울이나 수도권보다 전국의 여러 지역을 더 어렵 게 만들었다. 도시들은 기업유치에 나섰다. 기업에 인센티브를 제공 하는 아이디어들이 속출하고, "기업하기 좋은 도시"라는 현수막이 방방곡곡 내걸렸다. 기업 유치를 통해 도시의 활력을 회복하려는 노 력이었다. 한편으로, 도시의 활력 상실은 대학들에도 전이되었다. 중 앙정부가 지방대학육성대책(2000. 12), 지방대학자체사업계획평가지 원사업(2002-03) 등을 내놓았지만 그것은 고도성장 시대에 '특성화

공대 육성 지원 사업'으로서 경북대의 전기·전자공학, 부산대의 기계공학, 전북대의 화학공학 등을 육성했던 것과 같은 가시적인 효과를 거두지 못했다. 그럼에도 불구하고 대학과 도시는 공동체적 상생발전에는 깊은 관심을 기울이지 않고 있었다.

둘째, 지구촌이라는 말을 실감하고 체험하는 글로벌시대에 세계경제의 순환구조에 의해 후발개도국이 급부상함으로써 한국의 전통적 제조업을 비롯해 경제 주체들이 위축된 상황에서 지식기반, 지식융합의 새 지평이 활짝 열렸다는 것이다.

세계경제의 순환구조는 복잡해 보여도 단순한 원리 하나가 작용한다. 포스코를 세계 일류기업으로 이끌며 포스텍을 설립하고 육성한 박태준은 평소에 그것을 신념처럼 간명하게 한 문장으로 표현했다.

"선진국이 앞서가고 중진국이 배우며 따라가고 또 후발개도국이
그렇게 하는 것이다."

추격의 궁극적 목표는 추월에 있다, 바로 한국이 그렇게 했다. 후발개도국이 한국을 본받으려는 것은 당연하다. 중국이 그렇게 했다. 덩치도 실력도 키워서 이제는 세계 2위로 등극한 중국경제의 급부상은 한국경제의 기회인 동시에 위기다. 중국경제의 고도성장에 올라타고 호황을 누렸던 한국경제가 중국의 역공에 시달리고 있는 것이다. 조선업과 철강업이 대표적 사례다.

지난 몇 년에 걸쳐 한국 조선업과 철강업에 들이닥친 시련은 어느 도시보다 울산과 거제, 그리고 포항에 심각한 악영향을 끼쳤다. 구조조정의 여파로 실업자가 양산되고, 군소 자영업자들이 문을 닫고, 도

시의 지방세 수입이 급감하고, 심지어 도시가 파산할지도 모른다는 위기의식이 지역사회에 여론처럼 형성되기도 했다. 과연 탈출구는 어디에 있는가? 도시는 새로운 비전을 찾아야 했고, 대학의 역할을 중시하게 되었다.

한국사회는 지식기반시대에 미처 적응하기도 전에 급속한 조류처럼 밀려드는 지식융합의 4차 산업혁명시대를 맞고 있다. 이것은 무엇보다도 지식 인프라가 빈약한 도시들에게 '지식'을 중요한 경제적 자산으로 주목하게 했다. 인공지능, 빅데이터, 클라우드 컴퓨팅, 사물인터넷, 지능형 로봇, 3D 프린팅, 바이오산업, 사이버-물리 융합시스템 등 미래가 걸렸다는 4차 산업혁명의 목록 앞에서 도시들은 그 원천 지식을 비축하고 끊임없이 새 지식을 창출하는 대학에 당연히 눈길을 돌리고 있다.

IMF사태 이후의 십수 년 동안에 도시의 생존 여건이 어려워지는 것과 더불어 대학들은 고도성장시대에 경험하지 못했던 어려움들과 직면하고 있었다. 이것은 대학사회에도 변화를 일으켰다. 대학이 인식을 전환하여 주체적이며 능동적으로 지역사회와 공동체적 파트너십을 맺고 과거와는 다른 차원에서 상생발전의 관계를 추구해야 한다는 것이다.

위기는 곧 기회라는 금언이 있다. 위기를 맞아야 대오각성의 분발로 나서게 되는 인간의 본성이 여전히 그 말에 힘을 실어주고 있지만, 우리나라에서 대학과 도시의 협력·상생 방안에 대한 사회적 논의가 활발해진 배경은 위에서 일별해본 것과 같이 도시와 대학의 위기의식이 동시에 작동한 것이다.

대학과 도시의 상생발전에서 특히 대학은 지역사회의 경제적 활력을 위해 어떤 역할을 할 수 있을까? 이에 대한 한국사회의 관심은 선진국보다 크게 늦어졌다. 그래서 선진국의 성공 사례들은 우리에게 귀중한 참고가 되고 있다. 이러한 사정은 다음의 칼럼에도 잘 나타나 있다.

미국 북동부 오대호(五大湖) 주변의 디트로이트 피츠버그 등은 1970년대까지 각각 북미의 자동차와 철강의 대부분을 생산하면서 제조업의 심장부로 불리던 곳이다. 그러나 20세기 후반에 해당 산업들은 경쟁력을 잃었고 그 결과 이 지역은 공장 설비가 모두 녹슬고 말았다는 의미로 '러스트 벨트(Rust Belt)'라 칭해졌다. 직업이 없어지면서 당연히 인구도 감소했고 도시는 활력을 잃었다.

하지만 지난 10–20년 사이에 러스트 벨트의 많은 도시들은 다시 활기를 되찾기 시작해 최근에는 오히려 이 지역을 모든 측면에서 따사로움을 즐길 수 있다는 '선 벨트(Sun Belt)'라 부르고 있다. 쇠락했던 이들 도시는 무슨 힘으로 복원되고 있을까? 정보산업과 전통 제조업이 결합하면서 전체적인 산업경쟁력이 증진됐고 아울러 서비스산업이 발전한 것 등이 그 요인이지만, 도시 회복의 핵심은 젊은이들이 모여 있는 대학의 가치창출 역할이었다.[3]

대학의 역사가 일천한 우리나라에도 대학이 인재양성과 지식생산에 충실하면서 지역사회에 다양하게 기여해야할 뿐만 아니라 창업과 창

---

3   김도연, "'Univer+City', 도시를 살리는 상생모델", (한국경제, 2017. 2. 18).

직이라는 사회·경제적 가치창출을 위해 적극 나서야 한다는 목소리가 사회적 공감대를 형성하고 있다. 대학이 전통적인 역할을 넘어 '대학과 도시의 상생발전'에도 중추적 역할을 담당해야 한다는 것이다.

이 책의 2부에서 확인할 수 있다시피 창업과 창직, 대학과 도시의 상생발전이라는 대학의 새로운 역할이 정립되고 있는 현상은 최근 몇 년 사이에 진행된 바람직한 혁신의 성과로 평가할 수 있다. 그 이전까지는 대학이 도시(지역사회)에 미치는 영향에 대해 크게 세 가지 정도로 정리되었다.

첫째는 대학의 인구유입, 고용창출, 소비활동 등을 통한 경제적 파급효과와 이미지 제고, 그리고 지역 거점 역할이다. 둘째는 대학이 주변의 주거환경에 도움을 주고 인프라 시설을 제공하는 역할이다. 캠퍼스나 그 녹지공간의 확장과 도시기반시설 확충이 주변 환경을 개선해주고 운동장과 도서관 개방, 대학병원 운영 등으로 주민들에게 편의를 주는 것이다. 셋째는 대학이 지역사회에 교육적, 문화적 혜택을 제공하는 역할이다. 지역주민을 위한 여러 가지 교육·문화 프로그램, 대학 축제나 행사 공유 등이 여기에 해당된다.[4] 이러한 대학의 지역사회에 대한 세 가지 역할은 그러나 특별한 노력을 기울이지 않아도 감당할 수 있는 것으로 '봉사활동'의 범주를 거의 벗어나지 않는다.

우리나라 대학들이 지역사회에 대한 소극적 역할에서 벗어나 '창업과 창직', '대학과 도시의 상생발전'이라는 새로운 사회·경제적 가치창출에 적극적, 능동적, 주체적으로 나서게 된 배경에는 대학의 역사가 훨씬 장구한 유럽이나 미국의 대학들이 보여준 모범적 선례가

---

4   김세용, "대학과 지역사회", 『도시문제』, 49권 547호 (2014), 12-15.

좋은 영향을 미친 것도 사실이다.

대학과 도시가 걸어온 길

대학은 도시의 발전 속에서 탄생했다. 오늘날의 대학 교육 형태
는 11세기 또는 12세기의 중세 유럽에서 시작된 것으로 알려져 있
다. 그 무렵 유럽의 도시들은 크게 발달하여 도시다운 형세를 갖추었
다. 정치적으로는 로마제국의 멸망 이후부터 유럽을 지배해오던 프
랑크왕국이 쇠락하고 봉건영주 중심체제가 갖춰지면서 군주의 영향
력은 약화되었고 경제적으로는 농업기술과 상업이 발달하여 무역 중
심의 새로운 경제체제가 갖추어졌다. 원거리 무역으로 부를 축적한
상인들과 수공업 기반의 장인들이 자치도시의 권리를 확보하기도 했
다. 식량과 부의 증대는 인구의 증가로 이어졌으며, 도시로 유입되
는 인구는 그만큼 더 불어났다. 이제 도시는 새로운 교육 체제와 새
로운 지식 교육이 필요하게 되었다. 그리스 로마시대에 발달한 3학
(Trivium: 문법, 논리학, 수사학)과 4과(Quadrivium: 산술, 기하학, 음악, 천문학)
중심의 자유교과(liberal arts) 체제로는 정치적 경제적 지형의 거대한
변화에 대응하는 지식을 교육할 수 없었던 것이다.

11세기의 십자군 전쟁도 새로운 교육 체제의 등장과 깊은 관련이
있다. 살육과 파괴를 저지르는 전쟁이 인류의 역사에 순기능 역할을
해놓은 것이 있다면 그것은 문명의 교류다. 십자군전쟁의 마차들은
유럽 땅에 새로운 지식과 문명을 실어 날랐다. 아리스토텔레스의 철
학과 아랍의 과학 지식들이 유럽으로 유입되면서 중세 유럽에서는

지식과 학문에 대한 관심이 크게 증대했다.[5]

도시의 성장과 지식의 확대는 전문화된 교육을 요구했다. 의학, 법학, 신학을 전문으로 교육하는 곳이 등장했다. 이들이 대학으로 탄생했다. 최초의 대학은 이탈리아의 볼로냐대학과 프랑스의 파리대학으로 알려져 있다. 볼로냐대학은 법학을 중심으로, 파리대학은 신학을 중심으로, 살레르노대학은 의술을 중심으로 설립되어 명성을 얻었다.[6] 이들 대학은 자유교과 과정을 이수한 뒤 법학, 신학, 의학을 전공할 수 있는 체계를 갖추었다. 유럽의 다른 도시들에도 속속 대학이 모습을 드러냈다. 영국에는 옥스퍼드대학과 케임브리지대학, 이탈리아에는 파도바대학이 설립되고 빈, 하이델베르크, 쾰른 등에도 대학이 설립되었다.[7]

대학을 뜻하는 유니버시티(university)는 사람으로 구성된 집단이나 조합을 가리키는 라틴어인 우니베르시타스(universitas)에서 왔다. 초창기 대학의 설립은 '학생 조합(universitas scholarium)'이나 '교수 조합(universitas magistrorum)'이 중심이 되었다. 볼로냐대학은 학생조합이 중심이 되었고 파리대학, 옥스퍼드대학, 케임브리지대학은 교수조합이 중심이 되었다. 그때 도시에는 자생적인 이익공동체로서 다양한 조합이 결성돼 있었다. 상인조합이나 목수조합이 있었던 것처럼, 학생들이나 교사들도 자신들의 더 많은 이익을 위해 조합을 만들어야 했다. 이후 대학을 가리키는 용어가 다양하게 나타났지만, 대학교육이 특정한 시설을 갖춘 곳에서 일정하게 진행되면서 유니버시티

5   김주관, "정주대학(Residential College)의 기원과 변화: 영국의 대학교를 중심으로," 『교양교육연구』, 8권 6호 (2014).
6   김중기, "중세 대학의 기원에 관한 고찰," 『역사와 사회』, 25권 (2003).
7   통합유럽연구회, 『유럽을 만든 대학들』 (서울: 책과함께, 2015).

(university)는 대학을 가리키는 단어로 자리 잡게 되었다.[8]

대학과 도시의 운명공동체, 대학과 도시의 상생발전을 논의하는 현재의 시각으로는 얼른 상상하기 어렵지만, 유럽이나 미국의 대학 발전사에는 대학과 도시, 대학과 지역사회가 일으킨 갈등의 기록도 남아 있다.

대표적 사례는 영국 옥스퍼드대학의 '타운-가운 갈등(town-gown conflict)'이다. 가운(gown)은 대학 졸업자들이 입는 옷이니 대학생을, 타운(town)은 지역사회를 상징하는 말이다. 양측의 잦은 갈등이 1209년에는 사상자가 나올 정도로 깊어졌다. 옥스퍼드대학의 일부 학자들이 다른 지역으로 이주해서 설립한 대학이 케임브리지대학이다. 그리고 이탈리아의 볼로냐대학에서 주민과의 갈등을 견딜 수 없어 이주해간 사람들은 파도바대학을 설립했다.[9]

옥스퍼드에서나 볼로냐에서나 갈등의 주요 원인은 경제적 문제와 감정적 괴리감이었다. 타지에서 들어온 대학생이나 학자들은 지역사회에 대한 애착이 없었고, 그들을 상업적으로 상대하는 지역 상인들에게는 그들이 이방인에 불과했다. 양측에 가로놓인 이질감이 지역상인들과 대학 사람들 간에 서로 악감정을 키우는 심리적 기제가 되었을 것이다. 그리고 대학에서 생산되는 지식이 필요했던 군주나 교황은 대학에 특권을 보장해주며 갈등을 해결하려 했지만 이는 오히려 갈등을 부추기기도 했다.[10] 지역 주민들로서는 못마땅한 이방인들에게 부여되는 그 특권이 눈의 가시처럼 거슬렸을 것이다.

---

8 김영희, "대학의 유형별 기원에 관한 고찰: 법학교육 전개 과정에 관한 고찰도 아울러서," 『법사학연구』, 36(2007), 230-31.
9 강현수, "역사적 대학도시에서 첨단 과학도시로, 케임브리지(Cambridge)," 『국토』, (2010); 강현수, "전통과 미래가 공존하는 대학도시, 옥스퍼드(Oxford)," 『국토』(2002).
10 이광주, 『대학사』(서울:민음사, 1997).

근대와 20세기에도 대학의 면세특권은 이어졌다. 이것은 지역 주민들이 더 많은 세금을 내게 만들었다. 대학생들의 저렴한 주거비용과 식료품비용을 주민들이 지불해야 했다. 그렇다고 대학이 지역사회를 위해 특별한 기여나 봉사를 하는 것도 아니었다. 이러한 대학은 지역사회의 이익과 충돌하는 경우가 많을 수밖에 없었다.[11]

미국에서도 대학과 지역 주민의 갈등이 일어났다. 대학 시설에 대한 면세혜택은 지방정부의 재정을 충당해야 하는 지역민들에게 부담을 가중시킨다. 대학 인구가 적정 한도를 넘어서면 주택난, 교통난, 주차난 등을 야기할 수 있다. 정부에서 토지를 공여 받아 설립된 주립대학이 지역과 협의 없이 캠퍼스를 확장하기도 해서 주민들과 대학이 갈등을 초래하기도 했다.[12]

유럽과 미국에서 일어난 갈등의 사례는 대학과 도시(지역사회)의 관계에 대한 반면교사다. 지구촌 어느 도시도 마찬가지며 한국의 도시도 다르지 않다. 대학과 지역사회가 돈독한 협력관계를 맺지 못하면 언제든 심각한 갈등이 일어날 수 있다는 것이다. 대학이 지역 주민들과 갈등을 일으킨 이유는, 지역사회에 진정한 관심을 기울이지 않았기 때문이다. 물론 이것은 대학이나 대학생 수가 많지 않았던 시대에 대학사회가 지니고 있었던 엘리트의식, 일종의 특권의식과도 관련이 깊은 현상이었다.

그러나 제2차 세계대전 이후부터 미국이나 유럽에서도 1980년대 이후의 한국처럼 대학이나 대학생 수가 급격히 불어났다. 대학교육이 일반화될 환경이 만들어진 것이었다. 이제 대학의 역할에 변화가 일

11 이석우, 『대학의 역사』(서울: 한길사, 1998).
12 한상훈, "지역사회발전에 관한 지역대학의 기능과 역할에 관한 연구," 『영남지역발전연구』, 28(2001).

어날 수밖에 없었다. 대학은 세계, 국가, 사회 전체를 위한 교육과 연구를 당연히 해야 하지만 지역공동체의 중요한 일원으로서 지역사회에도 깊은 관심을 기울이며 참여해야 한다는 인식과 공감대가 대학사회에 형성된 결과였다. 이것은 대학의 도시(지역사회)에 대한 봉사·교육·교양·문화·복지 프로그램 등으로 전개되었다. 대학의 도서관, 운동장, 박물관 같은 시설도 개방되었다. 한국 대학들도 비슷한 변화의 과정을 거쳤다.

필요는 발명의 어머니라는 에디슨의 유명한 말이 있다. 인간의 발명이 과학기술에만 멈출 리는 만무하다. 환경의 변화에 적응하기 위해 인간은 제도를 바꾸거나 새로운 문화를 만들며 오랜 인습을 버리게 된다. 아마도 이런 특징이 인간을 지구의 경영자로 등극시켰을 것이다. 대학의 새로운 변화도 마찬가지다. 대학이 직접 창업과 창직에 적극적으로 앞장서야 한다는 주장이 실현되고, 대학이 도시(지역사회)와 유기적 협력관계를 구축하여 대학과 도시, 도시와 대학의 상생발전에 앞장서야 한다는 목소리가 사회적으로 설득력을 얻게 된 것은 인간의 그 특징이 찾아내고 만들어낸 일이라고 할 수 있다.

현재 한국사회에는 대학의 새로운 역할에 대한 두 가지 요구가 두터운 여론처럼 형성돼 있다. 하나는 대학이 인재양성과 지식창출을 기반으로 창업과 창직이라는 사회·경제적 가치창출에 적극적으로 나서야 한다는 것이고[13], 또 하나는 대학이 대학과 도시, 대학과 지역사회의 상생발전을 위해 운명공동체의 인식 위에서 서로 유기적 협력관계를 맺고 유니버+시티의 길로 전진해야 한다는 것이다.

---

13 포스텍 박태준미래전략연구소, 『최고 가치창출대학으로』(포스텍프레스, 2017) 참조.

우리나라 대중가요에 휴전선의 '녹슬은 기찻길'을 한탄하는 노랫
말이 있지만, 미국에는 한때 '녹슬은 지대(地帶)'라는 뜻의 '러스트
벨트(Rust Belt)'라는 말이 회자되었다. 그곳은 미국 오대호 지역(The
American Great Lakes region)이다. 철광석, 석탄 등 천연자원이 풍부하
고 공업용수가 넘쳐나고 수상 운송이 편리하여 일찌감치 미국 제조
업 발달의 중심지가 되었다. 캐나다 온타리오주를 포함하면 오대호
지역은 1970년대까지 북미 자동차 생산량의 3분의2를 차지하고 미
국 선철 생산량의 70%를 담당하고 있었다.[14] 하지만 1970년대 미국
이 '후기 산업사회(post-industrial era)'로 접어든 뒤로 쇠락하여 드디어
공장들이 멈춰서거나 다른 지역으로 옮겨가고 노동자들이 거리를 떠
돌고 도시들은 공동화되기에 이르렀다. 돌아가지 않는 공장 설비들
에는 녹이 슬었다. 2013년 7월 미국 역사상 지방자치단체 최대 규모
인 180억 달러(약 21조6000억 원)의 빚에 내몰려 결국 파산을 선언함으
로써 한국 언론마저 요란하게 장식했던 미시건주 디트로이트시의 사
례는 러스트 벨트를 짓누르는 고통의 극명한 상징이었다.

그런데 정체를 지속하던 러스트벨트가 다시 살아나고 있다는 소식
이 들려오더니 어느덧 '아침 햇살이 비치는 도시'로 탈바꿈하고 있는
곳이 많아지고 있다고 한다. 녹슬었던 도시가 모든 측면에서 다시 햇
빛이 반짝거리는 도시라 불리다니, 이는 참으로 극적인 회생이라 하
지 않을 수 없다. 러스트 벨트는 어떻게 도시의 두터운 어둠을 걷어

---

14 Kotkin, Joel, Mark Schill, and Ryan Streeter, *Clues From The Past: The Midwest As An Aspirational
Region* (Indianapolis, IN: Sagamore Institute, 2012), 5.

내고 밝은 햇빛을 맞게 되었을까? 과연 그 회생의 동력과 비결은 무엇인가?

셰일가스를 먼저 꼽을 수 있다. 오대호 지역의 셰일가스 매장량에 힘입어 가스 발굴 시설이 급증하면서 경기가 되살아났다. 오하이오주 한 주에서 발견된 셰일가스만 해도 그 가치는 5000억 달러에 달하는 것으로 알려져 있다. 셰일가스 개발에는 당연히 특수한 파이프가 있어야 하고, 이는 그대로 철강업에 활기를 제공한다.[15]

또한, 오대호 지역에는 숙련 노동 인력이 건재했다. 과거의 호황기 때 자동차, 철강업에 종사했던 숙련 노동 인력들은 셰일가스 생산업체에 큰 도움이 되었다.

그리고 러스트 벨트의 역설도 작용했다. 인구감소와 경기침체가 만들어놓은, 서부나 동부지역에 비해 상대적으로 저렴한 주택 가격이 거꾸로 그쪽의 기술 인력을 유인할 수 있는 좋은 조건이 되었다. 특히, 미국 정주 비용에 큰 부담을 느끼는 외국의 고급기술 인력들에게는 낮은 주택가격은 매력적으로 보일 수밖에 없었다.

더 추가할 요인은, 미국 전체의 제조업 회생과도 맞물린 것이긴 하지만, 중국의 인건비 상승이다. 2000년에서 2008년까지 선진국의 실질 임금 상승률이 0.5%-0.9%였던 데 반해 중국의 실질 임금 상승률은 2000년에서 2005년까지 매년 10%를 기록했고 2005년에서 2010년까지는 19%까지 상승한 해도 있다. 더구나 중국 노동자들의 파업이 잦아지고 있고, 그때마다 중국정부는 노동자들의 요구를 수용해야 한다는 입장을 취하고 있어 중국의 임금 상승률은 더욱 크게

---

15 Kotkin, Joel, Mark Schill, and Ryan Streeter, *Clues From The Past: The Midwest As An Aspirational Region* (Indianapolis, IN: Sagamore Institute, 2012), 15.

증가하고 있다.[16] 이것은 제조업 부활을 추구하는 미국정부의 경제정책과 맞물려 중국으로 옮겨갔던 미국 제조업체들이 미국으로 생산설비를 옮겨오게 하는 주요 배경이 되는데, 미국으로 돌아오는 그들이 선호하는 지역의 하나가 바로 제조업 기반 시설이 잘 갖춰진 러스트벨트 지역이었다.[17]

그러나 러스트 벨트의 회생에서 가장 중요한 역할은 그 지역, 그 도시에 자리 잡은 세계 수준의 연구중심대학들이 담당했다. 오대호 지역의 새로운 경제 생태계 형성을 위해 지식기반 산업들을 유치할 수 있는 첨단기술과 고급인력을 그들 대학이 제공했던 것이다. 러스트 벨트로 돌아온 제조업은 과거의 제조업, 즉 육체노동 중심의 제조업이 아니었다. 기존의 숙련노동과 새로운 지식이 결합된 두뇌노동을 요구했다. 이 지역은 미시건주립대학, 아이오와주립대학, 노스웨스턴대학, 위스콘신주립대학, 퍼듀대학 등 세계 최고 수준의 공대를 보유하고 있다. 바로 이들이 새로운 제조업의 활황을 이끌어가는 주역을 담당하고 있다.

실제로 오대호 지역의 경기 회복세는 전체 도시에서 고루 나타나는 것이 아니라 연구중심대학이나 주요 공공연구기관이 위치한 도시를 중심으로 나타나고 있다. 다음의 〈표 1〉에서 볼 수 있는 것과 같이 2010년 미국 북동부 지역에서 규모 기준의 상위 40개 메트로폴리탄 중에 1인당 GDP가 전국 평균보다 높은 지역은 9개였고, 이중 6개 도시에는 연구중심대학이 있다.

16 Nail, Gary, "Special Report: Reshoring manufacturing, Coming Home: A growing number of American companies are moving their manufacturing back to the United States," *The Economist* (2013, Jan. 19).
17 Kotkin, Joel, Mark Schill, and Ryan Streeter, *Clues From The Past: The Midwest As An Aspirational Region* (Indianapolis, IN: Sagamore Institute, 2012).

〈표 1〉 오대호 지역 메트로폴리탄 1인당 GDP 순위

Region	State Capital	University Center	Per Capita Gross Metropolitan Product, 2010
Des Moines-West Des Moines, IA	Yes	No	$ 62,863
Madison, WI	Yes	Yes	$ 56,392
Indianapolis-Carmel, IN	Yes	No	$ 52,704
Cedar Rapids, IA	No	No	$ 51,583
Chicago-Joliet-Naperville, IL-IN-WI	No	Yes	$ 50,288
Bloomington-Normal, IL	No	Yes	$ 49,989
Milwaukee-Waukesha-West Allis, WI	No	Yes	$ 48,974
Ann Arbor, MI	No	Yes	$ 48,217
Columbus, OH	Yes	Yes	$ 45,598

아이오와주 시더 래피즈(Cedar Rapids)는 2001년에서 2010년까지 미국 북동부 지역에서 가장 높은 GDP 성장률을 기록했다. 무엇보다 도시 근처에 있는 아이오와주립대학의 역할이 컸다. 아이오아주립대학이 러스트 벨트 지역의 기존 산업 시설을 이용하여 새로운 기술을 개발하고 새로운 성장 동력이 되는 기술과 인력을 공급했던 것이다. 그리고 위스콘신주의 매디슨(Madison)과 밀워키(Milwaukee)에는 위스콘신주립대학의 캠퍼스들이 있고, 미시건주의 앤아버(Ann Arbor)에는 미시건주립대학이 있다.

미국 러스트 벨트가 다시 태어나는 과정에 우리가 놓쳐서 안 될 가장 중요한 사실은 '대학과 도시의 상생발전'이 제대로 기여했다는 점이다.

〈그림 1〉 러스트 벨트(Rust Belt) 지도

피츠버그대학·카네기멜론대학과 피츠버그

　세 개의 강이 만나는 삼각주에 위치한 피츠버그는 석탄과 철광석을 실어오고 철강 완제품을 실어낼 수 있는 천혜의 지리적 조건 속에서 미국 철강산업의 중심지로 성장했다. 유에스스틸(US Steel Corporation) 같은 철강대기업을 통해 미국 조강 생산량의 70%를 차지하면서 미국 제조업의 중심지라는 명성을 자랑한 적도 있었다.

　그 명성에는 짙은 그늘도 있었다. 1950년대나 60년대에 제철산업은 기간사업이라는 영광의 반대급부처럼 환경오염의 근원이라는 오명을 덮어써야 했다. 그때는 제철공장의 환경설비들이 요즘처럼 발달하지 못했던 것이다. 경제적으로 잘나가고 있던 시절의 피츠버그는 심각한 대기오염에 시달리면서 '스모그 시티(Smog City)'라 불리기도 했었다.

'스모그 시티'의 상황에서 시정부와 주민들은 1960년대에 '제1차 르네상스계획'을 세우고 환경오염 극복에 나섰다. 이것이 상당한 효과를 거두고 있던 1970년대에 미국의 제조업은 쇠퇴하기 시작했다. 피츠버그는 1980년대 후반 들어 철강산업이 휘청거리면서 서서히 쓰러질 지경으로 내몰렸다. 경제문제가 도시의 핫이슈로 떠올랐다. 지역경제가 악화일로로 치닫고, 실업 문제가 심화되고, 인구의 역외 유출이 크게 늘어났다.

쇠락의 내리막길에서 피츠버그 시정부와 주민들은 제1차 르네상스계획을 실천하고 성공한 경험을 바탕으로 '제2차 르네상스계획'을 추진했다. 이것은 무엇보다 피츠버그대학, 카네기멜론대학 등 세계 수준의 연구중심대학과 연계하여 피츠버그를 전통제조업도시에서 첨단산업도시로 탈바꿈시키자는 목표를 명확히 했다.

피츠버그가 그렇게 혁신하는 과정에는 민·관, 민·관·학의 협력이 중요한 역할을 담당했다. 특히 알레게니지역개발연합(Allegheny Conference on Community Development, ACCD)을 주목해야 한다. 알레게니는 피츠버그시에 속한 카운티다. ACCD는 기업 경영자들, 피츠버그 시정부, 주민들이 연합하여 만든 조직으로 '제1차 르네상스계획'을 추진했고, 운영은 기업 경영자들이 주도했다.

유에스스틸이 노후 공장을 폐쇄하면서 대량 실업이 발생하자 노동자들은 크게 반발했지만 ACCD는 불가피한 결정으로 보고 대안을 모색하려 했다.[18] 먼저 철강공장 폐쇄로 인해 쓸모없게 된 생산시설 부지를 재개발하는 프로젝트에 착수한 데 이어서 병원과 대학 시설을 개조·확장하여 이를 중심으로 첨단기술산업을 발전시키기 위한 투자유치 활동을 적극 전개해 나갔다.[19]

첨단산업도시로의 혁신과 변모에는 카네기멜론대학과 피츠버그대학이 보유한 컴퓨터공학이나 로보틱스, 그리고 생명공학 기술이 결정적인 역할을 담당했다. 시정부는 대학을 중심으로 서부펜실베니아 첨단기술센터(Western Pennsylvania Advanced Technology Center, WPATC), 첨단기술협의회(High Technology Council, HTC), 기업법인(The Enterprise Corporation, TEC) 등을 설립하여 연구개발, 창업지원, 교육훈련을 지원했다. 또한 제조업을 스마트 팩토리로 바꿔나가는 첨단제조 클러스터, 카네기멜론대학의 IT기술을 바탕으로 하는 IT클러스터, 피츠버그대학의 병원을 중심으로 하는 생명과학 클러스터를 육성했다.

1999년 피츠버그 시장 톰 리지(Tom Ridge)는 피츠버그디지털그린하우스(Pittsburgh Digital Greenhouse, PDG)를 설립하고 피츠버그를 IT클러스터의 중심지로 만들어 나갔다. PDG는 대학과 민간기업으로 이루어진 IT산업 진흥재단으로 피츠버그를 중심으로 IT 기업들의 정보 교류와 네트워크 형성에 기여하면서, 이 지역의 IT 일자리 창출에 기여하고 있다. 피츠버그지역을 IT허브로 만들기 위해 설립된 민간단체로는 피츠버그기술회의체(Pittsburgh Technology Council, PTC)가 있다. PTC는 피츠버그 인근 지역에 소재한 IT산업, 바이오산업, 첨단제조 및 소재산업, 환경기술산업 관련 기업들 사이의 교류를 촉진하려는

18 조형제, "산업도시의 재구조화와 거버넌스: 피츠버그와 디트로이트의 비교," 『국토연구』, 43권 (2004).
19 염미경, "철강대기업의 재구조화전략과 지역사회의 대응: 일본 키타큐슈와 미국 피츠버그의 비교," 『한국사회학』, 38권 1호(2004), 131-159.

목적으로 만들어졌다. 지역 기업들은 PTC를 통해 정보나 아이디어를 교류하고 서로 신뢰를 쌓고 있다.[20]

피츠버그는 민·관협력과 민·관·학협력을 통해 제조업도시에서 첨단기술도시로 탈바꿈하는 데 성공했다. 피츠버그의 도시재생 프로젝트는 저소득계층보다 고학력 중산계층에게 유리하게 진행되어 도시의 양극화를 심화시켰다는 비판을 받고 있긴 하지만, 제조업의 쇠퇴로 쇠락했던 도시를 다시 일으켜 세운 성공 사례로 꼽히고 있다. 피츠버그의 회생에 크게 공헌한 대학들은 이제 도시 양극화 문제를 해결하기 위한 활동에도 관심을 보여야 할 때이다.[21]

애크런대학과 애크런

미국 오하이오주 애크런시는 세계 최대 타이어 생산 도시로 알려져 '고무 도시(Rubber City)'라 불리기도 했었다. 비에프 굿리치(BF Goodrich), 굿이어(Goodyear), 파이어스톤(Firestone), 그리고 제너럴 타이어(General Tire) 등이 애크런에 자리 잡은 타이어 제조업체들이었다. 1960년 애크런시에 고용된 타이어 관련 노동자는 33,000명이었고, 이는 도시 전체 인구의 10%가 넘는 수준이었다.[22]

애크런에 불황의 장막이 드리워진 것은 1970년대 오일쇼크 이후

20 남수현·신동호, "미국 피츠버그시의 IT 지역혁신환경: 대학과 지식공유 허브의 기능을 중심으로," 『한국지역개발학회지』, 17권 2호 (2005).

21 조형제·임현경, "미국의 산업구조조정과 지역혁신: 피츠버그 대도시지역의 사례," 『동향과 전망』, 42호 (1999), 86-110.

22 Giada Scalera, Vittoria, Debmalya Mukherjee, Alessandra Perri, and Ram Mudambi, "A longitudinal study of MNE innovation: the case of Goodyear." *Multinational Business Review* 22권 3호 (2014), 270-293.

미국 자동차산업이 침체기를 맞이한 때였다. 원유 가격이 상승하면서 소비자들이 에너지 효율이 좋은 일본이나 유럽 자동차를 선호하게 되자, 그에 따라 타이어도 미국산보다 일본산이나 유럽산을 선호하는 경향이 두드러졌다. 일본이나 유럽에서 생산된 레이디얼 타이어(Radial Tire)는 첨단기술로 만들어져서 수명이 길고 안전성이 높을 뿐만 아니라 에너지 효율이 좋았다. 그때까지 미국에서는 주로 표준 바이어스 타이어(Bias Tire)가 생산되고 있었다. 제조비용은 저렴하지만 에너지 효율이 떨어지는 타이어였다. 그나마 미국 자동차생산업체들이 생산 비용의 상승을 우려해 레이디얼 타이어를 꺼려했기 때문에 미국 바이어스 타이어 생산은 한동안 더 지속될 수 있었다. 그러나 그것은 임시방편에 불과하여 미국 자동차의 판매량을 감소시키고 일본산이나 유럽산 자동차가 미국 시장을 잠식하게 만드는 주요 원인으로 작용했다. 이렇게 심각한 상황에서 미국 타이어업체들은 즉각 혁신에 나설 능력이 없다는 문제점을 안고 있었다. 레이디얼 타이어의 제조 과정에 요구되는 높은 수준의 정밀작업과 생산설비의 교체비용이 엄청난 부담이었던 것이다.

일본산, 유럽산 자동차의 미국 내 판매량은 1973년에 미국 전체 자동차 판매량의 15.3%였으나 1980년에 28%까지 상승했다. 이러한 추세는 2000년대까지 지속되어 2009년 미국 자동차생산업체의 빅3라 불리는 포드(Ford), 제너럴 모터스(General Motors), 크라이슬러(Chrysler)의 미국 내 자동차 판매량은 전체 판매량의 45% 수준까지 하락했다. 반면에 일본, 독일, 그리고 한국 자동차의 그것은 47%까지 치솟았다.

타이어 판매량의 감소는 애크런시 타이어 공장의 폐업과 매각과 이전을 초래했다. 비에프 굿리치(BF Goodrich)는 프랑스 타이어 업체인 미셸린(Michelin)에 매각되어 1975년 애크런에 있던 공장의 문을 닫았고, 파이어스톤은 일본 타이어업체인 브리지스톤(Bridgestone)에, 제너럴 타이어는 독일 타이어업체인 콘티넨탈(Continental)에 팔렸다. 애크런의 타이어 업체들은 대부분 1987년까지 문을 닫거나 다른 곳으로 이전했다. 고무 관련 업종의 고용 인원이 대폭 감소했다. 고무산업을 중심으로 형성되었던 지역공동체가 해체되는 분위기에 휩싸였다. 2009년 애크런에 남은 유일한 타이어 제조업체는 굿이어(Goodyear)였다.[23]

도시의 경기 침체는 도시를 다시 회복시킬 디딤돌 같은 자원이나 여력마저 소진시킨다. 러스트 벨트의 도시들도 마찬가지였다. 연방정부나 주정부의 재정 지원이 부족한 가운데 상당수의 기업들마저 사라짐으로써 도시 회생을 꿈꾸는 것이 거의 불가능한 상황에 처하게 되었다.[24]

여기서 애크런은 타이어 제조업들을 대신할 파트너를 모색했다. 유일하게 남은 타이어 제조업체인 굿이어를 제외하면, 도시에서 가장 많은 인원을 고용하는 곳이 공공보건기관과 애크런대학(University of Akron)이었다. 무엇을 어떻게 할 것인가? 절체절명의 위기에서 다행히 애크런에는 탁월한 리더십이 존재하고 있었다.

그는 돈 플러스퀠릭(Don Plusquellic) 애크런 시장이다. 1986년부터 2015년까지 애크런 시장으로 재임하며 도시재생을 주도한 인물이

23 de Socio, Mark, 2012, "Regime Network Restructuring in Akron, Ohio, 1975-2009, A Longitudinal Social Network Analysis," *Growth and Change*, 43(1): 27-55; Giada Scalera, Vittoria, Debmalya Mukherjee, Alessandra Perri, and Ram Mudambi, "A longitudinal study of MNE innovation: the case of Goodyear." *Multinational Business Review* 22(3) (2014), 270-293.

24 de Socio, Mark, 2012, "Regime Network Restructuring in Akron, Ohio, 1975-2009, A Longitudinal Social Network Analysis," *Growth and Change*, 43(1), 35.

다. 플러스퀼릭 시장의 오랜 재임은 도시재생 프로젝트에 정책적 일관성과 신뢰성을 담보하여 성공의 원동력이 되었다. 물론, 장기 재임이 반드시 성공을 담보해주는 것은 아니다. 플러스퀼릭 시장의 대척점에 위치한 콜만 영(Coleman Young) 디트로이트 시장은 20년 동안 시장으로 재임했으나 도시재생에 철저히 실패했다.

애크런의 도시재생은 보건과 교육을 중심으로 추진되있다. 민저, 도시 중심부의 쇠락한 건물들을 리모델링하여 헬스케어센터로 확장해나갔다. 새로운 보건의료 시설들도 들어오게 했다. 다음, 교육 시설을 다운타운으로 옮겨왔다. 다운타운 중심부 가까이에 위치한 애크런대학은 교육 시설을 채워넣었다. 1991년 경영대학 건물을 다운타운 지역에 세우고, 1978년 폐점한 이래로 도시 쇠락의 상징처럼 방치된 폴스키 백화점 건물에 1994년 새로운 강의실과 학교 시설을 넣고, 2007년 퀘이커스퀘어호텔을 구입해 기숙사로 바꾸었다. 2009년에는 도시 동남부 지역에 풋볼경기장을 건설했다. 애크런 다운타운에 젊은 활력이 되살아났다.

애크런의 공공보건기관을 중심으로 다운타운 지역에 생명의학 중심지(biomedical corridor)를 조성하기로 결정한 플러스퀼릭 시장은 그 파트너로서 연구중심대학인 애크런대학을 지목했다. 애크런대학이 주도해나간 이 프로젝트는 고용 기회를 늘리고 상권을 활성화시킴으로써 도시경제를 회생시켰을 뿐만 아니라 산업 생태계를 타이어산업에서 지식기반산업으로 탈바꿈시켰다.

애크런이 추진한 생명의학 중심지 프로젝트의 파급 효과는 인근 지역으로 확대되어 애크런-클리블랜드 메트로폴리탄 지역에서 생명의학 산업이 발전하는 계기가 되었다. 클리블랜드에서도 애크런과 같이 보건의료 산업에 첨단기술인력을 결합시켜 새로운 산업으로 발전시키려는 계획을 추진하고 있으며, 두 도시는 긴밀한 협력관계를 맺고 있다. 그리고 애크런의 생명의학 중심지 프로젝트의 성공은 다른 지역에서 이 도시로 생명의학 기업이 이전해 오도록 만들기도 했다.[25]

애크런의 도시재생을 이야기할 때는, 타이어나 고무 산업을 중심으로 축적해온 연구 성과들을 폴리머 산업의 연구와 디자인에 연계하여 새로운 산업을 이끌고 있는 굿이어도 기억해야 한다. 폴리머 산업에서는 항공, 국방, 보건 산업 등에 쓰이는 첨단기술제품을 만들어내고 있다. 굿이어는 폴리머공과대학, 굿이어폴리머연구센터(Goodyear Center for Polymer Research)를 설립해 애크런대학과 긴밀하게 협력하며 도시의 폴리머산업을 이끌어가고 있다.

오하이오주 북동부는 세계에서 가장 큰 폴리머 산업이 집중되어 있는 지역이다. 이곳의 폴리머 산업은 19세기부터 애크런을 중심으로 발전하기 시작한 고무 산업과 타이어 제조과정에서 축적한 기술을 바탕으로 삼았다. 제2차 세계대전 시기에 미국 연방정부는 천연고무 공급의 부족 문제를 해결하기 위해 애크런 지역에 대규모 자금을 투자해 합성고무 기술을 개발했으며, 이것이 현재 폴리머 기술 발전의 계기가 되었다.[26]

미국은 영국과 달리 연방정부나 주정부에서 시정부로 지원되는 금액이 많지 않은데, 특히 애크런은 재정 지원이 충분하지 않은 상황에서 도시재생 프로젝트를 성공시킨 사례라고 할 수 있으며, 여기에서

---

25 de Socio, Mark, 2012, "Regime Network Restructuring in Akron, Ohio, 1975-2009, A Longitudinal Social Network Analysis," *Growth and Change*, 43(1), 50.

26 Braunerhjelm, Pontus et al., "The old and the new: The evolution of polymer and biomedical clusters in Ohio and Sweden." *Journal of Evolutionary Economics*, 10(5) (2000).

는 애크런대학의 결정적인 역할에 주목해야 한다.

펜실베니아대학(유펜)과 필라델피아

러스트 벨트에 속한 핵심 지역의 하나인 필라델피아는 제조업이 발달할 때 남부에서 많은 흑인들이 이주해 와서 정착한 도시로, 그 중심부에는 아이비리그 대학의 하나로 꼽히는 펜실페니아대학(이하 '유펜')이 자리 잡고 있다. 제조업이 쇠퇴하자 백인들은 시 외곽으로 빠져나가고 흑인들이 중심부에 남아 슬럼가를 형성하면서 캠퍼스 주변의 치안 문제가 학부모들이 입학을 꺼려할 정도로 심각한 수준에 이르렀다. 급기야 1996년에는 블라디미르 슬레드(Vladimir Sled)라는 생명화학자가 집으로 가는 길에 강도를 만나 사망하는 사건이 발생했다. 이것은 유펜이 대학 차원에서 도시재생 프로젝트를 추진하는 계기가 되었다.

유펜의 도시재생 프로젝트를 주도한 사람은 1994년부터 2004년까지 유펜 총장으로 재임한 주디스 로딘(Judith Rodin)이었다. 그녀는 자신의 경험을 2007년 *The University and Urban Revival: Out of the Ivory Tower*라는 책으로 엮어냈다.[27]

주디스 로딘은 지역사회의 유펜에 대한 실망과 분노의 원인부터 직시했다. 활력을 상실한 도시에서 대다수 주민들은 어려운 삶을 꾸려나가고 있지만 유명세를 타서 많은 투자를 받는 유펜은 지역사회에 별

---

27 Rodin, Judith, *The University and Urban Revival: Out of the Ivory Tower: Out of the Ivory Tower and Into the Streets* (Philadelphia: University of Pennsylvania Press, 2007).

난 관심이 없었다—이것은 그들에게 박탈감과 배반감을 안겨줄 수 있고 치안을 불안하게 만들 수 있는 조건이었다. 그래서 필라델피아에는 대학이 직접 앞장서는 도시재생 프로젝트가 절실하다고 판단했다.

유펜은 대학 재단이사회가 많은 자원을 동원할 수 있도록 지원하는 가운데 총장을 중심으로 도시재생 프로젝트를 위한 조직을 만들었다.[28] 도시재생 프로젝트의 전체 계획과 운영 계획, 재원조달 계획 등에 관한 정책들을 준비한 다음, 주요 이해당사자 및 지역 주민들, 그리고 기금 기부자들과 소통하며 협력할 수 있는 방안을 마련하고, 가장 시급히 해야 할 일들의 목록을 만들어 재원 배분의 순서를 정했다. 대학이 직접 정책을 세우고 대학이 직접 추진할 수 있는 체계를 만든 것이었다.[29]

유펜은 도시재생 프로젝트를 원활히 수행하기 위해 상설위원회 (Committee on Neighborhood Initiatives)를 조직해 예산·발전·회계위원회(Committee on Budget, Development, and Audit)와 같은 지위를 부여했다. 행정부총장이 매일 프로젝트의 진행 사항을 점검하고 각 단과대나 학과별로 진행되는 프로젝트 관련 사항을 보고받도록 하고, 다른 부총장은 시정부, 지역공동체와 소통하고 조율하는 업무를 맡았다. 교무부총장과 12개 단과대 학장들도 도시재생 프로젝트에서 각각의 책임을 맡아 전공별로 기여할 수 있는 분야를 찾아나섰다. 예를 들어, 교육대학원장은 학교의 자원을 사용하여 지역 내 공립학교나 지역주민을 위한 교육프로그램의 질을 높이고, 도시계획학과나 디자인

---

28 Rodin, Judith, *The University and Urban Revival: Out of the Ivory Tower: Out of the Ivory Tower and Into the Streets* (Philadelphia: University of Pennsylvania Press, 2007), 48.

29 Rodin, Judith, The University and Urban Revival: Out of the Ivory Tower: Out of the Ivory Tower and Into the Streets (Philadelphia: University of Pennsylvania Press, 2007), 45.

스쿨에서는 주택 건설 프로젝트에 전공 지식으로 도움을 주었다. 사회복지스쿨과 디자인스쿨은 공동으로 대학의 '지도학 모델링 연구소(University's Cartographic Modeling Laboratory)'라는 조인트 벤처를 세워 일종의 지리정보체계(Geographic Information System)인 '근린정보체계(Neighborhood Information System)'라는 프로그램을 개발하여 도시재생 프로젝트에 필요한 정보를 제공했다.

유펜의 도시재생 프로젝트는 대학 직원들에게 대출을 제공하여 캠퍼스 주변에 있는 주택의 구입 또는 수리를 장려하는 한편, 대학이 소비상권 진작을 위해 건물을 매입하고 지역주민들에게 일자리를 마련해주었다. 또한 공립초등학교 설립 자금을 지원하여 1998년에 개교하도록 해주고, 다른 대학들처럼 해외 캠퍼스를 설립하는 대신 캠퍼스의 주변 환경과 주민들의 주거환경 개선에 집중했다. 이는 대학 구성원들에게도 도움이 되었다. 그리고 유펜은 한 달에 한 번씩 지역주민들과 정기모임을 개최해 대학의 프로젝트를 설명하고 그들의 목소리에 진정한 관심을 기울이는 소통도 중시했다.

유펜은 'Agenda for Excellence(1994-1999)'에 도시재생 프로젝트를 포함시켜 첫 번째 5년의 정책이 끝난 뒤에도 'Building on Excellence(2000-2005)'를 통해 정책으로 밀고나갔다.[30] 주디스 로딘의 뒤를 이어 2004년에 총장으로 부임한 에이미 구트만(Amy Gutmann)도 도시재생 프로젝트를 이어받았다.

유펜의 도시재생 프로젝트는 '웨스트 필라델피아 이니셔티브(West Philadelphia Initiatives)'로 알려져 있다. 이 프로젝트에서 주목할 가장

---

30 Rodin, Judith, *The University and Urban Revival: Out of the Ivory Tower: Out of the Ivory Tower and Into the Streets* (Philadelphia: University of Pennsylvania Press, 2007), 47.

큰 특징은, 유펜이 필라델피아 도시재생 문제를 대학 차원의 해결과제로 삼아 직접 앞장서서 조직적이고 적극적으로 그것을 추진해 나갔다는 것이다.

존스홉킨스대학과 볼티모어

러스트 벨트 끝자락에 위치한 메릴랜드주 볼티모어시는 경기 침체의 타격을 심하게 받았다. 볼티모어의 제조업 고용 인원이 크게 감소되면서 백인들이 도시 중심부에서 외곽지역으로 빠져나가 1950년대 100만 명에 달하던 인구는 62만 명 수준으로 줄어들었다. 현재 시인구의 63%가 흑인이다. 미국의 흑인이 전체의 13% 정도라는 점을 감안해보면 볼티모어의 인구 구성에서 흑인이 차지하는 비율은 굉장히 높다.

볼티모어의 제조업체들이 문을 닫거나 다른 지역으로 빠져나간 뒤에 이 도시에서 고용능력이 가장 큰 곳은 존스홉킨스대학과 존스홉킨스대학 병원이 되었다. 존스홉킨스대학의 설립자는 19세기 후반에 노예를 해방하고 인종에 상관없이 교육 받을 수 있는 기회를 제공하기 위해 이 대학을 설립했다.

볼티모어는 경제적 침체에 인종문제가 겹쳐진 도시다. 이러한 상황에서 존스홉킨스대학이 설립자의 정신을 이어받아 도시의 중첩적 고통을 해결하기 위해 나섰다.

존스홉킨스대학의 도시재생 프로젝트에서 가장 중요한 것은 주택 건설 프로젝트다. 이 대학과 병원은 연방정부, 주정부, 시정부와 협력하여 대학이나 병원 근처의 주택을 직접 구입하거나 직원들이 구입할 수 있도록 보조금을 지급하고, 주택을 처분한 주민들에게는 이주 지원금을 제공하는 대규모 프로젝트를 진행하고 있다. 물론 과학적 분석이 선행되었다. 시정부에서 제공 받은 데이터를 전문적으로 분석하여 특정 지역에 주택이 방치되는 이유에 관해 조사하고, 이를 근거로 주택 방치에 대한 방지 대책을 마련한 것이었다.[31]

존스홉킨스대학은 주택건설 프로젝트에서 소수인종, 여성, 장애인을 배려하여 그들이 운영하는 사업체와의 계약을 권장하고 있다. 이 결과로 전체 계약 중 17% 정도(금액으로는 2000만 달러)가 그들에게 돌아갔다. 또한 인력의 일정 비율은 주택개선 프로젝트가 진행되고 있는 슬럼 지역에서 고용하여 그들에게 일자리를 제공하고 있다.

도시재생 프로젝트에는 새로운 기업과 연구소를 유치할 수 있는 환경을 조성하는 것도 중요하지만 기업이나 연구소에서 일할 인력들이 편안하게 일상생활을 영위해나갈 수 있는 주거시설, 교육시설, 문화시설, 편의시설 등을 두루 갖추는 것도 중요하다.[32] 이러한 관점에서 보아도 존스홉킨스대학의 도시재생 프로젝트는 성공의 길로 가고 있다.

일리노이주립대학 시카고 캠퍼스(UIC)와 시카고

미국 연방정부는 1992년 대학과 지역사회의 협력을 통한 도시재

31 Braunerhjelm, Pontus, Bo Carlsson, Dilek Cetindamar, and Dan Johansson. "The old and the new: The evolution of polymer and biomedical clusters in Ohio and Sweden." *Journal of Evolutionary Economics* 10(5) (2000), 471-488; Nail, Gary, "Special Report: Reshoring manufacturing, Coming Home: A growing number of American companies are moving their manufacturing back to the United States," *The Economist* (2013, Jan. 19); Morgan, John, "The university as pillar of the community," *THE Features* (2017. Feb. 9.)

32 장철순, 이윤석, "산업도시의 진단 및 경쟁력 강화방안," 『국토정책 Brief』, 506호 (2015), 1-8.

생 모델 개발의 일환으로 5년 동안 '커뮤니티 아웃리치 프로그램'을 시범 사업으로 추진했다. 이를 위해 미국 주택도시개발부는 1994년 대학 파트너십 사무소(Office of University Partnership, OUP)를 설립했다. 그해 OUP가 19개 대학을 선정하여 30만 달러에서 58만 달러를 지원했던 그 프로그램은 10년 이상 지속되어 2005년까지 모두 189개 대학에 8000만 달러를 지원하게 되었다.

커뮤니티 아웃리치 프로그램에서 주목할 특징은 대학이 지역사회와 협력하여 사업을 추진하도록 하는 것이었다. OUP는 대학과 지역사회 갈등의 주요 원인이 대화와 협력의 부족, 즉 소통의 부재라는 점을 인식하고 있었다. 그래서 OUP는 지원금을 건물 보수나 신축에 사용하는 것을 금지하고 지역사회와의 협력 프로그램에 집중될 수 있도록 했다. 이러한 정책은 지역사회를 위한 책임을 소홀히 해온 대학사회에 대학이 현실과 괴리된 학문을 하는 것이 아니라 실생활에 도움이 되는 가치창출에 이바지해야 한다는 인식을 확대시켰다.[33]

OUP 프로그램의 성공 모델에는 일리노이주립대학 시카고 캠퍼스(University of Illinois at Chicago, UIC)와 시카고의 사례가 있다. 일리노이 주립대학 시카고 캠퍼스의 지역협력 프로그램은 OUP의 재정지원으로 시작되었다.

정부가 시카고의 도시재생을 위해 저소득층 거주 지역을 매입하여 주민들을 억지로 이주시키고 여기에 새로 세운 대학이 UIC다. 이것은 UIC와 주민들의 관계를 좋지 않게 만드는 원인이 되었다. 이 갈등을 해소하기 위해 UIC는 1994년 OUP로부터 58만 달러를 지원받

---

33 김지은, "대학-지역사회 파트너십을 통한 지역재생 사례연구: 일리노이 주립대학교 시카고 캠퍼스 지역 협력프로그램을 중심으로," 『서울도시연구』, 11권3호(2010), 74-75.

아 UIC지역협력프로그램(UICNI)을 추진했다.

UICNI에서는 먼저 대학 근처의 저소득층 마을 두 곳을 선정했다. 하지만 지역 주민들은 직접 이득이 되는 사업을 원했다. 이것은 대학이 지역 주민들과 대화할 수 있는 소통의 기회였다. 대학이 주체가 되어 지역사회 개발을 일방적으로 주도하는 것이 아니라, 지역사회의 대학에 대한 불신을 해소하면서 조금씩 개선해나가는 '점신 계획 방식(incremental planning)'을 택했다. 그래서 대학 주도의 대규모 개발 프로젝트를 지양하고 주민들의 삶의 질을 높이는 데 필요한 소규모 프로젝트를 지향하면서 지역의 비영리단체들과 협력해 나갔다.

UICNI는 2005년 이후 연방정부의 지원 삭감으로 잠정적으로 중단되기도 했지만 민간재단이나 기업 등에서 재정을 지원받는 방안을 모색하면서 도시재생 프로젝트를 이어나가고 있다. 이 프로젝트는 사업에 참여한 지역 주민들에게는 물론이고 대학 구성원들에게도 도움이 되었다. 도시재생 프로젝트를 추진하는 과정에는 전공이 다른 연구자들의 협력이 필요했기 때문에 그동안 학과별로 분할돼 있던 대학의 행정 시스템이나 교육 시스템이 자연스럽게 협력의 형태로 변화되었다. 이것은 학제간 연구에 대한 관심을 확대시켜서 다양한 전공의 연구자들이 공동연구에 관심을 기울이는 계기가 되기도 했다. 또한 학생들도 도시재생 관련 수업이나 프로젝트에 참여하면서 지역문제에 대한 관심이 높아졌다.[34]

UIC의 도시재생 프로젝트는 OUP의 전략에 맞춰 지역주민과의 협력을 우선시했다는 점에서 대학이 직접 그것을 주도적으로 추진했던

---

34 김지은, "대학-지역사회 파트너십을 통한 지역재생 사례연구: 일리노이 주립대학교 시카고 캠퍼스 지역협력프로그램을 중심으로," 『서울도시연구』, 11권3호(2010), 81-83.

펜실베니아대학(유펜)이나 존스홉킨스대학의 경우와는 다른 성공 사례이다.

'말뫼의 눈물'과 말뫼대학

일류복지, 양성평등, 청렴정치, 경제풍요—이것은 거의 모든 한국인이 동경하는 스웨덴의 이미지이다. 이런 나라가 21세기 벽두에 한국인을 의아하게 만드는 충격적인 뉴스를 제공한 적이 있었다. 2002년 9월 25일 '말뫼의 눈물'이 바로 그것이다.

말뫼는 스웨덴 서남부 스코네주의 주도로 국토의 서남쪽 끝에 위치한 인구 30만 규모의 항구도시다. 외레순 해협을 사이에 두고 덴마크 코펜하겐과 마주보고 있다. 2000년에 개통된 외레순 대교(총연장 7845m)—위층에는 자동차가 달리고 아래층에는 열차가 달리는 이 다리는 말뫼와 코펜하겐을 한 시간 생활권으로 묶어주었다. 이것은 스웨덴이 유럽대륙으로 나갈 때나 유럽대륙이 스웨덴으로 들어올 때나 말뫼가 관문이라는 점을 알려준다.

말뫼에 경제적 활력이 일어난 것은 19세기 중반 이후에 철도가 개통된 때부터였다. 철도는 말뫼를 스웨덴 남부의 교통요지로 만들었다. 조선소가 들어서고, 덴마크를 비롯한 유럽으로 나가는 연락선이 취항했다. 관문의 조건을 이룬 것이었다.

말뫼를 대표하는 경제가 조선업이었고, 특히 코쿰스 조선소가 세계적인 주목을 받았다. 1974년 코쿰스 조선소는 세계 최대 골리앗 크레인을 도입했다. 이 크레인은 말뫼가 세계 조선업의 최강 도시라는 상징인 동시에 유럽 조선업의 번영에 대한 상징으로 여겨졌다. 그러나 조선업도 세계 산업의 순환구조 안에 있다. 선진국이 앞서가고 중진국이 그 뒤를 추격하고 후발개도국은 중진국을 따라가는 것이다.

영원한 최강자로 군림할 것 같았던 말뫼의 조선업에도 20세기 후반부터 불황의 파고가 들이닥쳤다. 그 진원지는 일본을 추격하고 추월하여 세계 조선업의 최강자로 떠오른 한국의 조선업이었다. 한반도의 울산, 거제에서 일어난 거센 추격의 파도가 외레순 해협까지 덮친 것이었다. 요즘 한국 조선업이 중국 조선업에 밀려 고생하고 있는 현실을 감안해 보면 그때 말뫼의 고통을 이해할 수 있다. 1986년 코쿰스 조선소가 문을 닫은 후 말뫼의 실업률은 22%까지 치솟았다. 1990-95년 조선소에서 해고당한 실업자 수는 도시 인구의 10%인 2만8000여 명이었다. 거리는 실업자로 넘쳐나고, 범죄가 들끓었다. '말뫼의 눈물'이 준비된 것이었다.

높이 128미터, 폭 164미터, 인양능력 1500톤 급, 자체 중량 7560톤의 세계 최대 골리앗 크레인—코쿰스 크레인이라 불린 이 말뫼의 자존심을 2002년 9월 단 1달러로 사들인 업체가 한국 울산의 현대중공업이었다. 매입 대금은 단 1달러였으나 재가동까지는 220억 원 상당의 비용이 들어갔다. 해체, 선적, 재설치, 개조, 시운전에 들어간 비용이었다. 현대중공업은 2003년 하반기부터 '말뫼의 눈물'을 재가동하면서 세계 최초로 육상건조 공법에 성공했다.

'말뫼의 눈물'은 그 크레인이 단 1달러에 한국 울산으로 팔려나가던 날에 생겨난 말이다. 말뫼 시민들은 크레인이 해체되어 화물선에 실려 가는 모습을 지켜보며 이루 형언할 수 없는 아쉬움과 슬픔을 맛봐야 했다. 이때 스웨덴 국영방송이 그 장면을 보여주면서 장송

곡을 틀었다. 묘한 슬픔이 도시를 덮고 시민들의 감성에 스며들었다. 언론들이 "말뫼가 울었다"고 보도했다. 세월이 흐른 뒤에도 그 장면을 잊지 못하는 한 늙은 노동자는 이렇게 회상했다.

"정말 슬픈 날이었습니다. 내가 일했고 내 아들과 손자까지 일할 곳이라고 믿었는데……. '말뫼의 영혼'이 팔려간 듯했습니다"[35]

그때 말뫼에는 '크레인을 팔지 말고 역사박물관으로 만들어야 한다'는 여론도 강했다. 그러나 일마르 레팔루(Ilmar Reepalu) 시장이 단호히 반대했다. 그는 가슴이 아프지만 해체비용을 절약하는 선에서 철거해야 한다고 결정했다. 그것은 두 가지 이유였다. 사용하지 않는 크레인을 보존하는 비용에만 연간 500만 크로나(약 7억1700만 원)이 들어가고, 그 크레인은 도시가 사활을 걸고 추진하는 '뉴 말뫼'에 적합한 심벌이 아니라는 것이었다.

1974년에 세계 최대 골리앗 크레인을 도입했던 코쿰스 조선소는 12년 만인 1986년에 문을 닫았다. 2002년에 그 크레인을 들여왔던 현대중공업이 14년 만인 2016년에 극심한 경영난에 시달리고 있다.

스웨덴 정부는 말뫼의 조선업을 살리기 위해 10년에 걸쳐 340억 크로나(약 4조8800억 원)의 공적 자금을 투입했다. 그러나 문제의 근본을 해결하는 처방이 아니었다. 밑 빠진 독에 물 붓기란 말처럼, 위기에 빠진 기업에 정부가 보조금을 지원해봤자 생명을 잠시 연장시킬 수는 있어도 근본적인 문제를 해결할 수는 없었다. 스웨덴 정부의 조선업 재생 프로젝트는 실패로 귀결되었다. 유일한 결실이 남았다면,

---

35 "'造船 몰락' 스웨덴 말뫼, '에코 시티'로 변신 비결,"(동아일보, 2016. 5.9).

하나의 교훈이었다. "구조조정이 필요한 기업에는 정부가 절대 보조금을 지원해서는 안 된다"—이것이 말뫼 조선업 재생 프로젝트에 실패한 스웨덴 정부가 얻어낸 유일한 결론이었고, 이후부터는 정책의 원칙으로 삼게 되었다. '말뫼의 눈물'은 그 뒤에 일어난 일이었다.

그러나 이제 '말뫼의 눈물'은 사라졌다. 조선소 자리에는 말뫼대학과 세계해사대학(WMU)과 친환경 뉴타운이 들어서고, 의학·바이오·IT 분야 첨단기업의 유럽 본사가 들어오고, 코쿰스 조선소 본사가 있던 빨간 벽돌 건물은 500여 개의 IT 스타트업 기업이 입주해 있는 '미디어 에볼루션 시티'로 변신했다. 2005년에는 팔려나간 세계 최대 골리앗 크레인 대신 몸통이 꽈배기처럼 90도 비틀리는, 그것보다 더 높은 54층(190미터) '터닝 토르소(Turning Torso)' 빌딩이 새로운 랜드마크로 떠올랐다. 크레인이 놓여 있던 선박 건조장은 호화 요트가 정박하는 마리나로 변모했다. 한때 30만 명에서 23만 명까지 줄었던 도시 인구가 2016년에는 34만 명으로 불어났다.

〈그림 2〉 스웨덴 말뫼시의 위치

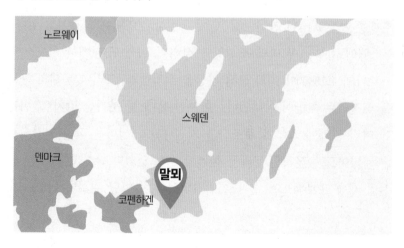

말뫼의 대혁신, 말뫼의 도시재생은 탁월한 리더십과 '끝장토론'에서 출발했다. 1994년부터 무려 19년 동안 말뫼 시장으로 재임하며 말뫼의 화려한 부활을 이끌었던 사회민주당 소속의 일마르 네팔루 시장 재임 8년째에는 '말뫼의 눈물'도 결정하게 되는 그는 대학교수, 기업인, 노조, 주지사, 시장 등으로 위원회를 조직해 "10년, 20년 뒤에도 살아남을 수 있는 도시의 장기적인 산업이 무엇이며, 어떻게 그것을 조성하고 발전시킬 것인가?"에 대한 '끝장토론'의 자리를 마련했다. 여기서 내린 결론이 바이오, IT, 재생에너지 산업에 집중하자는 것이었고, 이를 뒷받침할 수 있는 인력과 기술을 위해 조선소 자리에 대학을 유치하기로 했다. 또한 2002년 중앙정부에서 2억5000만 크로나(약 359억 원)를 지원받아 그해에 조선소 터를 매입하고 뉴타운 조성을 추진하면서 녹색정신을 불어넣었다. 빗물, 태양광, 지열, 가정의 쓰레기를 재활용한 연료를 사용해 100% 자가발전을 갖춘 세계적인 저탄소 친환경 도시로 만들겠다는 것이었다. 이것은 몇 년 지나지 않아 재생의 도시 말뫼에 '에코시티'라는 별칭을 축하선물처럼 안겨주었다.

　한국 조선업이 위기에 내몰린 2016년, 한국 언론들은 '말뫼의 눈물'을 흔적 없이 지워버리고 지식기반 산업도시, 에코시티로 다시 화려하게 등장한 말뫼의 재생을 조명하며 그 비결을 취재하게 되었다. 그중 한 기사를 보자.

　2000년엔 덴마크 수도 코펜하겐과 바다를 건너 연결된 길이 7.8km의 외레순 대교가 개통됐다. 이 다리 덕분에 말뫼는 코펜하겐과 광역 지하철 생활권이 됐다. 다리가 놓이자 상대적으로 물가가 싼 말뫼에 거주하면서 코펜하겐으로 출퇴근하려는 덴마크 사람들이 몰려들었다.

말뫼와 코펜하겐 중심으로 형성된 식품산업단지인 '외레순 클러스터'는 양국 국내총생산(GDP)의 11%가 나오는 젖줄로 발전했다. 세계적인 바이오·제약 산업 클러스터인 '메디콘 밸리'도 이곳에 자리 잡았다. 식품과 바이오산업이 발달한 코펜하겐과 이어지는 외레순 대교가 개통되고 말뫼 안팎에 국제적인 수준의 연구력을 갖춘 대학들이 문을 열면서 말뫼에서도 식품과 바이오산업이 본격적으로 성장했다.[36]

이렇게 말뫼의 도시재생은 뛰어난 리더십, 지역사회 구성원의 소통과 협력, '말뫼대학을 비롯한 인근의 수준 높은 대학들'이 결정적인 역할을 수행하면서 세계적 성공모델의 하나로 떠오르게 되었다. 특히, 사라진 조선소 자리를 상전벽해의 모습으로 지키고 있는 말뫼대학이 중요하다. 한 칼럼은 이렇게 쓰고 있다.

스웨덴의 말뫼대학은 지역의 위기극복을 위해 말뫼 시가 전략적으로 설립한 대학이다. 말뫼 시는 70년대 조선소를 비롯한 제조업의 쇠락으로 위기를 맞았으나, 지역의 혁신전략과 대학 설립을 통해 지식기반 산업도시, 지속가능한 에코시티로 재탄생하였다. 말뫼대학 캠퍼스는 옛 조선소 부지에 입지하고 있으며, 에코시티 전략의 상징적인 장소가 되었다. 말뫼대학은 젊은 사람들을 도시로 유입하는 거점 역할을 담당하고 있고, 말뫼 대학생들과 캠퍼스는 에

---

36 "'造船 몰락' 스웨덴 말뫼, '에코 시티'로 변신 비결."(동아일보, 2016. 5.9).

코시티 건설의 참여자이자 실험실 역할을 하고 있다.[37]

일본 대학들의 도시재생 참여와 일본정부의 역할

일본에서도 2000년대 초반부터 대학이 교육과 연구에만 매진할 것이 아니라 지역사회의 발전에도 공헌해야 한다는 주장이 대두했다. 여기에는 크게 두 가지 배경이 있었다. 하나는 '2007년 이후 일본은 대학 입학 희망자 수가 대학 입학 정원에 못 미치는 대학전입시대(大學全入時代)에 들어설 것'이라는 예측 속에서 일어난 '대학이 새로운 모습으로 개혁되어야 한다'는 주장에서 비롯된 것이고, 또 하나는 2000년 시행된 〈지방분권일괄법〉에 따라 지방분권화 정책이 본격화하면서 이를 위해 새로운 협력 파트너를 찾고 있는 지방정부와 대학의 개혁인식이 서로 맞아떨어진 것이었다.

2001년 도시재생본부를 설립한 일본정부는 도시재생 사업을 통해 일본경제에 활력을 주입하려고 2002년 〈도시재생특별조치법〉도 제정했다. 도시재생본부는 중앙정부와 지방공공단체를 중심으로 민간 자원을 끌어들여 사업을 추진하면서 투자유치를 위한 도시인프라 건설, 재난대비 환경 개선, 지속발전 가능한 도시 환경 구축, 국제 경쟁력이 있는 세계 도시로의 도약 등을 목표로 사업을 전개해나갔다.[38] 이 과정에서 2005년 도시재생본부는 프로젝트를 원활하게 추진하자면 대학과 협력을 강화하여 대학의 인적, 지적 자원과 인프라를 활용

---

37   최태진, "지역혁신을 위한 대학의 새로운 역할", (대전일보, 2017. 6. 12).
38   도시재생사업단, 『일본의 도시재생: 도시재생특별법을 중심으로』 (서울: 기문당, 2007).

해야 한다는 것을 깨달았다. 그래서 '대학과 지역의 연계에 의한 도시재생 추진'이라는 도시재생 프로젝트를 시행하게 되었다.[39] 이어서 일본정부는 2006년과 2007년 각각 〈교육기본법 제7조〉와 〈학교교육법 제83조〉를 개정하여 대학이 교육과 연구의 성과를 통해 사회의 발전에 기여해야 한다는 부분을 추가했다. 대학이 대학의 전통 임무인 교육과 연구뿐만 아니라 '지역공헌'을 제3의 임무로 삼아야 한다는 것을 국가적 차원에서 공식화한 일이었다.[40]

일본 대학들은 지역사회와 협력하여 도심 활성화, 상가 활성화, 주거환경 개선 등 도시환경 개선사업을 추진하기도 하고, 대학의 지식자원을 활용하여 대학이 속한 도시의 싱크탱크 역할을 하기도 하고, 도시재생 사업에 필요한 인재를 양성하는 역할도 맡고 있다. 일본 전국의 83개 대학을 대상으로 대학이 도시재생을 위해 지역사회와 연계하는 방식에 대해 조사한 결과에 따르면, 그것은 크게 마을 만들기 지원형, 마을 만들기 총괄형, 교육서비스 제공형 등으로 분류되고 있다. 하지만 대학별로 진행되는 도시재생 프로젝트는 그러한 요소들이 섞여 있는 사례가 흔하다.[41]

마을 만들기 지원형은 대학이 공공연구기관이나 평생학습센터 등을 설립하여 지역사회의 사업을 지원하는 것이다. 대학은 지역사회의 파트너로서 수평관계를 지키기 위해 그것을 지역사회 안에 설립하는 경우가 많다.

39 김철영, "대학과 지역의 협력을 통한 지역사회 활성화 방향에 관한 연구: 일본의 대학과 지역이 연계하는 마을만들기 추진실태를 중심으로," 『도시설계』, 14권 5호(2013), 65-78.
40 이태희·박소은·김태현, "일본의 대학-지역사회 협력을 통한 도시재생에 관한 연구: 요코하마시와 요코하마시립대학 간의 협력 사례를 중심으로," 『대한지리학회지』, 51권 1호(2016), 57-75.
41 김철영, "대학과 지역의 협력을 통한 지역사회 활성화 방향에 관한 연구: 일본의 대학과 지역이 연계하는 마을만들기 추진실태를 중심으로," 『도시설계』, 14권 5호(2013), 72.

마을 만들기 총괄형은 대학이 직접 사업을 추진하는 것이다. 이 경우에 대학은 공공연구기관이나 평생학습센터를 대학 안에 두고 마을 만들기 사업의 계획과 추진 과정을 총괄한다.

교육서비스 제공형은 대학이 마을 만들기 사업을 추진하는 데 필요한 인력 제공에 중점을 두거나, 대학생들이 지역사회를 위한 교육 활동에 직접 참여하게 만들거나, 마을 주민들에게 교육프로그램을 제공하여 주민 스스로가 사업을 진행해 나갈 수 있도록 도와주는 것이다.

일본정부는 법제화에 근거하여 대학과 지역사회의 협력 사업을 정책적 차원에서 꾸준히 추진하고 있다. 2013년에는 문부과학성에서 '지역 재생 및 활성화의 거점이 되는 대학 형성'을 목적으로 하는 지역공동체센터(Center of Community, COC) 사업도 시행했다. 그 운영 방향은 1) 지역사회와 대학이 지역사회의 당면 과제를 공유하고, 2) 교육을 통해 주체적으로 지역의 당면 과제를 해결할 수 있는 인재를 육성하며, 3) 지역의 필요에 실제로 대응할 수 있도록 대학의 자원을 효과적으로 사용할 방법을 모색하고, 4) 지역진흥정책을 입안하고 실시할 수 있는 역량을 키우는 것이다.[42]

COC 사업은 대학들로부터 신청을 받아 사업을 선정한다. 대학 내의 전담 조직 설치 여부, 도시재생과 관련된 커리큘럼의 존재 여부, 도시재생 사업을 위한 교육조직 개혁 등이 그 심사의 기준이다. 선정된 사업에는 대학당 연간 최대 5,800만 엔(약 5억6000만 원)을 최대 5년간 지원하는 것으로 시작되었다. 2015년부터는 더 확대하여 '지역

42　이태희·박소은·김태현, "일본의 대학-지역사회 협력을 통한 도시재생에 관한 연구: 요코하마시와 요코하마시립대학 간의 협력 사례를 중심으로," 『대한지리학회지』, 51권 1호(2016), 57-75.

의 거점대학에 의한 지방창생추진사업(COC+)'으로 시행하고 있다.

요코하마시립대학과 요코하마

요코하마시는 2007년 일본 도시재생본부에서 조사한 '대학과 지역
사회의 협정 체결'에서 가장 많은 건수를 기록했다. 이는 요코하마에
서 대학과 지역사회의 협력이 가장 활발하게 일어나고 있음을 보여
주는 것이다.[43]

요코하마는 대학과 도시의 협력으로 상생을 이루기 위해 2005년
'대학·도시 파트너십 협의회'를 설립했다. 이 협의회는 요코하마시
장이 의장이다. 시장이 요코하마의 30개 대학과 민간 기업인들의 참
여를 끌어냈다. 각 조직의 리더들이 연 1회 회의를 거쳐 주요 방향
을 결정하고 실제 정책은 '사무담당자 회의'를 통해 요코하마시와 각
대학에 설치된 전담 조직에서 추진한다. 요코하마시는 대학조정국을
설치하고 요코하마시립대학은 지역공헌센터를 설치했다. 쌍방의 소
통을 담당하는 조직이다.[44]

요코하마시립대학의 지역공헌센터는 지역의 다른 대학들과 공동
으로 '마을 만들기 컨소시엄 요코하마'를 조직하여 요코하마 도심과
외곽 지역의 마을 재생 프로그램을 기획하고 실행하는 한편, 도시재
생에 관해 다양한 연구활동을 펼쳐나간다. 그리고 도시재생 프로젝

---

43 김철영, "대학과 지역의 협력을 통한 지역사회 활성화 방향에 관한 연구: 일본의 대학과 지역이 연계하
는 마을만들기 추진실태를 중심으로," 『도시설계』, 14권 5호(2013), 67.
44 김철영, "대학과 지역의 협력을 통한 지역사회 활성화 방향에 관한 연구: 일본의 대학과 지역이 연계하
는 마을만들기 추진실태를 중심으로," 『도시설계』, 14권 5호(2013), 73.

트의 원활한 시행을 위해 도시 몇 군데에 거점을 만들고 그곳에 상주인력을 배치하여 대학 연구자들의 지역연구 활동에 편의를 주거나 주민 대상의 평생교육 프로그램을 진행하는데, 이 거점 시설들은 학·민·관(대학과 주민과 시)이 서로 만나고 소통할 수 있는 공간으로 상호간 협력 강화에 중요한 역할을 담당한다.[45]

또한 요코하마시립대학은 대학의 도서관, 수영장, 다목적홀 등을 주민들에게 개방하여 주민들의 삶의 질 향상에 이바지하고 있다. 어학 강좌, 인문학 강좌, 건강관리에 필요한 의학 강좌 등도 주민들에게는 역량 강화의 귀중한 기회가 되고 있다. 더구나 교육 프로그램은 성인뿐만 아니라 초중고교 학생들에게도 제공하여 지역의 교육불평등 개선에도 좋은 효과를 내고 있다.[46]

요코하마 도시재생 사업의 특징은 위에서 살펴본 세 가지 유형으로 진행되고 있지만 도시(시정부)는 주로 지원을 담당하고 대학과 주민, 그리고 민간 기업이 주도하여 프로그램을 이끌어간다는 것이다.[47]

대학컨소시엄 교토

일본에서 대학과 지역사회의 상생을 위한 '대학컨소시엄' 설립과 운영을 시작한 도시는 교토다. 교토시는 1980년대 교토의 대학들이

---

45 이태희·박소은·김태현, "일본의 대학-지역사회 협력을 통한 도시재생에 관한 연구: 요코하마시와 요코하마시립대학 간의 협력 사례를 중심으로," 『대한지리학회지』, 51권 1호(2016), 65-66.

46 이태희·박소은·김태현, "일본의 대학-지역사회 협력을 통한 도시재생에 관한 연구: 요코하마시와 요코하마시립대학 간의 협력 사례를 중심으로," 『대한지리학회지』, 51권 1호(2016), 67-68.

47 김철영, "대학과 지역의 협력을 통한 지역사회 활성화 방향에 관한 연구: 일본의 대학과 지역이 연계하는 마을만들기 추진실태를 중심으로," 『도시설계』, 14권 5호(2013), 77.

시설을 시외로 옮겨가자 위기의식을 느끼고 대학과의 소통에 나섰다. 시장의 주선으로 도시, 기업, 대학이 한자리에 모였다. 교토시는 대학의 문제를 대학이 해결할 수 있도록 지원하고 대학의 지식 자원으로 지역 활성화의 방안을 찾으려 했다. 머리를 맞댄 결과로 '대학의 고장 교토21 플랜'이 탄생했다. 이를 통해 1994년 '교토대학센터'라는 대학 간의 연대 프로그램이 시작되었고, 1998년 '대학컨소시엄 교토'로 이름을 바꾸었다. 여기에는 교토 지역의 49개 대학과 전문대학, 교토시, 교토상공회의소, 교토경제동우회, 교토경영자협회, 교토공업회 등 대학을 비롯해 지방정부와 경제 단체들이 두루 참가하고 있다.[48] 대학과 도시가 함께 상생발전의 길을 모색하고 추구하는 컨소시엄이다.

대학컨소시엄 교토에서는 다른 대학의 과목을 수강할 수 있는 학점상호인정 사업, 교토시민에게 평생교육의 기회를 제공하는 시티칼리지 사업, 고등학교와 대학 간의 교류 활성화를 위한 대학과 고등학교 연계 사업, 대학의 지식 자원을 활용하여 지역발전 방안을 마련하기 위한 지역공동연구 사업, 대학 외부의 네트워크를 활용하여 지역에 실제로 도움이 되는 연구를 진행하기 위한 교토학술공동연구기구 및 교토고등교육연구센터 사업 등을 추진하고 있다.[49]

2004년 일본에서는 전국의 28개 대학컨소시엄들이 한자리에 모여 '대학컨소시엄협의회'를 창설하고 전국 단위의 협력을 강화하기로 했다. 이는 1990년대부터 일본의 다른 여러 지역에서도 대학컨소시

---

48 이정희·최용호, "'대학컨소시엄 대구경부' (가칭)의 설립에 관한 연구: 대학컨소시엄 교토의 사례를 중심으로," (대구경북 RHRD 연구보고서, 2006), 19.
49 이정희·최용호, "'대학컨소시엄 대구경부' (가칭)의 설립에 관한 연구: 대학컨소시엄 교토의 사례를 중심으로," (대구경북 RHRD 연구보고서, 2006), 33-5.

엄이 탄생했기 때문에 가능해진 일이었다. 2010년 이 조직에는 48
개 대학컨소시엄이 참여했다.

일본에서 같은 지역사회에 소재한 대학들의 유기적 협력은 대학
자원의 효율성을 극대화함으로써 더 유능한 지역 인재를 양성하여
지역 발전에 기여하려는 목적으로 추진되고 있다.[50]

프랑스의 도시재생과 대학의 역할

프랑스는 1981년부터 1995년까지 지방분권정책과 더불어 공공사
업 성격의 도시재생 사업을 추진했다.[51] 중앙정부에 과도하게 집중된
권한을 지방정부로 분산시키면서 지방에 위치한 도시에 활력을 불어
넣으려 했다. 2000년 제정된 〈도시재생 및 연대법〉도 지방분권을 통
해 지방도시에 활력을 불어넣으려는 의지를 담은 것으로, 중앙정부
가 아니라 지방정부가 도시재생을 주도하게 했다.

파리는 주택 재개발 중심의 도시재생 정책에서 벗어나 도시 문화
정책의 일환으로 도시재생 프로젝트를 활용했다. 이러한 정책에 의
해 루브르박물관 앞에는 건축 설계 공모 방식을 거쳐 '피라미드'가
새로 탄생하고, 과거에 철도역이었던 곳을 오르세미술관으로 변화시
켰다. 문화도시재생 프로젝트는 문화중심도시로서 파리의 명성을 이

---

50 야마모토 이와코·정광희, "일본의 대학 컨소시엄의 전개와 시사점,"(한국교육개발원 세계교육정책 인포
메이션, 2010).

51 민유기, "파리 도시학연구소의 인문학 전통과 사회적 기능," 『인천학연구』, 12(2010), 1-45; 임동근, "프
랑스의 지방분권과 도시계획," 『문화과학』, 35호 (2003), 247-269.

어가면서 도시에 새로운 활력을 불어넣었다.[52]

프랑스 도시재생 정책의 추진과정에는 대학의 역할도 중요했다. 특히 파리 외곽의 작은 도시인 크레테이에 위치한 파리7대학의 '파리도시학연구소'는 1972년부터 파리의 도시문제에 관한 담론 형성에 중요한 역할을 해왔다.[53] 이 연구소는 19세기말 파리 주변부에 있던 성곽 철거와 그 부지의 활용 방안을 마련하는 과정에서 탄생했다. 처음에는 파리시립역사도서관에 설립한 도시학연구소로 운영하다가 1919년 도시학 대학원 과정을 설립하지만 1924년 소르본대학으로 통합되어 '파리대학교 도시학연구소'로 바뀌고 그 뒤 다시 파리7대학으로 옮겨졌다. 그래서 프랑스에서 도시학이 하나의 학문으로서 지위를 얻게 되었고, 이는 파리 중심의 도시재생 정책 추진에 여러 가지로 기여했다.

프랑스 대학들은 지속가능한 도시 프로젝트에 지식 자원을 투입하며 도시 환경문제를 극복하는 데 앞장서기도 했다.[54] 1991년 신설된 베르사유대학의 '도시생활랩(Urban Living Lab)'은 검토해볼 만하다. 학생, 지역주민, 지역단체, 협회, 민간기업 등이 참여하여 대학이 위치한 베르사유 인근에 친환경지역을 만들어 저탄소도시로 바꾸려는 프로젝트를 추진하고 있다.[55] 이 프로젝트는 대학 및 인근 지역에서 전기차 무료 공유(Free car-sharing) 프로그램을 실시하고, 태양광발전으로 캠퍼스 건물에 전력을 공급하면서 녹색캠퍼스를 만들기 위한 스마트 캠퍼스(Smart Campus) 프로젝트를 추진한다. 지속가능한 도시로

52 백승만, "문화적 도시재생 패러다임에 대한 연구: 서울과 파리를 대상으로," 『국토계획』, 48권 6호(2013), 337-346.
53 민유기, "파리 도시학연구소의 인문학 전통과 사회적 기능," 『인천학연구』, 12(2010).
54 Trencher, Gregory et al., "Beyond the third mission: Exploring the emerging university function of co-creation for sustainability," Science and Public Policy, 41(2014), 151-179.
55 Rowland, Paul et al., "The Future We Want: A Global Expert Discussion on the Future of Rio+20 Efforts on Higher Education," Sustainability, 6(1)(2013), 42-47.

변화시키려는 도시생활랩 프로젝트에서는 대학이 핵심 역할을 담당하는 가운데 대학 연구자들을 비롯해 도시의 시민단체, 민간기업이 함께 협력하고 있다.[56]

영국의 도시재생과 대학의 역할

영국 대학들은 지속가능한 도시 프로젝트에 참여함으로써 영국 도시를 친환경도시로 만들기 위해 노력하고 있다. 리트로핏2050 (Retrofit2050, Re-engineering the city 2020-2050:urban foresight and transition management)이 대표적 사례이다.

이 프로젝트에는 케임브리지대학, 샐포드대학, 옥스퍼드브룩스대학, 카디프대학, 더럼대학, 레딩대학 등 6개 대학에 속한 연구소나 학과 연구진들이 공학·물리과학연구위원회(Engineering and Physical Sciences Research Council, EPSRC)에서 재정을 지원받아 공동으로 참여하고 있다. 맨체스터시와 카디프시를 중심으로 하는 광역 도시권을 지속가능한 도시 환경으로 변화시키기 위한 방안을 모색하고 있는데, 행정기관을 비롯해 민간 기업들이 참여함으로써 대학-정부-기업-시민단체가 협력관계 속에서 다양한 사업들을 추진하고 있다.[57]

이 프로젝트에서 중요한 사업의 하나는 주택을 리모델링할 때 에너지 효율성을 높이는 장치들을 새로 장착하는 것이다. 이는 탄소 배출량을 감소시켜 '저탄소 경제 허브 도시'로 만들고자 하는 런던의

---

56 Filho, Walter et al., *Implementing Campus Greening Initiatives: Approaches, Methods, and Perspectives* (New York: Springer International Publishing, 2015).

57 Retrofit2050 홈페이지 (http://www.retrofit2050.org.uk/).

전략과 맥락을 같이하고 있다. 기후변화에 대응하기 위한 런던의 그 전략은 환경문제를 포함한 도시문제를 해결하는 동시에, 저탄소 경제 분야 개발을 통해 2025년까지 매년 14,000개의 새로운 일자리를 창출하고 7억2000만 파운드(약 1370억 원)의 부가가치를 창출하려는 것이다.[58] 오랜 세월에 걸친 노후주택 문제와 거기서 발생하는 막대한 탄소배출 때문에 환경문제를 겪고 있는 맨체스터나 카디프 같은 도시들도 런던처럼 녹색성장을 시도하는 중이라고 볼 수 있다.

대학을 중심으로 구성된 리트로핏2050 프로젝트는 영국의 지속가능 도시 전략에서 중요한 역할을 담당하고 있다.[59]

〈표 2〉 유니버+시티의 해외 사례들 요약

러스트 벨트(Rust Belt)에서 벗어나기	러스트벨트의 회생과 연구중심대학의 역할
피츠버그대학·카네기멜론대학과 피츠버그	철강산업의 쇠퇴, 민간과 대학 주도의 도시 재생
애크런대학과 애크런	대학과 병원 중심 정책, 폴리머 산업
펜실베니아대학(유펜)과 필라델피아	대학 주도의 캠퍼스 주변 슬럼가 문제 해결
존스홉킨스대학과 볼티모어	대학 중심의 도시재생프로젝트 전략의 확산
일리노이주립대학 시카고 캠퍼스(UIC)와 시카고	정부가 예산을 지원하고 대학과 지역 주민이 함께하는 대학 - 도시 상생 정책
말뫼의 눈물'과 말뫼대학	도시재생을 위한 리더십 및 대학의 역할
일본 대학들의 도시재생 참여와 일본정부의 역할	법제화를 통한 도시재생 노력 및 대학과의 협력
프랑스의 도시재생과 대학의 역할	친환경도시를 위한 지속가능도시 프로젝트
영국의 도시재생과 대학의 역할	리트로핏2050 소개

58 조기선, "세계 '저탄소 경제의 허브'를 지향하는 영국 런던,"(노컷뉴스, 2009.12.9).

59 Trencher, Gregory, Masaru Yarime, and Ali Kharrazi, "Co-creating sustainability: cross-sector university collaborations for driving sustainable urban transformations," *Journal of Cleaner Production*, 50(2013), 40-55.

대학과 도시의 상생으로 가는 우리의 발걸음들

미국의 러스트 벨트, 스웨덴의 말뫼, 일본의 요코하마와 대학컨소시엄, 그리고 프랑스와 영국에서 추진된 대학과 도시의 협력관계를 살펴보았다. 그들의 협력관계는 '재생'과 '상생'의 유형으로 나눌 수 있지만 크게 보아서 '상생발전'의 관계로 아우를 수 있다. 재생이란 부활이나 복구에 가까운 말이니 '도시재생'은 아무래도 심각한 문제를 안고 있는 도시를 다시 건강하게 회복시킨다는 뜻으로 들린다. 상생이란 서로 도움을 주고받으며 더불어 발전해 나간다는 말이니 '대학과 도시의 상생'은 심각한 상태로 빠져들기 전에 서로 힘을 합쳐서 더 좋은 공동체로 만들어가겠다는 뜻으로 들린다. 그러나 재생이든 상생이든 대학과 도시(지역사회), 도시와 대학이 서로 어깨를 걸고 더 살기 좋고 더 희망찬 공동체를 만들기 위해 함께 노력하겠다는 의지를 담은 말이니 크게 보아서는 '상생발전'의 개념에 수렴되는 것이다.

앞에서 언급했지만 우리나라도 2000년에 들어선 즈음부터 대학과 지역사회의 협력·상생 방안에 대한 논의들이 사회적 관심을 받기 시작하여 최근 몇 년 사이에는 부쩍 활발해지고 있다. 이것은 우리나라의 밝은 미래를 위해 좋은 일이다. 그 사업의 추진방안도 봉사활동 수준의 협력, 교육과 문화와 건강 프로그램, 도시 디자인 등 소박한 일부터 창업과 창직, 경제적 상생발전 등 큼직한 일에 이르기까지 다양하게 구성돼 있다. 대학과 지역사회가 서로 힘을 합쳐 소박한 프로젝트에서 성공한 경험과 성취감은 경제 회생이나 경제 생태계 조성 같은 큼직한 프로젝트에 함께 도전할 수 있는 소중한 자산이 될 것이다.

2017년 현재 우리나라 여러 도시에서 '대학과 도시의 상생발전'이 어떤 비전과 어떤 사업으로 어떻게 추진되고 있을까? 이 궁금증은 이 책의 2부에서 상당히 풀어줄 것이라고 생각한다. 부산대와 부산, 전북대·전주대와 전주, 조선대·광주과학기술원(GIST)과 광주, 창원대와 창원, 한림대와 춘천, 충북대와 충북, 카이스트(KAIST)와 대전, 충남대와 충남, 인천대와 인천, 대구과학기술원(DGIST)과 대구, 울산대·울산과학기술원(UNIST)과 울산, 한동대·포스텍과 포항 등을 통해 분주히 움직이고 있는 '대학과 도시의 상생발전'의 발걸음들을 확인할 수 있기 때문이다.

그러나 이 책의 2부에 담지 못한 사례와 도시가 많다. 대학이 위치한 우리나라 여러 도시에서 '대학과 도시, 지역과 대학의 상생발전'의 방안들이 모색되고 있으며, 서울시에서도 그것이 주목할 만한 수준에서 진행되고 있다. 여기서는 그 발걸음들을 개괄적으로 정리해 본다.

부산시와 부산지역 9개 대학은 2011년 지역인재를 양성하고 부산을 글로벌 경쟁력을 갖춘 인재도시로 만들기 위해 '부산광역시 지역대학협의회'를 발족했다. 이 협의회에는 부산지역에 위치한 부산대, 부경대, 해양대, 동아대, 동의대, 경성대, 신라대, 동명대, 동서대 등이 참여하여 인재양성, 산학협력, 국비 확보 공동 대처, 우수 인재 유출 방지 등을 공동으로 전개해 나가기로 했다.[60] 부산시는 2017년 이를 확대하여 부산시와 부산지역 대학을 넘어 부산상공회의소, 부산경영자총협의회, 부산교육청, 부산과학기술기획평가원 등 228개 기

---

60   신정훈, "인재키우자…부산시·지역대학 협력체계 구축," (연합뉴스, 2011년.5.30).

관이 참여하는 '부산광역시 대학 및 지역인재 육성지원 협의회'를 출범시켰다. 이 협의회는 지역 인재 육성을 통해 대학 역량을 강화하고 지역 발전의 자원을 공유해나갈 예정이며, 대학 간의 경쟁보다는 상호협력으로 지역 상생을 도모해나갈 계획이다.[61] 한편, 부산시는 2015년에 동의대, 부경대, 동아대, 한국해양대, 부산대, 동명대, 신라대, 인제대, 동의과학대, 경성대, 동서대, 부산외대, 경남정보대, 부산과기대, 부산가톨릭대, 영산대 등 16개대학이 연합해 만든 부산지역대학연합 대학기술지주회사에 11억9500만 원을 지원했다.[62]

광주시는 시와 중앙정부 재원을 합쳐 지역 9개 대학에 2259억 원을 지원하여 15개 대학협력 사업을 추진하고 있다. 2006년부터 조선대와 치과용 정밀장비 관련 프로젝트를 추진하고 있으며, 2016년부터는 치과 중심 대학협력사업의 범위를 넓혀 광주보건대와 콘택즈렌즈 설계 및 디자인 프로젝트를 진행하고 있다. 전남대와는 2014년부터 치과 중심 의료산업 프로젝트인 미래형 생체부품소재산업을 추진해온 데 이어 정형외과용 융합의료기기 산업 인프라 구축 사업의 추진 계획을 세웠다. 호남대는 한전KPS와 같이 '에너지 사물인터넷 생태계 조성사업'을 추진하고 있다. 광주광역시는 또한 남부대, 광주대, 광주여대, 전남대, 조선대, 호남대 등 광주지역 6개 대학이 중심이 되어 설립한 광주지역대학연합 기술지주회사 설립을 지원하기도 했으며, 광주테크노파크에 자본금의 20%를 출자하고 2018년까지 총 50억 원을 지원하기로 했다.[63]

광주여대는 우리밀빵 명품브랜드화 사업단을 설립하여 우리밀을

61 최성유, "지역대학 및 지역인재육성 위해 산학관이 한자리에 모여," (부경신문, 2017. 5.22).
62 이연희, "교육부, 광주대학연합 기술지주회사 설립 인가," (한국대학신문, 2016. 9.23).
63 손상원, "광주시, 대학과 협력사업으로 지역경제 '엔진' 창출.," (연합뉴스, 2016. 4.26).

사업화하기 위한 아이템 개발이나 마케팅 전략, 브랜드 개발 등의 연구를 진행했다. 이 사업은 광주시 광산구와 우리밀조합, 광주여대의 협력체제로 추진하는 사업이다. 광주시 광산구는 1989년부터 우리밀살리기운동을 추진해온 지역으로 우리밀 생산농가와 2차 가공을 담당하는 한국우리밀조합, 유통 클러스터, 대학 연구기관이 모두 모여 있으며, 전국 우리밀 생산량의 50%를 차지하고 있다. 광산구 주민이 한국우리밀조합을 설립했고, 광산구청은 우리밀특화팀을 신설하여 이를 지원하고, 광주여대는 사업단을 조직하여 우리밀빵 판매 활성화를 돕고 있다.[64]

전라북도는 2011년 전북대, 군산대, 원광대, 전주대, 우석대 등 5개 대학이 연합해 설립한 전북지역대학연합 기술지주회사에 28억 원 가량을 지원했으며, 대구시와 경상북도는 영남대, 경운대, 경일대, 계명대, 금오공대, 대구가톨릭대, 대구대, 대구한의대, 동양대, 안동대, 동국대 경주캠퍼스 등 11개 대학이 연합으로 세운 대경지역공동연합 대학기술지주회사에 2014년부터 2019년까지 5년간 2억씩을 지원하기로 했고, 대전·충청지역에서는 충남대, 건양대, 대전대, 배재대, 중부대 등 9개 대학이 2개의 대학연합형 기술지주회사를 설립하여 운영하고 있다.[65]

강원도는 2009년 강원대, 강릉원주대, 가톨릭관동대, 상지대, 한림대 등 도내 5개 대학이 참여한 강원지역대학연합 기술지주회사 설립을 지원했다. 2016년 1월 원주에서는 연세대 원주캠퍼스 주최로 '지역과 대학의 상생발전 포럼'을 개최됐다. 이 포럼에서는 강원지역 대

64 이상현, "우리밀 특구로 비상한다," (광주in, 2011, 3.18).
65 김유진, "가톨릭관동대 등 3개대학 산학협력기술지주회사 인가," (베리타스 알파, 2017.6.12).

학 관계자들과 강원지역 7개 도시의 관계자들이 한자리에 모여 지역과 대학이 협력하여 일자리를 창출하는 방안, 지역의 고용정책 개선방안, 대학의 지역사회를 위한 책임과 역할, 지방자치단체와 공공기관과 대학의 협력방안 등에 대한 논의가 이루어졌다. 앞으로 그 방안들이 구체화되면 강원도에서 대학과 지역의 상생발전이 새로이 전개될 것으로 기대된다.

2016년 안양시는 관내 6개 대학과 공동으로 '대학-안양시 미래발전 포럼'을 개최했다. 이는 안양시를 대학과 도시가 상생하는 도시로 만들고자 하는 목적으로 성결대, 안양대, 경인교대, 계원예술대, 대림대, 연성대 등이 참여하고 있다.[66]

건양대는 논산시와 협력하여 농촌지역 폐교를 창업보육공간으로 전환시켜 농촌경제 활성화와 일자리 창출을 주도하고 있다. 저렴한 가격에 창업기업을 보육센터에 유치하고 여기에 대학의 인프라와 기술지원을 접목해서 성공기업으로 육성하고 있다.

경남대는 대학이 보유하고 있는 도시재생 역량을 활용하여 원도심 공동화 문제해결에 나서고 있다. 마산시의 원도심에 도심재생 힐링 거점센터를 설립하여 도시힐링 창조포럼을 정기적으로 개최하고 해마다 도시힐링 거리문화축제도 열고 있으며, 도시재생 서포터즈에는 대학생들이 도시재생 사업 현장에서 각종 프로그램의 운영과 개발에 참여하고 있다.

김해시에 위치한 인제대의 산학협력 프로그램이 돋보인다. 인제대는 2011년부터 산학협력가족회사(INFACO)를 운영하고 있다. 대학이 보유한 인적 물적 자원을 활용해 기업의 기술개발, 사원 교육, 경

---

66 한명섭, "'명품대학 명품도시 만들자' 6개 대학과 손 잡은 안양시,"(한국대학신문, 2016. 9.8).

영기법 등을 지원하여 기업의 성장을 도와주는 프로그램이다. 2017
년 현재 1,200여 회사가 가족회사로 등록해 다양한 산학협력 프로그
램을 활용하고 있다. 2013년에는 열교환기 시장 환경과 기술변화에
최우선적으로 대응하기 위해 관련 기업과 대학의 유기적 협력방안
을 모색하는 포럼을 개최해 좋은 효과를 거두었다. 한 걸음 더 나아
가 인제대는 지속가능한 산학협력을 위해 '기업협업우수센터(ICCE)'
도 시범적으로 운영하고 있다. 이러한 인제대의 사례는 대학이 주도
한 산업협력의 모델이라 할 수 있다.

　2017년 세종시는 8개 대학과 세종시에 제2캠퍼스를 유치하기 위
한 MOU를 맺었다. MOU를 체결한 대학은 KAIST, 충남대, 충북대,
한밭대, 공주대, 고려대, 건양대, 서울대 행정대학원 등이다. 이 가운
데 KAIST와 충남대는 관련 절차를 진행하고 있다. KAIST는 세종시
에 국내 최초 생명과학과 의학을 융합한 KAIST 의과학대학원을 설
립할 계획이며, 충남대는 세종캠퍼스에 4차 산업혁명에 대비한 정보
기술 및 의생명공학 전공의 국가정책대학원과 세종충남병원을 설립
할 계획이다. 충북대도 2023년 개교를 목표로 세종캠퍼스 조성을 추
진하고 있다.[67]

　서울시와 서울에 위치한 대학들의 '캠퍼스타운 조성사업'은 기대해
볼 만하다. 2016년 11월 서울시는 서울 소재 52개 대학 중 48개 대
학이 동참한 '캠퍼스타운 정책협의회'를 발족했다. 대학이 주체가 되
는 도시재생 프로젝트를 추진하여 대학과 지역사회가 상생발전하는
도시재생 모델을 만들어나가겠다는 것이다. 이를 위해 서울시는 예

67　박진환, "세종시 충청권 대학들만 입주행렬…명품도시 건설 '헛구호'" (이데일리, 2017. 4. 25).

산 1520억 원을 책정했다.[68]

캠퍼스타운 정책협의회는 참여의사를 밝힌 서울 소재 대학 총장과 서울시장으로 구성된 '도시재생 프로젝트 추진 전담' 거버넌스 조직이다. 이 조직은 연 2회 정기회의를 갖고 각 대학이 추천한 49인의 교수로 구성된 '캠퍼스타운 전문가협의회'와 각 대학 행정 직원 및 서울시 전담 공무원으로 이루어진 '캠퍼스타운 사무국'을 지원조직으로 두고 있다.[69]

캠퍼스타운 정책협의회는 2017년 5월 '대학도시 서울' 비전과 공동실천 선언을 발표하고 대학이 지역 발전의 주체로 나서기 위해 대학의 경계를 넘어 지역사회를 향해 나아가기로 했다. 주요사업은 창업육성, 주거안정, 문화특성화, 상권활성화, 지역협력 사업 등으로 구성하고, 사업추진은 대학이 주체가 되고 서울시와 자치구가 지원하는 방식이다. 대학들은 주요사업의 실현을 위해 서울시와 협의해 미래지향적 정책 수립, 대학 인프라 공유, 창의적 지역교육 확대, 지역문화 특화, 대학간 교류 강화 등을 이행 과제로 정하고 대학별로 추진할 계획이다.

서울시의 캠퍼스타운 조성사업은 '지역창조형(도시재생 활성화 사업)'과 '프로그램형(단위 사업형)'으로 나눠져 있다. 지역창조형으로는 현재 고려대가 '안암동 창업문화 캠퍼스타운' 사업을 시범적으로 실시하고 있으며, 2017년 하반기부터 3곳을 추가로 선정할 계획이다. 프로그램형은 다음의 〈그림 3〉에서 볼 수 있듯이 하드웨어 중심형, 융

---

68 이재익·윤솔지, "서울시 캠퍼스타운 정책협의회 개최: 초대회장에 김용학 연세대 총장,"(한국대학신문, 2016. 12. 01)

69 이재익, "[기자수첩] 서울시 캠퍼스타운의 성공 조건,"(한국대학신문 2016. 7. 3); 이재익, "서울시, 48개 대학총장과 '청년문제 해결' 협의체 출범: 서울시 캠퍼스타운 최고 의사결정기구 '캠퍼스타운 정책협의회' 30일 첫 회의," (한국대학신문 2016. 11. 29).

합형, 소프트웨어 중심형으로 구성돼 있다.

　프로그램형에는 '제안자 상호평가'를 통해 13개 대학을 선정했다. 참여를 희망하는 대학으로부터 사업제안서를 접수받아 제안자 전원이 참여한 가운데 사업 계획을 발표하고 그 필요성과 실현 가능성을 상호 평가하는 방식이었다.[70] 그 결과로 서울시가 제안한 기준보다 대학이 지원한 사업들의 특성에 따라 사업 분야가 창업육성, 주거안정화, 문화특성화, 상업활성화, 지역협력 등으로 다시 조정될 수 있었다.

〈그림 3〉 서울시 캠퍼스타운 조성사업 중 프로그램형 사업 유형

하드웨어 중심형	융합형	소프트웨어 중심형
· 시설조성, 환경개선 등 물리적 개선 · 창업 주거등 프로그램 운영 · 연간 최대10억/2개소/최대 3년	· 임차, 리모델링, 소규모 공간확보 · 창업 주거등 프로그램 운영 · 연간 최대5억/5개소/최대 3년	· 청년창업 프로그램 · 지역공동체 강화 · 연간 최대2억/3개소/최대 3년

한국형 대학도시로서 유니버+시티

　대학도시라는 말이 있다. 우리에게도 익숙한 말이지만 그 실체를 확인하기는 어렵다. 우리나라 대학이 도시에 존립하는 유형을 분리형, 도심형, 독립형, 외부 이동형, 내부 편입형 등 다섯 가지로 나눠서 대학도시라 보는 관점[71]도 있긴 하지만, 어느 경우든 '도시의 대

70　황명문, "'대학도시 서울' 캠퍼스타운, 대학·청년·지역 상생발전 도모,"(노컷뉴스, 2017. 5.16).
71　김준우·이대준, "대학도시 포항의 기능에 대한 고찰", 『문화사업연구』, 7권 2호(2007), 5-23.

학'이거나 '도시에서 비중이 큰 대학'일 뿐이다. 대학이 도시의 핵과 같은 역할을 해서 형성된 학문의 도시라는 뜻의 대학도시, 인구 구성비 기준에서 대학 종사자가 더 많다는 뜻의 대학도시—이 두 기준을 만족시킬 진정한 대학도시를 찾을 수 없다는 것이다. 영국의 옥스퍼드, 케임브리지, 독일의 하이델베르크, 튀빙겐, 괴팅겐, 프랑스 파리의 대학구 등에 비견할 만한 도시가 한국에는 존재하지 않는다. 홍대입구, 신촌으로 대표되는 대학촌이 있을 따름이다. 만약 1996년 2월 서울대, 연세대, 고려대가 힘을 합쳐서 서울을 벗어난 어느 지역에 대학도시를 신설하겠다[72]고 선언했던 그 야심찬 프로젝트를 흐지부지 흘려버리지 않았더라면 스무 해 남짓 지난 2017년 가을, 한국인도 대학도시를 둘러볼 수 있게 되었을 것이다.

세상의 어느 분야든 역사와 전통이 깊다는 것은 대단한 장점이 될 수 있다. 물론 대학과 도시도 예외가 아니다. 유럽의 도시나 대학은 그 깊은 유서 덕분에 존재 자체만으로도 공동체적 자긍심이며 외부에서 관광객이 몰려온다. 그러나 역사는 부단히 새로 쓰는 것이기도 하다. '역사를 새로 썼다'는 말도 있지만, 그것이 스포츠경기의 신기록 갱신에 바쳐지는 가벼운 헌사에 그쳐서는 안 된다. 후발개도국에서 선진국의 문턱까지 추격한 대한민국에는 새로운 도전이 넘쳐나야 한다. 새로운 도전만이 역사를 새로 쓸 수 있고, 이것은 희망찬 미래를 열어나가는 동력이다.

대학도시도 그러하다. 우리나라에는 유럽과 같은 진정한 대학도시가 없다고 했지만, 이제부터 우리는 새로운 유형의 대학도시들을 만들어나가야 한다. 그 도전이 유니버+시티로 가는 길이다. '한국형 대

---

72 "서구식 메머드 「대학도시」청사진."(동아일보, 1996. 2. 22).

학도시'는 대학이 핵의 역할을 해서 형성된 도시도 아니고 대학 구성원이나 관계자의 인구가 더 많은 도시도 아니다. 대학과 도시, 대학과 지방정부와 지역기업과 지역주민이 운명공동체라는 인식을 바탕으로 서로 상생발전의 길을 제도적으로 문화적으로 완비하여 실천하는 '대학도시'이다. 지식기반, 지식융합의 4차 산업혁명시대에 진입한 도시(지역사회)에서 그것을 선도해나갈 인재와 지식을 공급하고 지역 기업과 상호 협력을 주고받는 가운데 새로운 스타트업 기업을 부단히 만들어내서 창업과 창직의 메카와 같은 역할을 해내는 대학, 이 키-플레이어 대학이 있는 도시, 그 대학과 그 도시가 유기적인 상생발전의 관계를 형성하여 전진하는 도시가 한국형 대학도시이고, 바로 유니버+시티다.

날이 갈수록 '지식'이 더욱 중요해지는 세상에서 세계 최고라는 자부심이 마천루처럼 하늘을 찌르는 뉴요커들도 이제는 '뉴욕 안의 지식 생산'을 갈구하고 있다. 뉴욕에도 대학이 있어야 한다, 코넬대학병원 정도로는 안 된다는 것이다. 그래서 뉴욕시는 맨해튼 근처 루즈벨트 아일랜드에 코넬대학(코넬 테크 캠퍼스)을 유치했다. 세계 최고 도시의 가장 번화한 맨해튼조차 '대학 없는 미래'를 설계하기 어렵게 되었다. 코넬대학 뉴욕캠퍼스는 응용과학과 연계한 컴퓨터과학, 비즈니스, 미디어, 의료 분야의 대학원 석사과정이 개설될 예정이다. 초대형 규모로 건설 중인 이 캠퍼스는 기술기반 스타트업 생태계 형성의 거점 역할을 하면서 뉴욕을 금융도시에서 기술기반 중심도시로 재도약하게 만들 것이다.

대기업 중심의 세계적 클러스터로 꼽혀온 미국의 리서치 트라이앵글 파크도 지역 대학들과의 적극적 협력으로 지역혁신에 성공한 사례다. 리서치 트라이앵글 파크는 노스캐롤라이나주립대학(NCSU), 듀크대학, 노스캐롤라이나대학(UNC)이 연결한 삼각지대의 중심에 건설된 연구단지이다. 3개 대학과 주정부 등 지역사회 구성원들이 전략적 파트너십을 기반으로 담배, 섬유산업 기반의 낙후지역을 IT, 보건의료 중심의 첨단연구단지로 탈바꿈시켰다.

울산대, 울산과학기술원, 한동대와 손을 잡은 포스텍은 울산시, 경주시, 포항시와 더불어 유니버+시티의 길을 출발했다. 우리가 함께 '선 라이즈 벨트(Sun Rise Belt)'를 추구하는 그 길은 '해오름 동맹'을 맺은 지역의 4개 대학 총장과 울산시장, 포항시장이 이 책의 2부에서 비교적 소상히 밝히고 있어서 여기에 중언부언 다루지는 않겠다.

유니버+시티, 문제는 의식·리더십·예산이다

유니버+시티를 완성하기 위한 가장 중요한 조건은 무엇인가? 최소한 세 가지는 강조해야 한다. 의식과 리더십, 그리고 예산에 관한 문제가 그것이다.

새로운 의식이 새로운 시작이다. 이 진리의 명제를 우리는 다시 주목해야 한다. 대학과 도시, 도시와 대학의 상생발전—유니버+시티의 새로운 비전에 도전하는 우리에게 가장 시급하고 가장 절실하게 요구되는 것은 무엇보다 하나의 공동체로 거듭나야 한다는 새로운 의식으로 무장하는 것이다. 지방정부(집행부+의회)와 중앙정부, 대학, 그리고 시민의 의식이 바뀌어야 한다.

한국에서 지방의 위기설은 오래되었다. 그러나 지방 소재의 대학들은 그 위기에 적극적으로 대응하지 않았다. 지방정부도 대학을 지역 회생과 상생발전의 진정한 파트너로 여기지 않았다. 중앙정부는 지방정부가 대학을 위해 어떤 일을 해줄 수 있는 권한도 지방정부에 위임하지 않았다. 대학과 관련된 지역산업육성정책을 비롯해 지역사회와 밀접한 관계가 있는 사업들마저 교육부, 산업자원부 등 중앙정부가 좌지우지하고 지방정부는 들러리 역할에 머물렀다. 그리고 지역민들은 이러한 구조적 문제를 공동체의 미래를 위협하는 문제로 보지 않았고 다루지 않았다. 이제는 모두가 그 굳은 의식을 깨고 나와야 한다. 헤르만 헤세의 말에 비유하자면, 과거의 우리가 알 속에 갇혀 있었다면 드디어 유니버+시티로 날아가는 새가 되기 위해서는 껍질을 깨고 나와야 한다.

위기를 맞이해 새로운 미래를 설계하는 것은 탁월한 리더십의 몫이다. 새로운 대세가 펼쳐지는 기미를 알아차리고 그 변화의 방향을 통찰하는 지기찰변(知機察變)의 안목과 지혜는 예나 지금이나 리더십의 필수 덕목이다. 그것은 조직이나 집단의 불행을 예방해줄 뿐만 아니라 미래의 주동적 지위를 담보해주는 예지이다.

앞에서 미국 '러스트 벨트'와 스웨덴 '말뫼의 눈물'을 일별해 보았다. 바닥으로 추락한 상태에서 재생에 성공한 그들 도시가 보여준 공통점은 '대학과 도시의 상생발전 전략'과 그것을 실현하는 뛰어난 리더십이었다.

우리나라의 도시와 대학은 언제 어떻게 상생발전의 길, 즉 유니버+시티의 길을 선택할 것인가? 선택의 타이밍은 대학과 도시에 맡겨져 있다. 리더십이 결정해야 하고, 성숙한 시민의식이 뒷받침해야 한다.

더 머뭇거리고 더 미적거리다가 '재생'에 도전할 것인가, 더 늦기

전에 현재의 역량을 바탕으로 '상생'의 길로 나아갈 것인가? 공장들이 텅텅 비고 설비들이 녹슬거나 뜯겨져 나가는 폐허의 조건에서 그 길을 선택할 것인가, 현재의 역량을 충분히 활용할 수 있는 조건에서 지혜를 발휘할 것인가?

대학과 도시(지역사회)의 상생발전, 유니버+시티로 나아가기 위한 의식과 리더십이 충분히 갖춰졌다면 마지막 남은 문제는 그것을 제대로 펼칠 수 있는 예산을 확보하는 일이다. 경기 침체가 장기화되면 지방정부는 세수(稅收)가 급감한다. 무엇보다 도시에 본적을 두고 있는 기업들이 내는 법인세부터 대폭 감소하는 것이다. 2010년을 전후한 몇 년 동안에 포스코의 경영상태가 최악에 빠졌을 때 포항시가 그것을 톡톡히 경험했다. "IMF사태도 모르고 지나갔다"는 포항에는 그때 "이렇게 어려운 적이 없었다"는 아우성이 들끓었다. 자영업자들이 허덕이고 시는 세수 급감에 따라 재정상태가 나빠져야 했다. 아마도 조선업이 불황에 시달리고 있는 울산의 조선소 주변이나 거제에서도 민관(民官)이 포항의 그 체험을 비슷하게 겪고 있을 것이다.

유니버+시티 프로젝트를 위해서는 그래도 대학보다는 지방정부가 예산 확보의 여력이 좀 나을 것이다. 그러나 어려운 살림에서 억지로 짜내는 방식으로는 대학과 도시의 상생발전, 유니버+시티의 길을 지속할 수 없다. 경기가 살아나면 지방정부나 기업의 역할이 좋아지긴 하겠지만, 우리가 유니버+시티의 길이 밝고 희망찬 미래로 나아가는 길이라고 확신한다면 더 늦기 전에, 폐허 위에서 '재생'을 논의하는 사태를 맞이하기 전에, 지금 여기서 근본적인 대책을 강구해야 한다.

우리가 기대를 거는 것은 새 정부가 혁신적으로 추진하겠다는 지방분권이다. 개헌을 하게 되면 연방정부에 버금갈 수준의 지방분권을 새 헌법에 담겠다는 문재인 대통령의 공약도 있었다. 이것은 세금제도의 개혁을 포함할 수 있다. 실제로 새 정부는 '국세-지방세'의 구조를 현재의 '8:2'에서 장기적으로 '6:4' 수준으로 개선하겠다는 뜻을 밝혔다. 이것이 실현된다면 지방 재정의 자립적 역량은 그만큼 높아질 것이고 '대학과 도시의 상생발전'을 위한 안정적이고 지속적인 예산 확보에도 훨씬 더 유리해질 것이다.

그리고 유니버+시티 예산 확보를 위한 근본적인 대책은 아니지만 새 정부가 2017년 7월 4일 '도시재생사업기획단'을 공식 출범하여 힘차게 추진하려는 '도시재생 뉴딜' 사업에도 '대학과 도시의 상생발전'이 참여할 여지는 있을 것이다. 총 50조 원 규모의 예산을 투입할 이 사업은 '우리 동네 살리기,' '주거정비 지원형,' '일반 근린형,' '중심시가지형,' '경제기반형' 등 다섯 가지 유형으로 추진되는데, 그중 '경제기반형'은 특히 유니버+시티의 관점에서 접근할 수 있을 듯하다.

중앙정부가 유니버+시티 전략을 공모하고 지원하는 것도 검토할 만하다. 그러나 기존 여러 공모처럼 등위를 매겨 선정하는 방식은 피해야 한다. 우리나라의 여러 대학들과 도시들이 대학과 도시의 상생발전의 길로 나아가는 것을 지원하려면, 중앙정부가 일정한 심사기준을 마련해놓고 제안자들이 그것을 통과할 수 있도록 하는 것이 바람직하다. 이는 심사기준에 미달하는 경우에 배제하는 것이 아니라 '수정과 보완'을 요구하는 방식이다. 그리고 여러 대학이 있는 도시에서는 대학들이 컨소시엄으로 참여하도록 해야 한다. 2017년 들어 대구·경산지역 6개 대학과 서울 동부지역 10개 대학이 상생발전의 협력에 나서기로 했다는 소식은 우리나라에도 일본과 같은 대학컨소시엄이 탄생할 것이라는 전조를 보여주는데, 중앙정부가 대학과 도시의 상생발전 전략 공모를 시행할 경우에 같은 도시, 같은 지역의 대학들의 공동 참여를 권장하면 이는 대학컨소시엄이 전국적으로 탄생하는 촉매 역할을 해줄 것이다.

세계의 변화와 혁신은 어디로 가고 있는가? 그 대세의 방향은 어느덧 뚜렷한 윤곽을 한국사회에도 드러냈다. 세계는 이미 산학협력을 넘어섰다. '지식의 트라이앵글(knowledge triangle)' 개념으로 패러다임이 바뀌었다. 교육, 연구뿐만 아니라 창업과 창직, 그리고 지역혁신에도 대학의 역할이 더욱 중요해졌다. 뉴욕시조차도 이를 알아차리고 도심에 대학을 유치했다. 대학 없는 지역발전 전략이나 정책이 불가능해진 시대에 우리는 들어와 있다. 의식이 바뀌어야 하고, 리더십이 지기찰변해야 하고, 중앙정부가 국가 미래를 위한 정책적 차원에서 유니버+시티를 지원하고 이에 지방정부는 능동적이고 적극적으로 호응해야 한다.

대학과 도시의 상생발전으로 나아가는 유니버+시티는 더 이상 선택이 아니라 필수다. 망설이거나 주저할 시간은 거의 남아 있지 않다.

II

대학과 도시의 상생발전:
지금 우리는 이렇게

- 손상혁(DGIST 총장)
- 전호환(부산대 총장)
- 서병수(부산광역시장)

- 오연천(울산대 총장)
- 정무영(UNIST 총장)
- 김기현(울산광역시장)

- 조동성(인천대 총장)

- 이남호(전북대 총장)
- 이호인(전주대 총장)

- 강동완(조선대 총장)
- 문승현(GIST 총장)

- 최해범(창원대 총장)
- 안상수(창원시장)

- 오덕성(충남대 총장)
- 신성철(KAIST 총장)
- 권선택(대전광역시장)

- 윤여표(충북대 총장)
- 이승훈(청주시장)

- 김도연(포스텍 총장)
- 장순흥(한동대 총장)
- 이강덕(포항시장)

- 김중수(한림대 총장)
- 최동용(춘천시장)

대학의 현지화 전략과 도시의 혁신

손상혁 DGIST 총장

1. 들어가며

  세계화의 급속한 진전과 지식기반시대의 도래라는 사회질서의 변화 속에서 지역 도시의 경쟁력이 곧 국가의 경쟁력이라는 점을 인식하고 이에 능동적으로 대처하는 것은 국가발전의 지름길이라 할 수 있다. 또한, 중앙 정부 중심의 경제 정책으로 수도권 집중이 가속화되었는데 국가 경쟁력 제고를 위해서는 수도권이 아닌 국가 전체의 균형적 발전이 필요해졌다. 이처럼 국가 발전을 위해 지역 도시의 경쟁력 확보가 무엇보다 중요해 진 상황에서 지역 대학의 역할에도 많은 변화가 일어났다. 전통적으로 대학은 '교육'과 '연구'가 그 기본임무이자 주요 역할로 인식되었다. 그러나, 지역 발전의 중요성이 커지면서 대학이 지역 발전의 중심축이 되어야 한다는 '제3의 역할'을 요구받고 있다. 특히, 4차 산업혁명의 물결 속에 대학은 도시의 발전을 위해 기술 이전, 인력 공급과 같은 기존의 산학협력 범위를 넘어 지식 생산과 지역 차원의 혁신 정책 중심이자 핵심으로 부상했다. 이 글에서는 새로운 임무를 부여받은 대학이 어떻게 도시와 상생 할 수 있는지 새로운 혁신 협력 방안을 논의 할 것이다. 도시와 대학 양자 간의 상생 필요성을 다시 되짚어 보고 지역 도시와의 상생을 위한 선결과제를 진단하고자 한다. 마지막으로 대학과 도시간의 혁신적인 상생 방안을 DGIST의 사례를 통해 소개하고자 한다.

2. 대학과 도시 양자 간 상생의 필요성

대학은 고급 인력에 대한 사회적 욕구를 총족 시켜 주는 사회충원의 기능을 할 뿐만 아니라 인구이동을 촉진하고 지역 주민의 고용효과를 증진시키며, 대학구성원의 소비활동으로 지역 소득증대에 직·간접적으로 기여한다. 따라서, 대학은 지역 사회와 유리된 별개의 존재가 아닌 변화하는 지역사회의 한 구성요소이다. 대학은 도시가 가진 가장 최고의 엘리트 브레인 자원이며, 도시는 대학이라는 자원을 바탕으로 발전 방향과 전략을 수립한다. 이렇게 도시와 대학 간의 상호 작용 속에서 도시는 발전하고 나아가 국가도 발전하는 것이다. 영국의 옥스퍼드, 프랑스의 파리, 이탈리아의 볼로냐, 스페인의 살라망카 등 해외 선진국의 유서 깊은 외국 도시 중심에는 세계 명문대학이 자리 잡고 있는 것은 우리에게 시사하는 바가 크다.

지역별 총생산의 균형이 무너지고 수도권으로의 집중이 심화됨에 따라 지역 혁신이 중요한 과제로 떠올랐다. 1997년 외환위기는 수도권과 지방간의 경제력 격차를 확대하는 원인을 제공했다. 서울 등 수도권은 경제위기를 비교적 빠르고 적극적으로 극복해낸 반면, 지방의 경제침체는 상당기간 오래 지속됐다. 정부의 대기업 위주 경제위기 극복 과정에서 제조업과 중소기업 비율이 높은 지방경제는 소외되었기 때문이다. 수도권과 지역 도시간의 격차는 국가 경쟁력 제고를 저해하는 요인이다. 지역 도시의 경쟁력 확보가 시급히 필요한 상황에서 대학과 도시의 상호 협력이 더욱 중요해 졌다.

3. 산학협력 중심 협력관계의 문제점

1990년대에 들어서면서 대학은 지역산업의 지속적 발전을 도모하기 위해 산·학 협력이라는 새로운 역할을 부여받았다. 정부는 대학의 연구결과를 민간에 이전하여 사업화하는 것을 적극 지원했고 2000년대 초반부터는 산·학협력단, 산·학협력 전담교수 등 관련 제도의 법적근거를 마련, 산·학협력의 기반을 구축했다. 그 결과 산·학협력단에는 기술이전 지원조직(TLO[1])이 생겨났고 교수, 연구원들의 특허와 기술이전을 지원하게 되었다. 그러나 대학의 연구개발과 기업의 기술혁신활동과의 연계성이 낮아 큰 효과는 거두지 못했다.[2] 정부 주도의 산·학협력 정책에서 강조되었던 또 다른 목표는 지역산업 발전에 필요한 인재의 양성이었다. 2000년대 이후 지역인재 양성을 위한 정부의 대학재정지원이 크게 확대되었는데 지방대학혁신역량강화사업[3],

---

1   Technology Licensing Office
2   한국의 대학~산업간 지식이전 지수는 세계 27위, 국제경영개발원(IMD, 2013)
3   NURI: New University for Regional Innovation

광역경제권 선도산업, 인력양성사업, 산·학협력선도대학육성사업[4] 등이 대표적이다. 이들 사업 모두 지역인재의 양성을 목표로 대학과 지역산업과의 연계를 강화하고자 했지만 성과는 크지 못했다. 지역대학의 인력배출과 취업률, 특허 및 논문 수는 증가했지만 양성된 인재의 해당 지역 내 취업률이 저조했고 지역이 배출한 인재가 그 지역의 발전에 크게 기여하지 못한 셈이 되었다. 산·학협력의 활성화나 지역인재의 양성을 위한 정부정책이 성공하지 못한 가장 큰 이유는 중앙정부 주도의 정책이 각 대학이 소재한 지역의 산업구조나 환경 등 그 도시만의 특수성을 제대로 반영하지 못했기 때문으로 생각된다.

수도권의 집중이 심해지면서 국가 균형 발전을 위해 정부는 1999년부터 대구, 부산, 경남, 광주 등 4개 지역에서 지역전략산업진흥사업을 추진했고 대학과 기업 간의 효율적인 연계와 기술 및 창업교육을 담당하는 테크노파크를 조성하기 시작했다. 정부의 지역산업정책은 2000년대에 들어선 이후에도 크게 확대됐으나 대학의 지역혁신사업에 대한 참여는 오히려 감소했다. 대학이 지역혁신사업 참여에 소극적이었던 이유는 첫째, 대학이 지역 이슈에 참여하고 주도적 역할을 하는 것을 대학 본연의 임무에서 벗어나는 일로 인식했고 둘째, 대학에게 지역 문제는 해당 지방자치단체나 기업체가 나서야 할 일로 인식하고 있었기 때문이다. 이것은 미국 대학이 지역문제 해결을 위해 지방정부와 함께 모색하고 첨단기술 및 아이디어로 쇠퇴하는 지역의 전통산업을 되살리는 등 도시재생을 가져오는데 주도적인 역할을 했던 것과는 차이가 있다.

---

4   LINC: Leaders in Industry-University Cooperation

4. 대학과 도시 간 협력을 위한 선결과제

하나의 도시가 가진 자원을 얼마나 효율적으로 활용하느냐는 그 도시 발전의 중요한 요소이다. 도시는 첫째, 대학이 길러낸 우수한 인재가 타 도시로 떠나지 않도록 지역 내 취업을 돕고 취업과 정착을 유도하기 위한 신산업 환경 및 선진 정주여건을 제공해야 한다. 지역이 배출한 우수 인재가 수도권으로 떠나 돌아오지 않는다면 인재양성을 위해 그간 노력했던 대학과 도시의 노력은 수포로 돌아감은 물론, 해당 도시의 발전으로 이어질 수가 없다. 둘째, 도시의 발전 전략을 지방정부가 합리적이고 명료하게 설정해야 할 것이며, 목표 설정과 운영에 대학의 의견을 충분히 귀담아 들어야 한다. 애매하거나 추상적인 목표보다는 명확하고 구체적인 목표를 제시할 때 가장 효율적으로 빠른 시일 내에 목표를 달성할 수 있다. 도시와 대학은 각자가 처한 상황이 다를 수 있어 의견 충돌이 발생할 수 있다. 양자 간 충분한 논의를 통해 최선의 발전 전략을 수립해야 할 것이다.

그렇다면 도시와의 상생을 위해 대학은 무엇을 해야 하는가? 대학은 인재를 양성하고 연구를 통해 혁신적 기술을 창출해야 한다. 어떤 인재를 양성할 것인지는 그 대학이 속한 도시의 산업구조나 환경적 특성을 숙고해야 한다. 예를 들어 항만이나 부둣가 하나 없는 내륙 도시의 대학이 조선학과를 특성화하겠다는 것은 지역이 배출한 인재를 그 지역에 붙잡아두지 않겠다고 선언하는 것이나 마찬가지이다. 또 대학은 학생이 졸업 후 자신의 역량을 지역사회를 위해 활용 될 수 있게끔 해야 한다. 학부과정부터 지역의 산업구조나 환경적 특성을 이해시키고 그 지역에 대한 애향심을 고취하는 것도 좋은 방법이다. 우수한 자신의 역량은 대학과 지역사회로부터 제공된 각종 혜택과 지원에서부터 비롯된 것임을 깨달을 수 있게 하는 윤리교육도 필요하다. 이를 통해 자신이 가지고 배운 바를 지역사회나 국가에 환원하고자 하는 기여의 가치관을 형성해 주어야 한다.

기술 창출에 있어서도 마찬가지이다. 대학은 연구를 통해 도시 산업발전에 기여할 수 있는 기술을 창출하고 이를 지역 산업체에 제공해야 한다. 예를 들어 한국교통대학교는 교통이라는 대학의 브랜드를 살려 교통안전시스템 및 서비스 재화를 제공하는 자회사를 설립한 다음, 교통사고 다발지역 내의 교통안전시스템과 관련된 특허 4건을 출원했다. 또 가톨릭관동대학교는 암 예방 및 개선용 기능성 식품 조성물 특허 등 17건의 기술을 가지고 부설병원인 국제성모병원과의 연계를 통하여 자회사 설립에 나설 계획이다. 이처럼 최근에는 대학 내 기술지주회사[5] 설립이 활성화되고 있는데 이는 대학이 지역사회의 산업 특성에 맞는 혁신기술을 창출하도록 유도할 뿐 아니라 적극적인 기술사업화를 수행할 수 있는 수단이 될 수 있다는 점에서 긍정적으로 평가된다.

5. 대학과 도시의 상생을 위한 혁신 전략

'교육'과 '연구' 이외의 제3의 역할을 통해 대학이 도시와 상생하기

---

5   대학이 보유한 기술의 산업체 이전과 사업화를 위한 전담조직으로서 대학(산학협력단)의 현금, 현물(기술, 특허) 출자를 통해 설립되며 기술이전 및 자회사 설립·운영을 통한 영리활동을 수행한다. 국내에서는 2008년 한양대학교에 처음 설립되기 시작했으며 대학을 통한 일자리 창출의 핵심 수단으로 활용되고 있다.

위해서는 어떤 새로운 전략이 필요할까? 서구의 대학들은 인력공급이나 기술이전 같은 전통적인 산·학협력 외에도 도시기반 혁신(urban innovation)에서 핵심적 역할을 수행하고 있다. 최근에는 도시형 혁신공간(innovation district)의 형성에서부터 지역문제 해결을 위한 공공부문 연구개발에 이르기까지 대학이 도시 재생의 중추적인 역할을 담당하고 있다. 이에 다음과 같은 몇 가지 전략을 우리나라의 지역대학에 제안하고자 한다.

(1) 도시 창업생태계 조성을 위한 역할 강화 전략

캠퍼스를 창업을 위한 혁신공간으로 개발할 필요가 있다. 도시의 혁신을 위해 창업과 스타트업의 중요성이 높아지는 상황에서 캠퍼스는 잠재적 창업자인 인력을 보유하고 있는 유력한 창업 및 스타트업 공간이다. 미국 시애틀의 워싱턴대학은 캠퍼스 건물에 창업공간과 엑셀러레이터를 입주시키고 이를 외부에 개방하여, 혁신공간으로서 기능할 수 있도록 하고 있다. 메사추세츠공과대학도 대학이 소유한 부지를 외부인에게 개방하여 창업공간으로 제공하고 있다. 대학은 캠퍼스를 창업공간으로 조성하거나 제공하고 이를 도시의 발전전략이나 도시계획과 연계하는 학·관 간의 파트너십 구축 전략을 마련해볼 필요가 있다.

창업생태계 조성을 위한 예로서 DGIST가 추진하고 있는 혁신공간 마련 사업을 간략히 소개하고자 한다. DGIST는 혁신공간 마련을 위해 두 가지 사업을 추진하고 있는데 첫째가 지하 1층, 지상 5층 규모로 오는 2019년에 캠퍼스 내에 들어설 '창업융합공간'이다. 이곳은 예비창업자들의 공간이며 창업을 위한 시제품 제작 공간인 아이디어 팩토리를 비롯해 예비창업인들 간 다양한 의견 교환을 할 수 있는 카페와 인큐베이팅 공간이 들어설 예정이다. 둘째는 DGIST 캠퍼스 서쪽에 '비슬밸리 I&E Zone(Innovation & Entrepreneurship Zone)'을 구축하는 사업이다. 본 사업은 부지의 매입 및 조성을 위한 1단계 사업과 핵심건물의 건축 및 사업프로그램 진행을 위한 2단계 사업으로 구분되어 진행된다. 현 캠퍼스와 인접한 약 10만 평 규모의 지역에 혁신공간을 조성한 다음, 혁신기술의 원천 및 상용화 연구부터 기술사업화까지 지원하는 융복합기반 혁신형 창업생태계를 구축하는 것이 최종목표이다.

〈그림 1〉 혁신기술중심 비슬밸리 I&E Zone의 구성

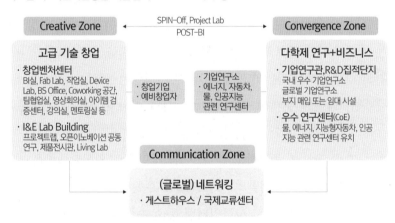

고급기술창업 지원공간인 Creative Zone에서는 아이디어 검증 등 창업단계에서 필요한 기술에 대한 전문적 지원이 이루어지고 기술창업기업, 기술출자기업에 대해 각종 공간과 연구시설을 제공한다. DGIST와 기업체 간의 협력체계 구축을 위한 Convergence Zone은

Creative Zone의 지원을 받은 창업 기업들을 후속 지원한다. 특히, 대구지역의 유망산업과 강소기업 간의 연계를 강화해 나갈 것이다. 또한 해외 전문가들과의 국제적 교류를 위한 Communication Zone 에서는 사업성과의 국제화, 해외기관과의 원활한 교류가 일어나도록 하며 외국인 기업가와 연구자가 불편함 없이 업무에 전념할 수 있도록 지원할 계획이다.

(2) 지역문제 해결을 위한 공공 부문 연구개발 거점으로서의 역할 강화 전략

주민의 삶에 영향을 미치는 도시문제 해결을 위해 대학과 도시 간의 파트너십 프로젝트도 효과적인 전략이다. 기후, 재난 및 재해, 교통, 소음, 공해 등 주민의 삶과 밀접한 관계가 있는 분야에서 대학과 도시가 협력하여 공공서비스를 개선하는 것이다. 미국 연방정부는 스마트시티 프로젝트를 통해 도시문제 해결을 위한 도시와 대학 간의 파트너십을 지원하고 있다. 일례로 워싱턴대학은 사물인터넷과 플랫폼, 데이터 분석을 통해 해당 도시의 미시 기후라든지 교통량, 쓰레기 배출량, 수도 및 전기 소비량 등 지역주민의 삶에 영향을 미치는 각종 정보를 축적하고 있다. 이를 바탕으로 워싱턴대학은 시애틀 지역을 위한 연구개발의 거점 역할을 수행하고 있다. 우리나라 스마트도시 프로젝트 역시 사물인터넷 등 우수한 국내 ICT기술을 바탕으로 빠르게 성장하여 해외로 수출되고 있으나 도시지역 주민을 위한 데이터 분석은 간과되는 경향이 있다. 이러한 데이터를 도시의 대학이 직접 수집, 관리, 분석하여 그 지역 공공서비스 개선에 반영한다면 캠퍼스는 도시기반 사물인터넷을 활용한 스마트시티 프로젝트의 실험실로서 기능하게 될 수 있다.

(3) 대학과 도시 간 파트너십 형성을 위한 거버넌스 전략

국가 중심의 대학 거버넌스에 지역 도시의 참여도를 높이는 전략도 필요하다. 대학이 지역혁신주체들과 서로 협의체를 구성한 다음, 자발적으로 정책과 전략을 세워 지역주민 삶의 질 개선과 지역산업과의 밀착화를 위해 노력한다면 중앙정부의 통제나 컨트롤보다 훨씬 효과적이다. 원활한 거버넌스의 운영과 성과를 위해 필요하다면 해당 지방자치단체로부터 재정지원을 받을 수 있다. 도시의 이슈와 문제해결을 위해서는 무엇보다도 지속적인 인적, 물적 자원의 투입이 필수적이다. 중앙정부의 예산 외 일정 정도의 재원을 지방자치단체가 지원한다면 대학과 해당 도시 간 파트너십은 보다 안정적이고 구체적으로 실현될 수 있다. 워싱턴대학과 같은 미국의 주립대학들은 대학재정을 주정부에 의존하는 구조이기 때문에 "대학이 도시의 이슈에 참여해야 한다"는 명제는 대학 관계자들에게 있어 너무나 자연스러운 것이다. 중앙집권적 성향인 스웨덴의 경우에 스코네주와 말뫼시가 지속가능한 발전전략을 상호 자체적으로 세우고 말뫼대학과 성공적인 협력관계를 이끌어내는 등 지방자치권을 실효적으로 행사해 지역과 대학이 상생한 선례도 찾아 볼 수 있다.

일본 요코하마시의 사례[6]도 귀감이 된다. 요코하마시는 2005년에 '대학·도시파트너십협의회'를 설립했다. 대학이 가진 지적자원과 인재를 활용해 지역과제를 해결하고 지역경제 활성화를 위해 대학, 지역, 행정, 기업 간의 연계를 도모하고 있다. 지역사회 협력과 관계된 기관들의 대표자급 모임이라고 할 수 있는 이 협의회는 요코하마시

---

6   일본의 대학-지역사회 협력을 통한 도시재생에 관한 연구 : 요코하마시와 요코하마시립대학교 간의 협력 사례를 중심으로, 이태희·박소은·김태현, 서울연구원 2014년 정책과제(2014-PR-45) 인용

소재 30개 대학의 학장 또는 이사장들과 요코하마시 시장 및 정책국장, 그리고 관내 구청장들로 구성되어 있다. 상호 다양한 조직들 간의 성공적인 협력을 위해 가장 중요한 조건 중 하나로 '리더들의 의지'가 꼽힌다.[7] 대학과 도시 간 성공적인 협력을 위해 리더들이 정기적으로 만나 협의할 수 있는 협의체가 있는 것은 매우 중요하다. 요코하마시는 '대학·도시파트너십협의회'와 행정, 대학, 그리고 지역커뮤니티와의 원활한 연계를 위해 시청 정책국 내에 '대학조정과'를 설치했다. 이곳은 대학관련 업무 관련 전담 소통창구이자 각 대학과 시청 간의 연결고리 역할을 한다. 협의회에서 지역에 필요한 프로그램과 사업이 결정되면 대학조정과는 결정내용을 구체화하고 실현시키기 위해 노력한다. 시청 뿐 아니라 각 대학 내에도 전담조직이 별도로 설치되어 상호 간의 원활한 연계를 위해 노력하고 있다.

〈그림 2〉 요코하마시-관내 대학들-지역커뮤니티 간의 협력적 거버넌스 및 시청과 대학 내 전담조직

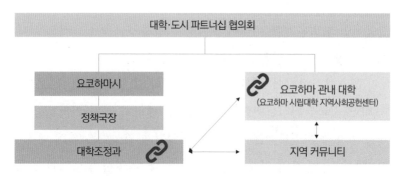

7   Googins, B. and Rochlin, S., 2000, Creating the Partnership Society: Understanding the Rhetoric and Reality of Cross-Sectoral Partnerships, Business and Society Review.

(4) 대학 경영의 현지화 전략 DGIST의 사례

혁신사업의 구상이나 지방정부와의 거버넌스도 중요하지만 무엇보다 필요한 것은 대학 스스로의 노력이다. 특히 지역대학으로서는 학사과정을 포함한 대학 전반의 경영을 현지화, 토착화할 필요가 있다. DGIST의 경우 '인재양성', '과학기술 발전', '산업발전 기여'를 3대 기관 경영 원칙으로 삼고 있다. 우선, 인재양성을 위해 DGIST는 무학과 단일학부라는 국내유일의 교육시스템 아래 융복합 교육과 리더십 교육 그리고 기업가정신 교육을 실시한다. 교육 커리큘럼 상 과학기술을 경제적인 부가가치의 창출로 연결하여 지역발전과 사회변화에 기여할 줄 아는 인재를 양성코자 한다. 학생들은 수업, 세미나 등 정규교과과정에서는 물론, 지역 산업체와의 활발한 교류, 다양한 협력연구를 통해 협업의 가치를 배우게 된다. 나아가 지역 사회와 함께하고자 하는 공동체 의식을 형성하게 되며 이는 졸업 후 그들이 지역 사회에 애착을 갖고 거기에 정착할 수 있는 계기를 마련해 준다. 또 학생의 창업과 취업을 위한 다양한 제도와 UGRP(Undergraduate Group Research Program) 프로그램 등은 애초부터 협업과 공동체 의식을 통해 지역사회로의 기여와 정착을 이끌어내게끔 설계되어 있다. 연구 수월성의 확보를 통한 과학기술 발전 부분도 마찬가지이다. 학사부와 연구부가 공존하는 국내유일의 기관이라는 장점을 살려 기초·원천 연구에서부터 응용·상용화 연구에 이르기까지 학·연 협업의 롤모델을 실현하고 있다.

국가와 지역의 산업발전에 기여하겠다는 세 번째 경영 원칙은 대학과 도시의 상생을 현실화할 수 있는 가장 실질적인 도구이다. 수요 R&D 기반 자율 협의체 운영, 실질적 기술 사업화 협력 모델의 제공, 산·학·연 융합 네트워크의 구축을 핵심으로 하는 DGIST의 기술교류는 지역산업의 경쟁력 자체를 강화하기 위한 것이다. 또 연구를 통해 창출된 지식을 기존의 다른 기술과 연계하거나 융합하고 이러한 공동R&D 기반을 통해 기술출자(연구소)기업을 설립, 수익을 창출한 다음 그 수익을 다시 기초·원천 및 응용·상용화 연구에 재투입하는 DGIST 고유의 기술사업화 선순환 모델은 지역의 산업발전에 기여하겠다는 경영 철학에서 비롯되었다. 이는 현재 운영 중인 총 13개의 기술출자(연구소)기업을 통해 잘 증명되고 있다.

〈그림 3〉 DGIST 고유기술사업화 모델

6. 마치며

짧은 글을 통해 대학의 '제3의 역할'은 이제 선택이 아닌, 대학의 임무임을 피력했다. 대학의 제3의 역할은 어떤 의미에서 시대적 상황과 환경에서 도출된 것일 수도 있다. 시대가 바뀌고 상황과 환경이 바뀌면 대학의 제3의 역할은 다른 것으로 바뀔 수도 있을 것이고 제4, 제5

의 역할이 부여될 수도 있다. 그러나 어찌되었든 지금의 상황이 대학에게 "지역과 함께 해야 한다"라는 명제를 필연적으로 요구하는 만큼, 대학 내 관계자들은 이러한 역할을 진지하게 수용해야 할 책무가 있다. 이 글에서는 대학과 도시 간의 상생 필요성을 강조하면서 그 이유로 지역 발전을 통한 국가 경쟁력 발전에 대한 기여를 들었다. 도시는 발전 전략을 수립해야 하고 대학은 그 전략에 걸맞은 우수한 인재와 혁신적 기술을 창출해야 하다. 배출된 인재와 창출된 기술은 대학이 뿌리내리고 있는 도시에 기여할 수 있어야 한다. 또한, 도시와의 상생을 위한 대학의 혁신전략으로 도시 창업생태계 조성을 위한 역할 강화, 지역문제 등 공공 부문 연구개발 거점으로서의 역할 강화, 대학과 도시 간 파트너십 형성을 위한 거버넌스 전략 등을 제안해 보았다. DGIST는 지역과의 협력발전을 위해 대학 경영의 여러 프로그램을 가동하고 있다. 도시와의 상생을 위한 거버넌스에 큰 관심을 갖고 대학 내 혁신공간 마련에도 열정을 기울이고 있다. 이러한 DGIST의 노력으로 배출된 우수한 인재들이 대구, 경북이라는 지역사회에 안정적으로 안착하고 지역발전에 크게 기여할 수 있게 되기를 소망한다.

도시의 자산으로서의 대학:
대학과 도시의 파트너십 형성 전략

전호환 부산대학교 총장

  문재인 정부가 강력한 의지로 추진해나가려는 국책사업이자 시대
정신 중 하나는 지역균형발전과 지방분권이다. 문 대통령은 취임 한
달여 뒤인 지난 6월14일 전국 17개 광역시·도지사를 청와대로 초청
해 가진 간담회에서 "자치분권 국무회의인 제2국무회의를 신설하는
헌법 근거를 마련하겠다"며 "연방제에 버금가는 강력한 지방분권제
를 만들겠다"고 밝혀 향후 지역발전에 대한 기대가 모아지고 있다.
  그런데 나는 지방분권과 각 도시의 발전을 이끌고 촉진하기 위한
유력한 방안으로 각 지역의 대학(특히 지역 거점 국립대학을 중심으로 한)
에 대한 경쟁력 강화를 통한 도시 발전 전략을 제언하고자 한다. 도
시가 살아나기 위해서는 그 도시에 소재한 대학과의 상생 발전이 매
우 중요하다. 대학은 도시 발전을 이끄는 '아이디어 뱅크'로서, '도시
의 콘텐츠'를 제공하는 핵심적 기능을 담당할 수 있다. 명문대학의

존재는 젊은이들이 그 도시로 모여들게 해 도시가 다시 활력을 되찾게 하는 강력한 유인책이 된다. 그래서 해방 이후 한 번도 우리나라에서는 시도한 적이 없는, 대학과 정부와 지방자치단체·연구지원재단·기업 및 시민과 기부단체가 전략적 파트너십을 구축해 대학과 도시가 상생 발전해가는 방안을 적극 모색해볼 필요가 있다고 나는 강조한다.

미국 뉴욕을 뉴욕답게 만들어주는 것은 화려한 쇼핑과 패션, 브로드웨이와 나이트 문화도 있겠지만, 사실 뉴욕이 끊임없이 새로울 수 있는 원동력이 되는 것은 교육과 대학이다. 뉴욕대학은 정문도 없다. 대학과 도시가 울타리를 치며 폐쇄되거나 구분되지 않고 하나로 소통한다. 도시 전체가 대학인 듯, 대학이 도시 자체인 듯하다. 1831년 설립된 뉴욕대학은 대규모를 자랑하는 멋진 캠퍼스도 하나 없이, 워싱턴 스퀘어에서 유니언 스퀘어 사이 13개 블록에 약 60개의 대학 건물을 갖고 있다. 그러면서도 31명의 노벨상 및 16명의 퓰리처상 수상자를 배출하며 뉴욕시민들의 마음 속 자부심으로 단단히 자리 잡고 있다.

젊은이들의 뉴욕 생활에 대한 동경으로 뉴욕주로 진학을 원하는 학생들은 계속 증가해서, 뉴욕주 소재 사립대학의 등록학생은 1990년 39만 명에서 2000년대 46만 명으로 늘었다. 같은 시기인 1990년에서 2005년 사이 뉴욕시 민간 부문의 직업창출은 16%가 증가했는데, 이러한 고등교육 기관의 성장은 뉴욕주의 경제성장과 직접적인 관련이 있는 것으로 실제 조사되기도 했다. 젊음이 있어야 그 도시의 창의적인 콘텐츠와 매력적인 문화가 만들어지고, 사람을 끌어들여야 지역경제가 살아난다는 것이다.

미국의 세계적인 유명 도시들에는 연구중심대학이 그 도시의 핵심을 이루는 경우가 적지 않다. 미국에는 3,600여 개의 대학이 있지만, 그러나 국가의 핵심 자산인 연구중심대학은 60여 개 뿐이다. 지난해 여름, 나는 미국 미시간주의 앤아버(Ann Arbor)시에 위치한 연구중심 대학인 미시간대학교를 방문한 적이 있다. 200년 역사를 맞이한 미시간대학은 공원처럼 펼쳐진 아름다운 캠피스와 106년 전에 지어진 5,000석 규모의 오케스트라 홀, 그리고 도시 곳곳에 자리 잡은 23개의 고풍스런 도서관과 13개의 박물관 모습들에서 이 대학이 앤아버 시민들의 자랑이자 사랑받는 대학으로 성장한 이유를 알 수 있었다.

특히, 10만7천여 명을 수용하는 세계 최대 규모의 경기장은 나의 눈을 사로잡았다. 마침 내가 방문한 때에 세계적 명문 축구팀인 스페인의 레알 마드리드와 영국 첼시의 축구 경기가 그곳에서 열렸다. 경상남도 양산시와 비슷한 인구 30만의 자그마한 공업도시 앤아버 시에 소재한 대학이 어떻게 이처럼 세계적인 이벤트를 열 수 있을까 놀라웠다. 대학은 그 도시의 '지적(知的) 거점' 역할을 충실히 수행하고, 지역시민들은 자신들이 대학을 성장시키는 공동주체라는 인식과 공감대가 형성돼 대학에 대한 지원과 후원에 적극 나서고 있기 때문에 그것은 가능한 일이었다.

'Victors for Michigan'이라는 슬로건으로 진행되고 있는 미시간대학의 대규모 발전기금 모금 캠페인에 대다수 시민들이 소액기부를 통해 적극적으로 참여했다. 대학 재정의 상당 부분을 발전기금으로 충당하는 미시간대학은 2013년부터 4조5천억원(40억 달러)의 발전기금 모금을 목표로 캠페인을 벌이고 있었는데, 이미 2017년 4월 현재 34만 명이 동참하여 목표액의 99%인 39억7천만달러를 모았다. 그런데 놀랍게도 그 모금액의 대부분인 82%는 고액기부가 아니라 100만 원 이하의 소액기부라는 것이다. 대학과 도시, 대학과 시민이 한 몸처럼 서로 아끼며 상생 발전해가고 있는 것이다.

미국의 연구중심대학들이 시민들의 적극적인 참여 속에 발전기금 모금에 큰 성과를 낼 수 있는 이유는 재정이 곧 대학의 경쟁력이고, 대학이 지역사회와 미국의 미래라는 인식을 그 도시 전체가 함께 공유하고 있기 때문이다. 모아진 발전기금은 학생들을 위한 풍부한 장학금과 연구재정 및 교육시설 확충 등 대학 발전을 위해 쓰인다. 대신 대학은 새로운 창조적 지식과 기술 제공 및 우수한 인재 배출 등을 통해 그 도시의 발전에 기여하고 있다. 대학이 도시와 시민들의 자부심이자 아이디어 뱅크로서 도시 발전의 중추적 기능과 역할을 담당하고 있는 셈이다.

실제 역사적으로도 각 도시에서 중추적 위상으로 자리 잡고 있는 미국의 연구중심대학은 연방·주정부는 물론 기업과의 전략적 파트너십에 의해 육성되어 왔다. 남북전쟁이 진행 중인 1862년, 미 의회는 '토지무상양도법'을 통과시켜 농업과 산업에 필요한 기술을 개발하는 연구중심대학을 설립했다. 그 결과 전 세계의 식량난을 해결한 농업녹색혁명이 가능했고, 제조업의 경쟁력은 20세기 미국을 세계 강국으로 만드는 동력이 되었다. 대공황과 2차 세계대전이 발생하자, 미 의회는 다시 한 번 세계 최고의 연구중심대학을 구축하기 위해 기초연구와 대학원교육에 집중 투자하는 파트너십을 강화했다. 이렇게 확장된 파트너십은 미국이 동서냉전에서의 승리는 물론, 세계 최초로 우주비행사를 달에 보낼 수 있는 원동력이 되었던 것이다.

이미 두 번에 걸쳐 성공적인 파트너십을 경험했던 미 의회는 지난

2012년 미시간대 두데스텟 전 총장의 '연구중심대학과 미국의 미래 (Research Universities and the Future of America)'라는 보고서를 통해 미국의 미래를 위해 연방정부-주정부-기부단체-기업 그리고 대학의 전략적 파트너십 활성화를 다시 강조하며 정부의 강력한 정책과 재정투자 확대를 요구하고 있다. 미국은 혁신에 의해 움직인다. 아이디어나 신제품 그리고 혁신공성들은 새로운 산업과 일자리를 창출함으로써 국가와 도시, 사회의 안녕과 안보에 기여하고 높은 생활수준을 가능하게 한다. 지난 반세기 동안 '혁신'은 지식인과 이들이 창출한 지식에 의해 주도되어 왔다. '연구중심대학'은 새로운 지식과 첨단기술을 생산하며 국가와 도시, 사회 발전의 주요한 원천이 되고 있는 것이다.

우리나라는 인구절벽 현상으로 도시마다 고령화가 급속히 진행되는 가운데서도, 부산시의 고령화 속도는 전국 7대 도시 중 최고이다. 그러나 부산은 수도권에 비견되는 양질의 인프라와 일자리가 이미 구축돼 있다는 점에서 대학발전에 대한 투자와 지원이 이뤄진다면 충분히 대학이 도시발전을 이끌어가는 시나리오가 가능하다. 연구중심대학을 지향하는 부산대를 비롯해 부산지역 대학들이 각각 혁신을 전제로 특성화 하여 생존하고, 대학 내 지역산업과 밀접한 민간 및 국책연구소를 유치해서 부산·울산·경남(부울경) 지역권 내 우수학생들이 지역대학으로 진학하도록 해야 한다. 나아가 타 시도의 학생들을 유입시키고 중국과 동남아 유학생을 유치한다면 국제적인 교육도시로서의 이미지 브랜드화를 이룰 수 있다. 그렇게 된다면 우리나라 전체 대학들의 구도를 수도권 대 부울경 대학의 프레임으로 재편

할 수도 있을 것이다. 부산지역 대학들의 발전이 젊은 사람을 부산으로 모이게 하고, 부산을 젊게 만들고, 대학이 부산의 콘텐츠 인프라인 정치·경제·사회·문화·교육 수준을 향상시키는 견인차 역할을 할 수가 있는 것이다.

특히 문재인 정부는 지방분권을 강조하고 있다. 이에 호응해 지방정부(지방자치단체)와 대학, 대학과 지역산업(경제)계가 상호작용한다면 큰 기회를 맞이할 수가 있다. 지방정부는 대학을 지원할 근거 법안이나 조례를 마련해 대학과 협업으로 일자리 창출에 기여하고, 대학은 교육·연구·산학협력·지역사회 봉사로 도시의 환경과 삶의 질 향상에 기여해야 한다. 대학은 지역밀착형 산업 발전에 필요한 전공과 인재를 집중 육성해 지역의 산업과 경제 발전에 기여하고, 지역 경제계는 대학들과 상생 시스템 구축으로 일자리 제공과 기업의 발전을 함께 추구해 나가야 한다. 부산은 1980년대 이후 지속되어 온 저성장 체제를 극복하기 위해서는 주력산업인 기계부품소재산업의 업그레이드와 융·복합의 핵심인 디지털 기술을 산업화 해 나가야 할 필요가 있다. 인공지능 시대로 대변되는 4차 산업혁명 시대의 새로운 유망기술로 대두되고 있는 사물인터넷(IoT)과 3D프린팅, 드론, 바이오 등에서 미래 신성장 동력을 확보해야 하는데, 이러한 기술은 이미 기계공학 연구와 개발이 전국 어느 대학에도 뒤지지 않는 연구력을 가진 부산대와 기타 대학들의 상호협업을 통해서도 충분히 가능하다는 생각이다.

그런데, 나는 이와 함께 새로운 도시 발전과 대학의 역할의 바람직한 상생 모델을 우리 부산대학교와 경남 양산시를 통해 한 번 실현해 보고 싶다. 나는 작년 미시간대학과 앤아버시의 상호 발전과 공유

경제를 알고 나서 우리 부산대학교와 경남 양산시가 나아가야 할 방향과 그 가능성을 엿볼 수 있었다. 지난해 인구 30만 명을 돌파한 양산시는 우리나라에서 인구 유입이 가장 빠른 도시다. 교육 분야의 투자가 지속적으로 증가하여 '명품 교육도시'의 면모를 갖춰가고 있다. 그러한 양산시에는 2003년 기부 당시 우리나라 개인 역사상 최고액인 305억 원을 쾌척한 경암 송금조 선생의 뜻에 의해 확보된 부산대 양산캠퍼스가 있다. '부산대 양산캠퍼스'는 부산대가 의·약·생명과학 연구중심대학으로 도약할 수 있는 '발전의 모멘텀'이다. 부산대는 의학·치의학·한의학·간호학·약학·생명과학·농학·동물·의공학·바이오나노소재 등 의·약·생명과학 발전을 위한 기본 인프라와 역량을 갖추고 있어, 캠퍼스 집적화와 효율화를 통해 한 단계 발전된 의·약·생명과학 연구중심대학의 꿈을 이루기에 최적의 여건을 갖추고 있다.

문재인 정부도 양산에 의생명과학 특화단지 추진을 공약한 바 있다. 현재 10년 이상 방치되고 있는 양산캠퍼스를 근간으로 삼아 부산대가 연구중심대학으로 발전할 수 있는, 경암 송금조 선생의 큰 뜻을 실현할 절호의 기회인 것이다. 통합 6년제로 추진되고 있는 약학대학의 정책에도 힘을 보태고, 10개의 거점 국립대 중 부산대에만 없는 수의과대학과 더불어 한국노화연구원, 한국치의학융합연구원도 유치할 필요가 있다. 충남대와 KAIST가 힘을 합쳐 세종시에 충남대학병원을 열고 의과학대학원을 설립하는 것처럼, 양산부산대학교병원도 울산의 UNIST와 힘을 합쳐 양산에 의생명 융합연구 협력체계를 구축하는 등 이 모든 계획이 실현된다면 양산시는 그야말로 우리나라를 대표하는 바이오연구의 메카가 될 것이다. 대학이 그 도시 발전의 중추적 핵심을 담당하게 된다는 뜻이다.

「제4차 산업혁명」의 저자 클라우스 슈밥(Klaus Schwab)에 따르면 '위기'와 '기회'는 항상 같이 온다고 했다. 우리가 이러한 변화와 위기를 어떻게 슬기롭게 맞을 것인가에 따라, 위기가 되기도 하고 또 기회가 되기도 한다. 미국 주요도시의 브랜드로서 핵심을 이루고 도시 발전을 이끌고 있는 연구중심대학들처럼, 우리나라도 국가 균형 발전 및 대학과 도시의 상생 발전을 위해 각 지역별 대학을 중심으로 정부와 지자체, 기업과 단체 및 시민들이 전략적 파트너십을 갖고 대학의 발전에 더 많은 관심을 가져야 한다. 도시와 대학의 비전을 따로 이해하거나 혹은 대학을 단순한 '이해관계자'로 볼 게 아니라 '공동참여자'로, 대학 문제가 아닌 도시 문제로 함께 풀어가야 할 것이다. 대학은 곧 그 도시의 자산이다. 도시 발전의 원동력이다. 대학과 도시의 동반 발전이 부산 발전을 이루고, 지역균형발전과 대한민국 발전으로 나아갈 수 있는 유력한 방안이자 비전이라는 점을 다시 한 번 강조하고 싶다.

대학과 인재가 산업을 선도하는 글로벌 스마트도시, 부산

서병수 부산광역시장

1. 들어가며 (대학과 지역인재의 중요성)

아메리칸 인디언 오마스족의 격언 가운데 '한 아이를 키우려면 온 마을이 필요하다'는 말이 있다. 교육이란 단순히 교육기관에서만 이루어지는 것이 아니라 지역사회의 여러 기관들과 시민들의 협력이 모아져서 완성되는 것임을 시사한다. 결국 인재를 키우는 일에는 온 도시의 수고와 노력이 필요한 것이다.

대학에 대한 사회의 요구 가운데 가장 큰 것은 사회에 기여할 수 있는 우수한 인재를 양성하는 역할일 것이다. 이러한 요구 가운데는 대학에 입학한 학생들뿐만 아니라 대학을 준비하는 학생들이나 지역의 청년층에 대한 교육지원도 포함된다고 할 수 있다. 또한 최근에는 대학이 교육기관으로서의 역할을 넘어 그 지역의 씽크탱크는 물론 지역정책의 각 분야에 동반자로서 지역산업의 발전에도 중요한 역할을 하고 있다.

이러한 중요한 역할을 하고 있는 지역 대학들의 경쟁력이 높아져야 지역의 우수인재가 타 지역으로 빠져 나가지 않고 지역 발전에 기여하게 될 것은 자명한 일이다. 따라서 우리시에서는 지역대학의 경쟁력 강화와 인재육성지원, 그리고 지역산업 발전을 위하여 산·학·관이 협력할 수 있는 방안을 모색하고 지원하고자 노력하고 있다.

미래학자인 토마스 프레이는 '10년 후 일자리의 60%는 아직 탄생하지도 않았다'라고 말하면서 4차 산업혁명시대의 일자리 변화는 우리의 생각보다 훨씬 빠르게 진행될 것이라고 하였다. 또한 우리나라의 경우 저출산으로 인한 학령인구가 감소하여 앞으로 산업인력 수급이 어려워질 것이라는 예측이 있다. 하지만 제4차 산업혁명시대는 기존의 일자리가 사라지고 대신 새로운 일자리가 생기기 때문에 오히려 지금부터 준비하지 않는다면 취업이 더 어려워지는 기현상이 발생할 수 있을 것이다.

따라서 지금부터라도 4차 산업혁명시대의 트랜드에 부합하는 교육 분야의 새로운 패러다임 적용과 지역의 미래 산업수요에 필요한 직무능력을 갖춘 인재양성을 위해 좀 더 체계적이고 구체적인 준비가 필요하다고 하겠다.

2. 사람과 기술, 문화로 융성하는 도시. 부산

이러한 관점에서 우리 부산은 「사람과 기술, 문화로 융성하는 부산」을 비전으로 '사람이 답이고 기술이 힘이며 문화가 혼' 이라는 이념으로 TNT 2030 플랜을 추진하여 우수인력을 양성하고 국내외 글로벌 기업을 유치하며, '부산발전 2030 비전과 전략 추진'으로 행정·경제·도시체질을 바꾸어 나가고 있다. 또한 인구유입-경제활력-시민행복의 선순환 체계 구축을 위해 시정의 역량을 일자리 창출에 집중하고 있다. 과감한 규제개혁을 통해 기업하기 좋은 도시 조성과 우수 기업과 젊은 창업가가 모이는 창업생태계를 구축하여 '아시아 제1창업도시 2030년 부산의 꿈'을 향한 발걸음을 펴 나가고 있다.

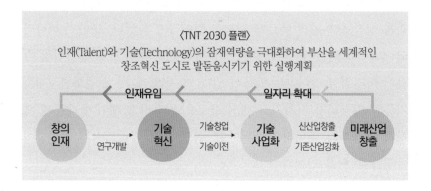

부산의 비전 구현을 위해서는 우수인재의 육성이 무엇보다 중요하기 때문에 취임 초기부터 '대학과 인재가 산업을 선도하는 글로벌 스마트시티'를 위하여 '경쟁력 있는 대학 육성 지원과 경제를 선도하는 지역인재양성'을 목표로 산·학·관 협력을 통한 대학 및 지역인재의 육성을 추진하여왔다. 우리 시는 2015년 '부산광역시 대학 및 지역인재 육성지원에 관한 조례'를 지자체 처음으로 제정하였고 "제1차 부산광역시 대학 및 지역인재육성지원 기본계획"을 마련하였으며, 전용 기금을 설치·운용하고 있다. 또한 "부산광역시 대학 및 지역인재육성지

원 협의회"를 운영하고 있으며, 본 협의회의 사무국이자 전문기관인 "부산인재평생교육진흥원"을 설립하는 등 그 추진체계를 공고히 하고 구체적으로 아래와 같은 네 가지 분야의 사업을 추진해오고 있다.

(1) 대학의 신규학습자원 발굴 지원

성인 계속 교육을 위한 맞춤형 성인학위과정과 경력 퇴직자를 위한 중소기업 맞춤형 직업교육과정을 개발하여 현재와 미래희망직업을 연계하는 등 대학의 우수 인프라를 활용하여 100세 시대 성인학습을 유도하고 있다.

그리고 외국인 유학생의 국내 거주를 위한 인프라를 구축하여 아시아 뿐 아니라 세계적 해외 우수 유학생을 지역대학에 유치하며, 해외동포 초청 설명회, 문화탐방 등을 통해 해외동포 자녀들의 지역대학 유치를 추진함으로써 다양한 학습자원의 발굴 육성을 지원하고자 한다.

(2) 지역산업과 동반성장하는 대학육성 지원

대학 내 기업과 연구소를 집적화하여 인재양성, 기술혁신 및 사업화 등이 One-Stop으로 이루어지는 혁신연구단지(URP)를 조성하고, output을 인근 지역으로 확산하여 창조혁신 플렛폼 역할을 부여함으로써 대학이 지역산업 클러스트의 중심축 역할을 수행하도록 하는 것이다. 또한 1대학 1개 이상의 지역 전략산업 명품학과 육성을 통해 기업과 특성화대학의 연계를 유도함으로서 지역인재의 지역정주 기반 구축과 일자리 미스매치 해소 및 인력양성과 고용이 선순환되는 체계를 구축하고자 한다.

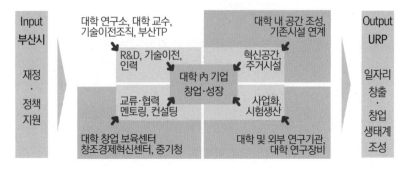

University Research Park 체계도

Input
부산시

재정
·
정책
지원

대학 연구소, 대학 교수,
기술이전조직, 부산TP

R&D, 기술이전,
인력

대학 內 기업
창업·성장

교류·협력
멘토링, 컨설팅

대학 창업 보육센터
창조경제혁신센터, 중기청

대학 내 공간 조성,
기존시설 연계

혁신공간,
주거시설

사업화,
시험생산

대학 및 외부 연구기관,
대학 연구장비

Output
URP

일자리
창출
·
창업
생태계
조성

(3) 지역인재의 역량강화

지역인재의 취·창업역량 제고를 위해 해외인턴제도의 확대와 지역
대학의 해외우수대학, 연구기관과의 교류확대 등 국제교류 활성화를
통해 우수인재의 글로벌 역량강화를 지원한다. 또한, 지역대학과 지
역기업이 사전 채용협약을 통해 기업 맞춤인력을 양성하여 채용하는
취업지원 프로그램을 운영하고 이전공공기관의 지역인재 채용 확대
를 추진함으로서 우수인력의 공급과 취업활성화를 촉진하고자 한다.
그리고 창의적 아이디어의 사업화 지원부터 시장진출까지 주체 간
연계 협업을 통해 창업단계별로 지속적이고 체계적으로 창업을 지원
함으로써 성공화를 촉진하고 구직에서 창업으로의 패러다임 전환을
유도하는 등 산·학·연 연계 성공창업 유도 시스템을 구축하고 있다.

(4) 지역 산업현장 수요맞춤형 인재양성

지역경제를 선도할 부산 5대 지역전략산업의 체계적 인력양성을
도모하고 대학 특성화지원 및 6대 지역미래산업 기업 혁신을 위한
기술인력 양성을 추진코자 한다.

부산형 인재육성프로그램인 BB21사업으로 산학협력을 통한 R&D 고급인력 양성을 지원함은 물론 부산과학기술지주회사 기술이전 증대와 학내 생활 장학금 확대 유도 등 대학원생 생활 지원을 통한 연구 몰입 환경을 조성하여 지역출신 석·박사 등 고급연구인력을 양성하고 있다.

3. 대학과 인재가 산업을 선도하는 글로벌 스마트 도시

이와 더불어 우리 부산뿐만 아니라 전국적인 문제인 청년 일자리 문제에 시가 보다 많은 관심과 정책적 지원을 강화해 나가고, 청년일 자리 미스매치를 해소하면서 청년 고용 유지 프로그램에 지역 상공계와 대학이 더 많이 참여를 할 수 있도록 정책적 지원을 아끼지 않을 것이다. 특히, 청년 해외 취업과 도전을 통해 새로운 일자리 영역을 키워나갈 수 있도록 적극 앞장서나갈 예정이다.

그간 그 어느 도시보다 체계적으로 추진해 온 창업생태계 조성은 보다 다양한 분야에서 창업 열기 확산과 창업 성장 구조로 이어지게 하여 창업하기 좋은 도시라는 시민 체감도를 더욱 높여 나가고 고부가가치 서비스 산업으로의 지역 산업체계 개편에도 보다 속도를 내고자 한다.

그리고 금융전문대학원 설립을 통해 부산에서 국제금융 전문 인력 양성으로 부산 금융 산업의 국제적 경쟁력을 높이고, 동북아 해양·파생 특화금융 허브 구현의 터전으로 삼겠으며 새로운 미래먹거리 분야에 대한 도전으로 부산 경제의 미래를 밝혀나가도록 할 예정이다. 4차

산업 혁명의 토대가 될 클라우드 산업, 빅데이터, 사물인터넷 분야에
투자와 지원을 확대하여 미래 신산업 영역을 개척해 나가고자 한다.

4. 마무리 (지역대학에 대한 협조 및 중앙정부에 대한 요청)

이 모든 것은 지자체의 노력만으로는 부족하며 지역대학과 산업체
와의 유기적인 협력을 통해서 가능한 것이다. 지역인재육성을 책임
지고 있으며, 우수한 인프라를 보유하고 있는 우리 대학의 발전이 곧
지역 발전의 원동력이라는 생각으로 향후 시정의 더욱 많은 분야에
서 지역대학과 동반 성장해 나가고자 한다. 대학의 많은 협조와 성원
을 희망하며, 향후 원활한 대학 및 지역인재육성 사업추진을 위하여
중앙정부에 아래와 같은 요청을 하며 글을 마무리하고자 한다.

(1) 정부 대학재정지원사업의 지자체와 지방대학간 연계 모형 구축

여러 분야에서 대학과 지자체의 연계협력이 강조되고는 있으나 정
부의 대학재정지원사업에 있어서는 해당 지자체의 역할이 미미한 실
정이다. 따라서 지자체와 대학이 공동으로 과제를 공유하고, 이를 바
탕으로 지역사회의 현안 해결을 위한 지자체-대학-기업 간 협력체
계를 구축하여 과제를 추진하도록 하는 것이 필요하다. 즉, 지자체는
지역산업의 인력수급 전망 및 지역발전전략과 연계하여 인력수요를
파악하고 참여기업 발굴을 주도하는 등 행·재정적 역할을 수행하도
록 하는 반면, 대학은 지역사회의 문제해결을 위한 대학자원의 효율
적 활용방안을 모색하여 대학과 지역의 상생발전을 도모할 수 있도

록 그 방향전환이 필요하다.

(2) 중앙정부-자치단체-지방대학 연계, 지역 거버넌스 체계 구축과 지역협의회 활성화 지원

중앙정부-지자체간 소통을 위하여 기존의 중앙-지방자치단체정책협의회, 지방대학육성지원위원회를 활용한 중앙·지방 협업을 강화할 필요가 있다. 또한 지방대학육성법에 의거 설치 운영 중인 시·도별 '지방대학 및 지역균형인재 육성지원협의회'가 활성화 될 수 있도록 지원하는 시스템 마련이 필요하다. 협의회는 자치단체와 대학의 지역 특성에 맞는 다양한 협력 모델을 발굴하여 자율적으로 운영하도록 지원하고, 중앙정부는 각 지자체의 협의회 운영 결과에 대한 피드백 제공과 정책반영 등 다양한 방법으로 지원을 제공해야 한다. 그리고 마지막으로 대학 간 경쟁 유도가 아닌 소통과 상생 발전할 수 있는 방향으로의 정책 전환이 있어야할 것이다.

유기체적 공간으로서 도시와
유기체로서 대학의 협력

오연천 울산대학교 총장

1. 선택이 아닌 필수적 과업

어떤 도시가 자율적 경쟁력을 갖추고 있는 도시인가를 쉽게 알 수 있는 방법은 간단하다. 도시를 상징할 수 있는 대학이 그 지역에 존재하고 있는지, 그리고 대학과 도시 간의 상생이 뿌리내리고 있는지를 확인하는 것이다. 도시는 인간이 함께 모여 다양한 삶을 영위하는 공동체의 유기체적 공간 개념이다. 살아 움직이는 복합적 유기체의 지적 인프라가 바로 대학이라고 말할 수 있다. 대학은 지역의 직능별 미래인재를 양성하는데 그치지 않고 지역 공동체의 가치를 형성하고 확산하며 새로운 가치의 변화를 선도해야하는 지적 구심점이기 때문이다. 만일 포항에 포항공대(POSTECH)가 없었더라면, 과연 포항의 글로벌 위상이 오늘에 다다를 수 있었을까? 울산에 울산대학교가 존재하지 않았더라면 오늘날 울산의 지적 인프라는 어느 수준이었을까 반문해보고 싶다.

지역 중심대학이 존재하지 않을 경우, 지역이 필요로 하는 인적 수요를 외부에 전적으로 의존하게 됨으로써 지역공동체의 자생적 발전에 공백이 생김은 자명하다. 더 나아가서 지역발전을 주도할 수 있는 지역공동체의 독자적 소프트웨어 동력원이 결여됨으로써 도시의 미래성장을 추구하는데 한계에 직면할 수 있다. 대학은 지역연대감의 출발점으로 지역에너지를 응집하는 순기능을 가지고 있다. 다만 그러한 순기능이 긍정적 에너지로 승화되기 위해서는 외부의 이질적 요소를 수용할 수 있는 개방적 문화가 정착되어야 함은 물론이다. 궁극적으로 지역공동체의 지적 토대가 되는 대학의 존재는 선택이 아니고 필수적이라고 단언할 수 있다.

2. 국토 균형발전의 초석

서울을 중심으로 수도권에 경쟁력 있는 대학들이 집중되어 있고, 이러한 현상이 개선되기보다 악화되고 있는 우리의 현실은 균형발전의 장애요인으로 작용하고 있음에 주목할 필요가 있다. 역대 정권이 균형발전을 국정운영의 우선적 과제로 선언했음에도 그 성과가 미진한데에는 여러 구조적 요인이 존재하겠지만, 지역발전의 밑거름이 될 수 있는 지역대학의 위상과 역할이 기대수준에 미치지 못하고 있다는 점도 간과해서는 안 된다. 지역소재대학이 수도권의 미래인재가 경쟁적으로 지역에 유입될 수 있는 수준의 대학으로 거듭날 때 지역균형발전의 희망에 다가설 수 있다고 말할 수 있다.

대학은 지역사회의 지속적인 관심과 지원을 필요로 한다. 지역사회가 대학을 지역사회의 견고한 지적 공동체로 간주하여 교육의 비전과 연구의 쇄신을 기대할수록 대학의 존재가치는 높아지게 된다. 지역정부를 포함하여 지역소재 산업과 지역주민들이 지역의 대학을 진성한 파트너로 산주하여 미래가치창조를 공유한다면 대학의 존재가치를 한 단계 격상시킬 수 있음은 물론이고 국민경제의 지역별 분업구조에서 괄목할만한 가치를 창출할 수 있게 된다. 더 나아가서 대학은 질서의 함양, 약자에 대한 배려, 자부심의 고취 등 공동체 정신을 심화·확산시키는 지역공동체의 사회교육현장이 되어야 한다.

3. 상생협력체계의 제도화 노력

대학과 도시의 상생 당위성에도 불구하고 우리나라의 현실은 그렇게 뚜렷하지 않은 것이 현실이다. 지역사회와 지역대학과의 상생 필요성에는 공감하고 있으나 제도적·전략적 차원의 활성화 노력은 아직 미흡한 수준에 머무르고 있다. 포항·경주·울산의 대학·시정부·기업이 해오름동맹을 결성하여 상호협력을 다짐한 것은 대학과 도시간 상생노력의 출발점으로써 그 의미가 괄목할만하다고 볼 수 있다. 다만 이러한 상생협력체계가 활성화되기 위해서 구체적 협력의제의 설정과 제도화 작업, 그리고 시민사회와 정부부문의 적극적 지원이 뒷받침되어야 한다.

현재 우리나라의 재정회계시스템 하에서 지역에 소재하고 있는 사립대학에 대한 자치단체의 재정지원은 아주 제한적이다. 자치단체가 특별히 필요한 공적 활동의 연장선상에서 한정된 재정지원만 가능할 뿐, 연구체계의 구축이나 상생발전을 위한 대형사업의 지원은 용이하지 않다. 이런 점에서 해당 지방정부가 사립대학에 대한 폭넓은 지원이 가능하도록 지방재정법, 지방자치단체 예산회계법의 개정이 필요하다고 판단된다.

더 나아가서 중앙정부 역시 대학·도시의 상생발전을 촉진할 수 있는 프로그램을 신설하여 대학과 도시의 공동발전에 기여할 수 있는 체계적 재정지원시스템을 구축하는 노력을 아끼지 않아야 한다. 이러한 목표를 위해 지방정부와 중앙정부가 함께 노력한다면 지역경쟁력 향상의 토대가 마련되고 궁극적으로 균형발전에 다가설 수 있다는 믿음이 뿌리내려야 한다.

4. 협력을 주도하는 의식의 전환

바야흐로 4차 산업혁명시대가 도래하면서 지역산업의 미래를 좌우하는 것은 다름 아닌 「선도할 수 있는 신기술」의 발굴과 산업현장에서의 신속한 적응역량이라고 말할 수 있다. 이러한 시대적 요구에 부응하기 위해 대학인의 자기성찰과 자기혁신노력이 배가되어야 하며 이러한 분위기를 북돋을 수 있는 지역사회로부터의 선의의 요구와 지원이 병행되어야 한다.

대학과 도시는 각기 상대방에 대한 요구와 기대 못지않게 지역공동체의 가치증진을 위한 책임을 스스로 이행하는 성숙한 협력체제구축에 주력해야 한다. 상생협력이라는 어휘가 의미하듯이 대학과 도시가 서로 먼저 앞다투어 협력을 주도하는 의석의 전환(paradigm shift)이 이루어질 때 명실상부한 상생의 창조적 결과가 도출될 수 있다는 사실을 잊어서는 안 된다.

상생발전을 위한 제안은 그렇게 어렵지 않게 이루어질 수 있다. 그러나 제안의 실천은 일관성, 인내심, 불확실에 대한 도전의 두혼이 투입되지 않고는 용이하게 완결되기 어렵다. 그런 만큼 지방정부, 대학, 기업인, 지역언론, 시민사회가 5위1체가 되어 지속적으로 상생목표를 향해 나아가야 한다. 이 과정에서 소수 선구자의 헌신은 필수적이다. 도시와 대학의 상생을 위해 취임 초부터 머리, 가슴, 발로 뛰어온 김도연 POSTECH 총장의 선구적 노력이 상생협력의 결정과정에 참여하고 있는 사람들을 감동시켰음은 새로운 비전을 향한 동력원으로 작용하였다. "백 번의 말보다 한 번의 실천이 값지다"는 교훈을 거듭 새겨보아야 할 시점이다.

수출형 연구와 글로벌 창업생태계 구축을 통한 도시상생

정무영 UNIST 총장

지역산업 맞춤형 연구개발 강화

UNIST는 산업수도 울산의 주력산업 경쟁력을 강화하고 새로운 성장 동력 산업을 발굴하기 위해 노력하고 있다. 특히 중점 연구 분야인 차세대 에너지와 첨단신소재 분야에 지속적인 투자를 하는 한편, 동남권 산업과 연계할 수 있는 바이오메디컬과 ICT 융합분야 기술도 육성하고 있다. 또한 프라운호퍼 화학기술연구소 한국분원을 UNIST에 유치하여 울산의 주력 산업 중 하나인 자동차 산업의 차량용 경량화 부품소재와 고속성형기술 개발을 통한 자동차 산업 고도화를 위해 노력하고 있다.

3D프린팅 첨단기술연구센터를 설립하고 다양한 3D프린팅 인프라를 구축하여 울산지역 기업들의 미래 기술개발을 위한 고가장비 대

여를 포함한 아이디어 단계부터 기술 개발, 시제품 제작 등 사업화의 전반적인 부분을 지원하고 있다. 이를 통해 자동차, 조선 등 지역 제조업에 3D프린팅 기술을 접목해 간접 제조방식을 연구하고 미래형 전기 자동차 맞춤 부품제작 및 초고속 열차 하이퍼튜브 차량 소재개 발에도 활용하고 있다.

이와 함께 UNIST는 대학을 대표하는 연구브랜드를 육성하고 신산 업을 창출하여 이를 해외 시장에 수출하는 '수출형 연구'를 하고 있 다. 특히 지구상에서 가장 풍부한 자원인 해수를 에너지원으로 이용 해 전기 에너지를 저장 및 생산하는 친환경 에너지 저장장치인 해수 전지를 개발하고 있다.

UNIST는 철저한 내부 검증을 통해 해수 전지의 가능성을 선점하여 세계 최초로 해수전지 연구기반을 구축하였고 한국동서발전으로부 터 20억 원, 한국전력공사로부터 30억 원을 투자받아 관련기술의 사 업화 및 일본, 미국 등 선진국으로 수출할 수 있도록 노력하고 있다.

또한 미래 초연결사회에 필요한 초저전력 인공지능 프로세서를 개 발하고 있다. 특히 세계 최초로 다치로직 소자를 적용하여 뇌의 시냅 스와 뉴런의 기능을 모방한 신경망 컴퓨터 기술 구현을 연구·개발하 고 있다.

이 신경망 컴퓨터 기술은 회로 간 연결을 간소화하고, 면적 및 전 력소모를 획기적으로 감소시켜 정보처리 연산량을 크게 향상시킬 것 이다. 또한 기존의 CMOS 기반의 컴퓨터 CPU를 궁극적으로 대체하 고 향후 미래 반도체의 새로운 패러다임을 가져올 것이다.

그리고 기후변화의 주요 원인인 이산화탄소를 포집하여 자동차용 휘발유를 생산하는 기술도 개발하고 있다. 현재 기술의 원리 및 구동

모습을 직접 확인할 수 있는 이동식 시스템을 제작하고 직접 시연을 통한 사업화를 추진하고 있다.

창업 생태계 구축

UNIST는 대학이 주도적으로 나서는 창업 성공모델을 만들어 나가고 있다. 특히 국내는 물론 해외에서도 도입을 원하는 '수출형 연구'를 통해 글로벌 기술을 확보하고 이를 사업화하여 창업할 수 있는 글로벌 창업생태계를 구축해 나가고 있다.

UNIST는 글로벌 창업 역량을 가진 아이템을 선정하고 해외 파견과 현지 활동을 통해 글로벌 시장 진출 및 해외 투자유치를 지원하고 있으며, 이를 위해 해외 유수 대학과 글로벌 네트워크를 형성하는 방법을 활용하고 있다.

UC버클리에 UNIST 글로벌혁신캠퍼스를 개소하여 실리콘밸리의 다양한 창업 지원정책을 벤치마킹해 UNIST 벤처와 지역기업의 기술을 해외 시장에 진출시키기 위해 노력하고 있으며, UC샌디에고와 함께 글로벌 창업멘토링 프로그램을 진행하여 UC샌디에고가 보유한 창업가, 기업 관계자 등 글로벌 전문가를 활용하여 기업과 1:1 매칭 및 멘토링을 포함해 해당 기업이 미국 시장을 진출하는 데 실질적인 지원을 하고 있다.

이와 함께 모의 창업 프로그램, 창업 프로세스 체험학습 프로그램 등 전주기 창업 학습 프로그램을 운영하고 예비 창업 기업을 위한 인프라 구축 및 다양한 제도를 통한 성공적인 창업을 지원하여 아이디어 발굴에서 창업까지 전 과정을 지원하는 원스톱 지원시스템을 구축하고 있다.

특히 최근 선보엔젤파트너스와의 연계를 통해 보다 실무적인 창업교육 및 보육이 가능하도록 다양한 멘토풀을 구축함과 동시에 UNIST 내 창업 공간에 특화된 Co-working 공간을 마련해 울산지역 창업의 허브 역할을 위한 다양한 노력을 꾀하고 있다.

산학협력 활성화 추진

UNIST는 울산지역 중소기업의 R&D 지원확대 및 지역의 싱크탱크 역할 강화를 위해 노력하고 있다. 특히 기업혁신센터를 설치하여 울산지역 주력 산업의 성장정체 해소와 고도화를 위한 산학협력 전담 창구로서의 역할을 수행하고 있다. 기업혁신센터는 UNIST의 산학협력 업무를 주도하는 컨트롤 타워로, 울산시의 지원을 받아 지역 산업의 기술혁신과 글로벌 시장 진출에 기여하는 산학협력 사업을 추진하고 있다. 특히 R&D에서부터 마케팅 전략 수립, 해외 거래처 발굴까지 원스톱 기업지원 서비스를 제공하며, 이를 위해 기업과 교수 간의 일대일 매칭을 통해 연구 정보를 공유하는 등 밀착형 산학협력 서비스를 강화하고 있다.

기업지원 전담 창구도 신설해 의뢰사항 접수부터 해결책 제시까지 기업의 다양한 요구가 신속하게 처리될 수 있도록 일원화된 서비스를 제공한다. 사업화가 유망한 기술 및 기업이 필요로 하는 기술을 발굴해 시제품 제작, 상용화를 위한 연구개발에 나서 기술 창업과 사업화를 촉진하는 등 맞춤형 산학협력 서비스도 제공하며, 지역기업과 정부 연구 사업을 함께 수행하여 산학 공동연구 활성화에 이바지하고 있다.

4차 산업혁명의 물결이 거세지고 있다. '위기가 곧 기회'라는 말처럼 4차 산업혁명을 새로운 기회로 만들어야 한다. 이를 위해서 적극적인 R&D에 나서 핵심 원천기술을 연구하고 개발해야 한다.

UNIST는 기술주도의 4차 산업혁명의 전략적 추진을 위해 '4차산업혁신연구소'를 출범시켰다. 특히, 2017년 울산광역시 승격 20주년 사업의 일환으로 '제조업의 미래' 라는 주제로 다보스포럼과 공동으로 「4차 산업혁명 울산포럼」을 개최한다. 다보스포럼 관계자 및 글로벌 기업 대표 등과 함께 전 세계 산업 구조의 변화에 따른 제조업의 미래에 관해 고민해 보고, 해법을 도출하는 이번 포럼이 울산의 새로운 미래를 준비하는 좋은 기회가 될 것이다.

자율성 확대, 규제 최소화

새로운 4차 산업혁명시대, 바이오시대, 창업의 시대에는 존재하지 않았던 새로운 분야와 새로운 형태의 제품들이 등장할 것이다. 대학을 기반으로 하는 창업 기업의 제도 또한 존재하지 않았던 형태가 나타날 수 있다. 친숙하지 않은 형태의 아이템들과 기업형태가 등장하게 된다는 것이다. 그래서 새로운 성장 동력이 기존의 규제에 발목을 잡힐 개연성이 높아지기 때문에 법과 제도, 규제에 있어서도 창의성이 어느 때보다 중요하다고 할 수 있다.

4차 산업혁명의 핵심 기술을 활용한 벤처 창업을 활성화해 새로운 비즈니스 모델을 제시해야 한다. 이 과정에서 젊은 인재들의 창의력 넘치는 아이디어가 실현될 수 있는 기회의 장이 마련될 것이다. 소비자 중심의 '다품종', '소량생산'의 트렌드에 따라 중소기업이 완성한 제품이 대기업에 도전하는 시대가 열렸다. 경제성장의 축이 대기업 중심에서 중소기업으로 이동하고 있는 것이다. 이에 따라 중소기업이 4차 산업혁명에 따른 특화된 기술 및 시장경쟁력을 확보해 독자적인 판로를 개척하고, 해외 시장에 진출하도록 적극 지원해야 한다. 또한 대기업과 중소기업의 협력관계를 선진국 형으로 고도화하고, 수평화시킴으로써 중소기업이 강소기업이 될 수 있도록 해야 한다.

　이제부터 지방정부나 중앙정부는 자율성 확대와 규제의 최소화에 대해 선제적으로 점검하고 실행할 필요가 있다.

안전도시 구축을 위한 재난안전 연구클러스터 조성

　울산은 물론 대학민국의 새로운 미래를 열어갈 돌파구는 과학기술밖에 없다. 과학기술의 대대적인 육성을 통해, 대한민국이 이스라엘을 능가하는 세계 최고의 과학기술 선도국가가 되어야 한다. 울산이 그 중추적 역할을 담당할 수 있고, 또 이를 감당할 수 있는 충분한 제조업 인프라도 갖고 있다. 비전을 세우고 구체적인 목표를 세워 추진해 나간다면 울산의 미래는 크게 걱정할 필요가 없을 것이다.

　다만 앞으로 인간의 삶이 윤택해지고, 경제가 성장하면서 가장 인간이 원하는 욕구가 "안전"으로 향할 것이다. 특히, 울산시는 2016

년도에 경주지진과 홍수 등으로 큰 위기를 겪었으며, 이에 따라 "안전도시 구축"이 대학과 도시의 상생발전을 위한 새로운 아이템으로 등장하고 있다. 사회가 급격히 변화하면서 재난 또한 복합적으로 발생하고 있으며, 대형복합재난에 선제적 대비와 위험을 효율적으로 관리하기 위해 재난과 관련된 다양한 분야의 융·복합 연구를 수행할 수 있는 '재난안전 연구클러스터' 설립을 제안하고자 한다.

울산 지역에 위치한 국립재난안전연구원, 산업안전보건연구원, UNIST, 울산대학교를 아우르면서 각 기관의 인력과 시설을 활용하면 재난안전 연구클러스터 조성에서 매우 유리한 장점이 될 수 있다. 특히, UNIST는 재난안전 클러스터 조성에 필요한 상당히 높은 수준의 인프라를 갖추고 있다. UNIST는 재난관리공학 트랙과 복합재난관리 연구소를 운영하고 있으며, 10여 명의 관련 교원과 40여 명의 전문연구진을 이미 확보한 상태에서 다학제간 융합 연구를 통해 재난에 특화된 드론, 로봇, 센서기술 등을 개발해 재난대응능력의 강화뿐만 아니라 산업창출효과까지 기대할 수 있다. 그래서 울산 재난안전 클러스터 조성은 울산 지역에서 대학과 도시의 상생발전을 위한 새로운 동력이 될 것이다.

미래를 준비하는 창의적 인재육성

미래를 준비하는 창의적 인재육성 방안으로, 무엇보다 우리나라의 생활을 이해하는 것이 중요하다. 대한민국은 수출로 성장 동력 확보해야 하며, 국내는 물론 해외에서도 도입을 원하는 '수출형 연구'를 적극 육성해야 한다. 연구하고 사업화하는 모든 것은 해외 수출 기반으로 집중할 수 있도록 해야 한다. 이러한 수출 성장 동력 확보를 위한 창의적 인재육성이 필요하며, 가장 중요한 것은 창업 교육에 있다고 본다.

UNIST는 2015년부터 '창업인재전형'을 신설해 창의적 아이디어를 가진 학생들을 선발하고 체계적으로 창업 교육을 실시하여 도전정신과 기업가 정신을 갖춘 '한국의 스티브 잡스' 양성에 나서고 있다.

특히 창업 전담 지도교수 배정과 창업에 성공한 창업 멘토들과의 정기적 만남 등을 통해 창업 관련 각종 정보나 사례 등을 제공하고 아이디어 발굴부터 비즈니스 모델 개발, 시제품 제작, 해외 진출까지의 전 과정을 원스톱으로 지원하는 체계를 마련하고 있다.

청년이 머무는 희망찬 울산

김기현 울산광역시장

혁신가들이 미래를 배우는 곳, 대학

인류 역사의 결정적 순간에는 항상 혁신을 통해 새로운 가치를 창조하는 사람들이 있었다. 그들이 많은 시대는 부유했고 그 사회는 경제강국이 되었다. 전구 발명으로 새로운 도시의 삶을 열었던 토머스 에디슨, 아메리카 대륙이라는 새로운 시장을 발견한 크리스토퍼 콜럼버스, 자동차의 대중화 시대를 열었던 헨리 포드, 증기기관 개발로 영국의 산업혁명을 이끌었던 볼턴과 와트, 이들은 모두 발상의 전환을 통해 새로운 시대의 지평을 열었던 혁신가들이다.

마크 저커버그(페이스북 CEO) 20살, 일론 머스크(테슬라모터스 CEO) 24살, 래리 페이지(구글 공동창업자, 알파벳 CEO) 25살, 당대의 혁신가들이 처음 스타트업을 설립했을 때의 나이이다.

국제관계 전문지 포린폴리시(Foreign Policy)가 100대 글로벌 사상가로 선정한 비벡 와드와 미국 듀크대 교수는 '미래를 배워야 한다. 미래를 이해하는 사람들이 미래를 차지한다'고 말했다.

혁신가들이 미래를 배우는 곳, 대학에 우리의 미래가 달려있다고 해도 과언이 아니다.

울산시와 대학의 파트너십

1962년 국가 주도 하에 특정공업지구로 지정된 울산은 자동차, 석유화학, 조선해양의 중후장대형 제조업 중심 산업도시로 성장해왔다.

선진국에 대해서는 가격으로, 후발국에게는 기술수준으로 경쟁력을 가졌던 울산의 제조업은 지난 50여 년간 그야말로 승승장구 해왔다. 대한민국 2% 남짓의 인구가 2011년 지방자치단체로서는 처음으로 수출액 1,015억 달러라는 경이로운 기록을 달성한 것이 그 방증이다.

하지만 글로벌 산업 패러다임이 ICT를 기반으로 하는 첨단산업으로 바뀌고, 우위를 점하고 있던 울산의 제조업이 가격 경쟁력을 회복한 선진국과 기술력을 축적한 후발국 사이에서 넛크래커 상황에 처하게 되면서 지역 경제가 어려움을 겪고 있다.

그러나 한편 생각해보면 생물이 건강하게 살아 움직이기도 하고 아프기도 한 것과 같이 경제도 호황일 때도 있지만 때로는 불황을 겪기도 한다. 우리가 아프기 시작할 때 몸이 보내는 신호를 제때 알아차리고 적절한 처방과 휴식을 통해 건강을 회복할 수 있듯이, 경제도 지표나 시장 상황 등을 빨리 파악하여 잘 대처하면 활력을 되찾는 것은 물론이고 전화위복의 계기가 될 수도 있다.

지금 울산의 산학연관은 어려운 현 상황을 재도약의 기회로 삼아 성장 전략을 새롭게 짜고 잠재력을 높일 수 있는 기반을 마련하는데 총력을 다하고 있다. 이 과정에서 대학은 청년 창업의 요람이자 제조업 고부가가치화 전략의 중요한 파트너로서 그 역할이 막중하다.

청년 창업의 요람

산업 생태계가 대기업 중심으로 계열화되어 있는 울산은 제조업을 제외한 서비스산업 분야 창업기업의 저변이 좁은 편이다. 하지만 최근에는 청년의 수요에 맞춘 다양한 창업지원 플랫폼을 갖추기 시작했다.

울산형 청년창업의 대표 브랜드로는 2010년부터 현재까지 8년 째 이어져오는 '울산청년CEO육성사업'이 있다. 울산청년창업센터 주관으로 창의적인 아이디어만 있으면 창업이 가능하도록 초기 창업자들을 지원하고 있으며, 사업에 참여하는 울산과학대학교와 춘해보건대학교는 캠퍼스 안에 전용공간을 마련하고 학생들에게 창업교육과 컨설팅 등을 제공한다.

'울산청년CEO육성사업'의 지원기간이 종료된 후에도 우수한 지식·기술을 보유한 기업의 경우 울산테크노파크의 '지식기술 청년창업 지원사업'으로, 오프라인 매장이 필요한 기업은 '톡톡스트리트'로, 제조 공간과 시설을 희망하는 기업에게는 '톡톡팩토리'로 연계 지원될 수 있도록 돕고 있다.

올해부터는 대학을 중심으로 창업의 스펙트럼을 다양화하고 전문화할 수 있는 지원사업을 활발하게 추진하고 있다.

울산대학교는 지난 3월 서울아산병원 및 울산과학기술원(UNIST)과 컨소시엄을 구성해서 전국 40개 창업선도대학 중 유일하게 '바이오 특화형 창업선도대학'에 선정되었다. 올해 총 26개 예비창업자를 모집할 계획으로, 바이오 분야 과제의 경우 서울아산병원의 공간과 장비 등 의료 인프라를 활용해 창업 아이템의 사업화를 할 수 있도록 지원받게 된다.

아울러 울산과학기술원의 경우 올해부터 '디자인융합 벤처창업학교'를 통해 디자인과 기술이 융합된 제조·서비스분야 청년 창업을 지원하고 있다. 사전 창업캠프에서 사업성을 인정받은 우수 창업팀을 대상으로 창업 아카데미를 운영하는데, 과학기술원이 보유하고 있는 제품개발 시설과 공간, 제품개발에 드는 비용을 지원받고 해외시장 진출과 민간투자기관의 사업화 자금 매칭을 위한 다양한 기회도 제공받을 수 있다.

두 프로그램 모두 아이디어만 있으면 제품화까지 전(全) 주기적으로 관리받을 수 있는 토탈 창업지원 플랫폼이다.

한편, 울산시에서는 청년들이 실패에 대한 부담감 없이 창업에 도전할 수 있도록 올해 하반기 '울산청년창업 펀드' 조성을 추진하고 있다. 펀드를 통해 창업→성장→투자→회수 및 재투자의 선순환 창업생태계가 구축되면 울산형 청년 창업의 시너지가 한층 높아질 것이다.

제조업 고부가가치화 전략의 파트너

울산이 가지고 있는 최대 강점은 탄탄한 제조 산업기반이다.

제조업 기반 위에 서비스업이 덧붙여질 때 그 경제는 매우 탄탄한 펀더멘털을 가지게 된다. 독일의 'Industry 4.0', 미국의 'Advanced Manufacturing Partnership(첨단제조파트너십)', 일본의 '산업재흥플랜', 중국의 '제조2025' 등 글로벌 제조 선진국들이 첨단기술 융합을 통한 제조업 부활 정책을 강력하게 추진하는 것은 제조업이 전체산업의 제1차 기반이라는 사실을 입증한다.

울산시에서도 주력산업인 기존 제조업의 고부가가치화를 위해 심혈을 기울이고 있다. 대표적으로 제조공정 혁신의 핵심기술로 평가받는 3D프린팅산업과 3대 주력산업과의 전후방 연관효과가 높은 이차전지산업에 대한 투자를 확대해 나가고 있다.

울산은 3D프린팅산업 발전의 최적지이다. 3D프린팅 소재를 생산할 수 있는 석유화학산업이 발달해 있고 3D프린터 제작과 연관성이 높은 기계부품 기업이 집적해 있으며, 자동차와 조선을 비롯한 3D프린팅 수요기업들이 모여있기 때문이다.

현재 3D프린팅산업의 최대 이슈는 상용화이다. 이에 따라 울산시는 미국 최대 3D프린팅 상용화 기관인 'EWI(에디슨접합연구소) 울산분원'을 유치하고, 신기술에 대한 수용성이 높은 대학에 3D프린터 테크숍을 구축하는 등으로 3D프린팅 활용 저변을 넓혀가고 있다.

울산대학교의 '3D창작터'에서는 창업을 희망하는 시민 누구나 3D프린터를 활용해서 시제품을 만들어 보거나 교육을 받을 수 있고, 울산과학기술원에 설치된 '3D프린팅 첨단기술 연구센터'는 기업이 3D프린팅을 제조공정에 활용할 수 있도록 종합 지원하고 있다.

이와 함께 올해 3월 전국 최초로 3D프린팅 융합디자인학과를 한국폴리텍Ⅶ대학 울산캠퍼스에 개설하여 3D모델링 전문가를 양성하고 있다.

최근 전기자동차, 스마트폰, IT 기기의 시장 규모가 커지면서 '산업의 쌀'로 불리는 이차전지의 수요도 급격하게 늘어나고 있다.

울산에는 한국동서발전, 한국에너지공단 등 에너지산업군 공공기관이 있으며, 울산 차세대전지 원천기술센터, 울산테크노파크 이차전지 핵심소재 실용화센터와 이차전지 분야 세계 TOP 3 연구기관인 울산과학기술원이 위치해 있다.

특히, 울산과학기술원 '이차전지 산학연 연구센터'는 대학 내 연구기관으로는 세계 최대 규모로, 이차전지 분야 세계 점유율 선두주자인 삼성 SDI와 함께 이차전지 상용화 연구에 속도를 내고 있다.

이차전지 시장은 앞으로 수요 전망이 밝은 만큼 울산이 세계적인 이차전지산업의 메카로 성장하여 4차 산업혁명 시대를 선도해 나갈 수 있을 것으로 믿어 의심치 않는다.

지역산업 맞춤형 인력양성

대학의 학사구조는 지역 산업구조와 밀접한 관계가 있다. 그 동안 정부는 청년층 일자리 미스매치의 해법으로 기업의 사회적 비용을 줄이고 청년층 고용률을 높이기 위해 지역산업 맞춤형 인력양성 정책을 폭넓게 시행해 왔다.

이에 부응하여 울산시에서는 대학과 기업을 공간적으로 통합한 울산산학융합지구를 조성하고 있다. 내년 상반기 중으로 지역 3개 대학의 6개 학과, 971명의 학생이 이전하고, 산학융합지구를 포함하고 있는 울산테크노일반산업단지에는 46개 R&D기관과 기업연구소가 입주하게 된다. 기업 수요가 높은 화학과, 첨단소재공학부(울산대학교), 경영공학과, 설계공학과, 기술전문대학원(울산과학기술원), 환경화학공업과(울산과학대학교)가 같은 단지 안에 입주하게 됨으로써 대학, 기업, 연구기관이 상호 활발한 협력을 통해 수요 맞춤형 인력을 양성할 수 있을 것이다.

한편, 도시의 지속가능한 발전을 위해서는 한발 앞서 필요한 인력을 양성해 나가야 한다.

전 세계적 블루오션으로 떠오른 원전해체 시장을 선점하기 위해 울산과학기술원에 원전 주요설비의 건전성 평가와 관리를 위한 교과목을 편성하고 '원전주요설비 기술 고급트랙사업'을 추진하고 있다.

이와 함께 대규모 국책사업을 통해 조성된 동북아 오일허브 물류기반을 토대로 석유거래업을 비롯한 연관 서비스산업을 육성하기 위해 2015년부터 에너지 트레이딩 전문인력도 울산과학기술원에서 양성하고 있다.

인격 도야의 장

고등교육법에는 대학의 목적을 '인격을 도야하고, 국가와 인류사회의 발전에 필요한 심오한 학술이론과 그 응용방법을 가르치고 연구하며, 국가와 인류사회에 이바지함'이라고 정의하고 있다.

대학교육의 첫째 목표는 인격의 도야(陶冶)라는 데 전적으로 동의한다.

도(陶)는 언덕 부(阝)와 싼다는 뜻의 포(勹), 장군(그릇의 일종) 부(缶)를 합한 글자로 언덕에서 그릇을 만드는 모습을 나타낸다.

야(冶)는 얼음 빙(冫)과 다스릴 이(台)를 합쳐 얼음이 녹아 있는 상태를 뜻하며 여기에서 쇠나 금속을 녹인다는 뜻이 생겨났다.

이렇듯 도야란 질그릇을 굽고 쇠를 풀무질한다는 말인데, 질그릇을 만들고 풀무질을 하는 과정은 간단하지가 않다. 도자기나 연상이 완성되려면 그야말로 피땀과 정성이 담기지 않고는 안 되는 것이다.

훌륭한 인격은 저절로 갖춰지지 않는다. 끊임없는 도야의 과정을 거쳐야 비로소 성숙한 인격을 갖출 수 있다.

대한민국의 미래를 책임지고 이끌어 나갈 혁신가들이 사회라는 무한경쟁 시스템 속에서 고통과 시련을 이기고 위기에 당당하게 대응할 수 있도록 대학이 진정한 인격 도야의 장으로 그 사명을 다하기를 바란다.

인격적 소양이 갖춰진 바탕 위에 기술력과 창의력이 기둥과 보가 되어 세워진 건축물 이어야만 어떤 위기와 도전에도 흔들리지 않을 것이기 때문이다.

한국의 관문 인천을 기반으로
세계와 미래로 나아가는 국립인천대학교

조동성 인천대학교 총장

들어가며

인천대는 "공간에서 세계로, 시간에서 미래로"라는 슬로건을 선택했다. 인천대는 국제경쟁력 강화에 집중한다. 졸업생들은 해외 창업, 해외 취업을 우선적으로 추구한다. 인천대는 미래를 꿈꾸고 준비한다. 교과목은 미래 사회에 필요할 지식과 지혜를 다룬다. 인천대는 지금도 끊임없이 변화하고 있다. 세계를 향해서, 미래를 향해서!

국립대학법인이라는 새로운 모습으로 미래와 세계를 향하여 나아가는 인천대가 가진 정체성(identity)을 시간과 공간에서 파악해보자. 인천대 가족이 선택한 국가 및 지역 사회를 위한 소명과 비전, 그리고 이를 달성하기 위한 시간전략과 공간전략을 살펴보자.

1. 인천대의 시간: 과거에서 현재까지

1) 과거: 사립에서 시립을 거쳐 국립으로

국립인천대학교는 끊임없이 변화하는 대학이다. 400여개 대한민국 대학 중 유일하게 (사립)공과대학→(사립)종합대학→시립대학→국립대학으로 성공적인 전환을 이루어낸 대학이다.

1947년 설립된 성광학원은 1958년에 선인학원에 인수되었다. 1979년 선인학원은 인천공과대학을 제물포에 설립했다. 인천공대는 두 가지 목표를 세웠다. 첫째는 공업입국정책 부응이라는 국가적 과제였다. 둘째는 경인지역 산업체에 대한 과학기술인력 공급이라는 지역적 과제였다.

1988년 인천공대는 종합대학교로 승격되었다. 지역 고등교육 기반을 구축한다는 취지였다. 1994년 인천대 구성원들은 학원민주화를 이루어내었다. 당시 이사장은 퇴진했다. 인천시는 선인학원으로부터 인천대를 인수했다.

2009년 인천대는 제물포에서 인천경제자유구역 내 송도국제도시로 이전했다. 송도 캠퍼스 138,000평에 첨단 연구 및 교육 여건을 확보했다. 2010년 인천대는 시립 인천전문대학과 통합하였다. 학부 기준 12,000명으로 경제규모를 갖춘 종합대학이 되었다.

2013년 정부는 인천시로부터 인천대를 인수했다. 전국 17개 광역시도 중 유일하게 국립대학이 없던 인천시는 국립대학을 갖게 되었다. 2017년 현재 국립인천대학교는 국내 단 두 개밖에 없는 국립대학법인이다. 다른 하나는 서울대이다.

2) 현재: 서울대에 이은 두 번째 국립대학법인

자율과 자립으로 구성된 위기

국립대학법인 인천대학교는 위기를 맞이하고 있다. 모든 위기는 위협과 기회로 구성된다. 인천대도 예외는 아니다. 위협은 자립해야 한다는 과제이고, 기회는 자율로부터 생기는 가능성이다.

국립인천대학교는 2013년 국립화 이후 첫 5년간 인천시로부터 필요 예산을 보장받았다. 외부적으로 받은 예산 지원과 내부적으로 법인이 누리는 자율성을 기반으로 인천대는 교육과 연구에서 빠른 변화와 큰 발전을 달성했다.

연구와 취업에서 이룬 성과

인천대는 2013년에서 2016년까지 4년 동안 신임교원 140명을 채용했다. 국립법인화 이전 54%였던 전임교원 확보율은 2017년 상반기 기준 72%로 상승했다. 2017년 7월 기준 인천대 교수 461명 중 조교수 129명, 부교수 79명, 교수 253명으로, 교수 구성비가 각각 28%, 17%, 55%이다. 서울대 조교수와 부교수가 합쳐서 28%, 교수가 72%인데 비해 인천대는 조교수와 부교수가 합쳐서 45%이니, 젊은 교수가 서울대보다 17%만큼 많은 셈이다.

2012년 인천대 전체 교수 1인당 국제전문학술지 논문게재 실적은 0.15편에서 2015년 0.47편으로 증가했다. 인천대 공대 교수들의 2016년 1인당 실적은 1.06편으로 서울대 공대 교수들의 2015년 실적인 1.35편의 79% 수준으로 다가섰다. 교내연구비 지원규모를 확대하고, 우수 신임교원을 초빙하는 등 연구지원 체계 보완을 통한 연구력 향상 기반을 갖춘 결과이다. 인천대가 벤치마킹 대상으로 삼고 있는 싱가포르국립대학(National University of Singapore)은 교수 2,448

명이 8,470편의 논문으로 교수 1인당 3.46편인 반면, 인천대는 교수 1인당 단순 편수 기준 1.24편으로 싱가포르국립대학의 36%수준이다. 아직 논문의 숫자에서 격차가 존재한다.

인천대는 학생 취업에 있어서 거점 국립대 중 서울대에 이어 2위를 달성했다. 졸업생 취업률이 2012년 54%에서 2016년 58%로 향상되었다. 학생역량 중심의 진로취업 교육 확대, 자율적 예산 편성 권한을 최대한 활용한 취업관련 예산의 지속적 확충·지원 결과이다. 취업률에 있어 국내 사립대 최고 수준인 80%는 인천대가 벤치마커로 삼고자 하는 목표이다. 현재 수준에서 22%만큼 끌어올려야 한다.

변화를 통해 혁신DNA를 갖춘 대학

성공적인 변화는 구성원에게 자신감을 가져온다. 인천대는 다섯 가지 변화를 모두 성공적으로 완수하였다. 공대에서 종합대학으로 승격했고, 사립대학에서 시립대학으로 변환했으며, 시립대학에서 국립대학으로 변환했고, 4년제 대학과 2년제 대학간 통합을 이루었으며, 캠퍼스를 송도 신도시로 이전했다.

성공적인 변화를 통해 인천대 구성원들이 구축한 핵심 가치는 "학원민주화"이다. 학원 민주화는 인천대 구성원들에게 자부심을 갖게 해주었다. 외부의 압력이나 우연이 아니라, 내부의 역동적인 힘을 가지고 짧은 시간에 역동적인 대학을 스스로 만들었다는 자부심이다.

자부심을 가진 구성원은 혁신을 두려워하지 않는다. 인천대는 국내외 타 대학이 시도하지 않았던 방식으로 비전을 실천해 나아가고 있다. 비전은 "새로운 세상을 만들어 미래 세대에게 제공"하는 것이다. 인천대가 스스로 선택한 평가 기준은 "일등(the first) 대학"이 아니라 "유일한(only one) 대학"이다.

세계로 미래로 나아가는 대학

2016년 인천대는 교육중심대학에서 연구중심대학으로 전환했다. 연구중심대학은 연구만 하는 대학이 아니라 교수가 자신의 연구결과를 가지고 교육하는 대학, 교수와 학생이 함께 연구를 하면서 자연스럽게 교육이 이루어지는 대학이다. 교육중심대학은 연구보다 교육에 초점을 둔 대학이고, 연구중심대학은 선행하는 연구와 뒤따르는 교육에 동시에 초점을 두는 대학이다. 인천대는 연구에서 5개 봉우리에 집중하기로 했다. 봉우리는 '기업 속 대학'이다. 교육에서는 매트릭스 칼리지(Matrix College)를 도입하기로 했다. 매트릭스 칼리지는 '대학 속 기업'이다.

2. 인천대의 공간: 세계와 한국을 연결하는 인천

1) 인구가 증가하는 인천시

인천대학교가 위치한 인천광역시는 기계 및 전자 등 전통적 제조업을 중심으로 성장해 왔다. 12년째 세계 최고 공항으로 평가 받은 인천국제공항과 대 중국 교역의 핵심 기지인 인천항을 기반으로 한 글로벌 물류 거점이기도 하다. 송도-영종-청라 3구역으로 구성된 인천경제자유구역이 위치한 세계화 도시이다.

경제자유구역 활성화와 지역 경제 성장은 인천광역시 인구의 증가로 이어져 인천광역시는 2016년 인구 3백만명을 돌파하여, 인구수 기준 국내 3대 도시로 성장했다. 인천은 세종시와 더불어 8대 특별/광역시 중 인구가 늘어나는 두 도시 중 하나다.

2) 8대 전략산업으로 발전하는 인천시

인천시는 지역적 특성 및 국가 성장 전략을 고려하여 8대 전략산업을 발표하고 해당 산업을 집중육성하고 있다. 8대 전략산업은 항공, 로봇, 물류, 뷰티, 첨단자동차, 바이오, 관광, 녹색기후금융이다. 이 중에서 바이오, 로봇, 항공, 물류를 집중해서 살펴보자.

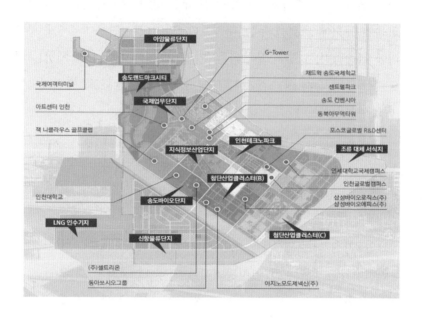

바이오: "바이오는 미래, 미래는 바이오"

20세기 후반에 IT혁명이 일어났다면, 21세기에 일어나는 혁명은 BT혁명, 즉 바이오기술 혁명이다. IT는 정보통신을 위한 산업기술에서 제프 베조스(Jeff Bezos)가 아마존(Amazon.com)이라는 인터넷 비즈니스 회사를 설립한 1995년 이후 모든 산업을 위한 기반기술로 바뀌었다. 바이오기술 역시 식품, 제약, 의료 산업을 위한 산업기술에서 영화배우 안젤리나 졸리(Angelina Zolie)가 "나의 의학적 선택(My Medical Choice)"이라는 글을 뉴욕타임즈에 기고한 2013년 이후 모든 산업을 위한 기반기술로 바뀌고 있다. 바이오 기술을 통해 의사와 같은 전문가가 아닌 일반인이 유방절제수술이라는 의학적 선택을 할 수 있는 시대가 된 것이다. 다시 말해 바이오는 모든 인간에게 필수적인 기반기술이 되고 있다. "바이오는 미래이고, 미래는 바이오이다.

인천대가 위치한 송도 신도시는 대형 바이오 기업과 병원, 연구기관, 물류 인프라를 갖추고 있어 세계에서 바이오 클러스터 조성에 가장 적절한 도시로 꼽힌다. 삼성 바이오로직스와 셀트리온, 삼성 바이오에피스, 디엠바이오 등 바이오 기업의 본사가 송도에 있고, 바이오제약에 필요한 원료와 생산을 마친 완제품을 빠르게 운송할 수 있는 인천국제공항과 인천항이 가까운 것도 큰 장점이다.

2017년 기준으로 세계 바이오 시밀러(biosimilar)생산량이 400만 리터인데, 36만 리터를 생산하는 샌프란시스코가 전 세계에서 생산량 1순위이다. 송도는 삼성 바이오로직스 18만 리터, 셀트리온 14만 리터, 동아제약 2만리터로 총합 34만 리터를 생산하여 2순위에 머무르고 있다. 삼성바이오로직스가 18만 리터, 셀트리온이 15만 리터 증설을 완료하는 2018년 말에는 총 생산량 67만 리터로 샌프란시스코를 제치고 전 세계에서 바이오시밀러를 제일 많이 생산하는 도시가 된다.

바이오 산업은 장기간 막대한 R&D 투자를 필요로 하고 이익 실현에 오랜 시간이 소요된다. 여러 가지 절차와 규정을 통과해야 하고, 임상 시험까지 철저한 검증을 받아야 하기 때문에 만 개의 제품 중하나가 성공하는 분야이다. 그래서 원천기술 확보와 시간적인 갭 축소가 성공을 위한 관건이다.

로봇: 미래를 위한 기반산업

로봇 분야에서는 전통적 제조업 인프라를 적극 활용하여 지역 내 로봇기업의 총 수출액이 2013년 이미 2억달러를 돌파하였다. 인천광역시는 2050년까지 창조형 로봇생태계 기반 구축 및 인간-로봇 공존시범도시 조성을 통해 세계적 수준의 로봇 산업 중심지로 성장할 계획이다.

항공: 세계와 한국을 연결하는 가치 창출 고리

항공 분야에서는 국제공항 및 무역항만 등 우수한 국제 교통망을 바탕으로 동북아시아 지역의 교통 물류 허브역할을 수행하고 있다는 점을 고려하여 2050년까지 세계 항공산업 7위, 고용 8만5천명, 항공부품기업 100개 육성을 추진하고 있다.

물류: 세계와 한국을 잇는 교통을 기반으로 한 고부가가치 산업

물류 분야에서는 항공화물처리량 세계 3위를 달성한 인천국제공항공사, 컨테이너 중심의 화물 처리를 통해 국내 2위 항만으로 우뚝 선 인천항만공사 등 물류 거점 인프라를 적극 활용하여 경쟁력 있는 물류 허브 구축과 인천형 고부가가치 물류 비즈니스 모델을 개발하고 있다. 특히, 인천창조경제혁신센터의 핵심 지원 분야로 스마트물류 분야를 지정하고, 글로벌 물류 산업의 중심지로 발돋움하고 있다.

바이오	-인천 송도국제업무지구내 첨단바이오단지 조성(2003 ~ 2009) -7개 우수기업 2050년 세계 50위권 글로벌 기업 3개 -신규고용 25만명, 수출 33조원 달성	로봇	-인천 로봇기업 총 수출액 '13년 2억불 달성('12년 대비 127.4% 증가) -창조형로봇생태계 기반구축(~2018) -인간-로봇 공존시범도시 조성(~2050)

항공	-인천은 공항·항만 등 우수한 국제교통망으로 동북아시아지역의 허브역할 수행 -2050년 세계 항공산업 7위, 고용 8만 5천명, 항공부품기업 100개 육성	물류	-항공화물처리량 세계3위(2,558천톤) -인천창조경제혁신센터를 통한 스마트물류 거점 조성 -경쟁력있는 물류거점인프라 구축과 인천형 고부가가치 물류Biz-Model 개발
뷰티	-인천 화장품 공동브랜드 어울개발(2014) -국내외 뷰티산업엑스포 39회 참여 -2050년 매출 15조원, 일자리 10만개 창출	첨단 자동차	-인천은 2017년까지 첨단부품·소재 관련 R&D중심의 인천하이테크 조성 -2050년 생산액 70조원, 수출 500억 달러, 고용창출 3만명 달성
녹색기후 금융	-녹색기후기금(GCF)유치 -인천녹색기후 관련 복합클러스터 조성 및 인천기후변화센터 설립 추진	관광	-LOCZ 복합리조트 2016년 착공 -방한 의료관광객 급증 -50억 요우커를 겨냥한 인천형 관광산업 대약진을 통한 관광메카 구현

3) 지역사회의 양면성: 반 컵의 물

2015년 11월 기준 대한민국 인구 5,107만명 중 인천과 경기도로 구성된 수도권 지역은 인구 1,497만명(29%)으로 서울인구 1,030만명(20%)보다 많고, 지방인구 2,580만명(51%)보다 적다. 경제력은 2015년 전국 GRP 15,672.480억원을 기준으로 해서 수도권 GRDP 4,285,320억원으로 27%, 서울 3,444,260억원으로 22%, 지방 7,922,900억원으로 51%으로 나뉜다. 경제력은 인구분포와 거의 비슷한 셈이다.

수도권, 서울, 지방의 국립대학(법인 포함) 숫자는 각각 4개(11%), 3개(8%), 29개(81%)이다. 입학기준 대학생수는 경인 62,379명(13%), 서울 105,503명(23%), 지방 286,264명(64%)이다. 이 숫자를 세 지역 고등학교 졸업생 숫자인 178,035명(31%), 100,631명(17%), 306,417명(52%)과 비교하면 수도권 고등학교 졸업생 비율인 31% 중 13%만 수도권에 남고, 무려 18%, 즉 10명 중 6명이, 서울과 지방으로 빠져나간다는 것을 알 수 있다. 이 비율은 그대로 수도권 대학에 대한 정부의 차별로 나타난다. 그 결과 수도권 주민들이 내는 세금이 다른 지역으로 빠져나가는 것이다.

이렇게 수도권의 대학에 대한 정부의 차별은 수도권인구억제책으로 인해 발생하고 있다. 서울시 주변에 있기 때문에 입는 피해로 인해, 국립대학에 대한 지원이 부족하고 자체 교육 및 연구 수요를 서울 등 외부 대학에 의존하는 체계가 심화되고 있다. 스탠포드 대학이 실리콘밸리를 이끌고 있는 사례에서 보듯이, 대학은 지역경제에 R&D를 제공하는 원천이다. 수도권 대학에 대한 차별은 수도권 인재의 유출과 수도권 연구역량 약화로 나타나, 수도권 지역의 산업 경쟁력 약화로 귀결된다.

4차 산업혁명이 가속화되고 있다. 남동공단, 시화공단 등 수도권에 위치한 다수 중소 기업의 경쟁력 제고 및 산업경쟁력 고도화는 지역경제 활성화에 있어 시급한 과제이다. 새로운 시대에 적합한 인재 양성 및 공급은 산업 성장의 핵심 원동력이다. 인천경제자유구역에 위치한 바이오, 글로벌 비즈니스 및 물류 클러스터는 국가 성장 전략의 핵심으로 급부상하였다. 이들 산업에 대한 인력 공급 및 교육-연구 수요 충족은 인천대 최대의 과제이다. 인천대는 수도권이 제공하는 반 컵의 물을 도약의 기반으로 삼아 빈 컵을 가득 채워야 한다.

4) 지역사회에 대한 인천대의 과제와 소명

수도권, 인천시, 송도는 각각 인천대에게 위협과 기회를 제공한다. 수도권인구억제책은 성장에 대해 한계를 지어주는 위협이다. 인천시가 주는 세계와의 연결고리, 송도가 주는 미래를 향한 발전가능성은 확실한 기회다. 수도권에 존재하는 다수 중소기업의 경쟁력 제고는 인천대의 국가적 과제이다. 인천대에게는 지역사회를 위한 소명이 있다. "지역사회의, 지역사회에 의한, 지역사회를 위한" 대학이 되어야 한다.

3. 인천대의 소명과 비전: "자율성과 사회적책임을 기반으로 국재경쟁력 강화"

국립대학법인 인천대학교 설립 및 운영에 관한 법률 제 1조에서는 "대학의 자율성과 사회적 책임을 제고하고 교육 및 연구 역량을 향상시켜 국립대학법인 인천대학교를 국제경쟁력을 갖춘 거점대학으로 육성함을 목적으로 한다."라고 명시하고 있다.

인천대학교는 "대한민국을 위한 국제경쟁력 있는 거점 대학"이라는 소명을 정부로부터 부여 받았다. 국내만 바라봐서는 이 소명을 달성할 수 없다. 국제경쟁력은 해외로 나아가고 해외 대학과 경쟁하는 데에서 만들어지기 때문이다. 인천대는 수도권 거점 국립대학으로서 지역사회와 한국, 더 나아가 세계가 요구하는 교육 및 연구 수요를 만족시켜야 한다. 수요를 만족시키려면 실용학문 중심의 연구거점 국립대학으로 성장해야 한다. 서울대를 비롯한 연구중심대학이 추구하는 노벨상은 훌륭한 목표이다. 인천대는 이들과 다른 목표를 세웠다. 매출액 1조원을 올리는 창업기업을 1,000개 만드는 연구에 집중하는 연구중심대학이 되기로 했다. 이러한 국가적 소명을 달성하기 위해 "미래 인류에 봉사하는 동북아 대학"을 비전으로 세웠다. 비전을 달성하기 위해 "국제경쟁력을 갖춘 거점 국립대학 육성"이라는 방향을 확립했고, "세계 100대 대학"이라는 구체적 목표를 설정했다.

4. 인천대의 시간: 현재에서 미래로

1) 연구봉우리: 개인에서 팀으로, 양에서 질로 나아가는 연구 메커니즘

2013년에 국립대학법인이 된 인천대에 대한 예산지원은 2018년부터 인천시로부터 국고로 이관된다. 본격적인 국립대학법인시대에 발맞춰서 인천대는 교육중심대학에서 연구중심대학으로 방향을 바꿨다. 방향전환은 교수진 확충을 통한 교수 구성비 변화, 교수 연구팀 구축, 교수 연구업적 평가방식 변화를 통해서 이루어지고 있다.

인천대는 2020년까지 퇴임교수 교체 97명을 포함해서 신임교수 280명을 채용하여 전임교수 확보율 100%를 달성하면, 교수 총원 660명 중 최근 8년간 충원된 교수가 420명으로 64% 수준이 된다. 인천대는 신설대학을 제외하고는 전 세계에서 가장 젊고 역동적 교수진을 갖춘 대학이 될 것이다.

2017년 후반부터 신임교수는 원칙적으로 글로벌 이벨류에이션 트랙(Global Evaluation Track: GET)으로 임명할 예정이다. 이 트랙으로 들어오는 교수의 연구성과는 해당 분야 세계 30대 대학 교수들로 구성된 평가단에 의해 심사를 받게 되고, 그 결과는 이들의 재임, 승진, 정년보장 결정에 적용될 것이다.

인천대는 모든 분야에서 광범위한 연구를 추진하는 기존 대학 방식을 버렸다. 대신 좁은 분야에서 세계 최초, 국내 유일의 연구를 지향하는 연구봉우리를 세우고 있다. 연구봉우리란 남들이 하지 않는, 그러나 지역사회와 미래 인류에게 필요한 연구를 중심으로 대학의 연구 역량을 집중 육성하는 것이다.

인천대가 위치한 송도는 삼성바이오로직스, 셀트리온 등이 위치한 세계적인 바이오 산업 중심지이다. 국제공항 및 무역항만을 중심으로 한 물류 산업이 집중되어 있다. 로봇랜드가 있고, 드론 제조업체들이 입주하고 있다. 송도, 청라, 영종을 핵으로 하는 신도시답게 환경친화적 스마트시티 산업이 자리잡고 있다. 국제기후기금(Global Climate Fund) 등 기후변화 대응 국제기관이 몰려 있는 곳이기도 하다. 인천이 북한과 면한 휴전선은 강원도, 경기도보다 더 길고, 인천대는 휴전선에서 가장 가까운 국립대이다. 인천은 중국으로 나가는 관문이고 인천시에는 한국 최초로 중국인마을이 형성되어 있다.

인천 지역사회의 경쟁력을 제고하고, 국가 성장 어젠다에 부합하는 연구분야를 검토한 결과 첫 번째로 바이오를 선정했다. 바이오 연구봉우리에서는 바이오 분야 원천기술을 확보하고 바이오 전문인력을 양성해야 한다. 이를 위해 1973년에 t-RNA를 최초로 발견하여 유력한 노벨상 후보 중 한 명으로 평가 받는 김성호(Sung-Hou Kim) UC버클리대학 교수, 하버드 유전체 센터에서 연구활동을 하면서 다이애그노믹스 사를 설립하여 유전체판독 분야에서 새 지평을 열고 있는 이민섭 교수, 1999년 노벨상을 수상한 "국경없는 의사회(Médecins Sans Frontières: Doctors Without Borders)" 전 회장인 우니 카루나카라(Unni Karunakara) 예일대(Yale University) 의대 연구교수, 빌앤멜린다게이츠재단(Bill & Melinda Gates Foundation) 수석고문 랄프 클레멘스(Ralf Clemens) 교수, 네덜란드 빈데사임(Windesheim) 대학 총장을 역임한 앨버트 코넬리센(Albert Cornelissen) 교수 등 바이오 분야 세계 석학 5명을 석좌 및 초빙교수로 임용했거나 임용할 예정이다.

융합학술원 원장으로 임명된 김성호 교수는 바이오 분야 연구에 박차를 가할 계획이다. 다른 네 교수는 각각 세계적인 연구활동을 추진하는 것 외에, 김성호 교수와 함께 인간의 제놈 지도를 이용해서 의학계가 아직 규명하지 못한 알츠하이머 병을 비롯한 각종 병의 사전 치료방법을 연구하고, 전세계 병원, 연구소, 의사들의 네트워크를 김성호 교수를 비롯한 국내외 학자들의 연구성과와 연결시키는 외부효과를 극대화시켜 주는 역할을 담당할 예정이다. 인천대는 이번 초빙된 석학들이 펼쳐나갈 인간 제놈 지도에 대한 구조 분석에서 나오는 연구성과를 통해 질병과 기아, 빈곤에서 인류를 구하는 숭고한 목적을 추구하게 된다.

바이오 분야의 전문인력 양성을 위해 인천대는 1240년에 세워진 이탈리아 명문대학인 시에나대학(University of Siena)과 공동으로 학위를 수여하고 예일대 교수와 빌앤멜린다게이츠재단, 국제백신연구소(International Vaccine Institute), 글락소스미스클라인(Glaxo-Smith-Klein) 전문가들이 강의에 참여하는 "신약개발 및 공중보건 석사과정"을 2018년 3월 시작한다. 이 공동석사학위(Joint MS Degree) 과정은 백신에서 저분자 및 생물학 제약개발로 범위를 확대하여 미래 대한민국의 생명공학산업 성장을 주도하고, 사람들의 건강과 복지를 증진시키기 위한 핵심인재 양성을 목표로 한다.

이미 연구봉우리로 선정된 바이오 외에도 지역사회의 경쟁력을 제고하고, 국가 성장 어젠다에 부합하는 연구분야를 중심으로 스마트 물류, 미래 시티, 기후변화, 통일 후 통합, 로봇/드론, 중국 분야 등에서 연구 봉우리를 만들어 집중 육성할 계획이다.

연구봉우리는 GET 교수들로 구성한다. 연구봉우리는 탁월한 연구 역량을 갖고 세계적으로 인정된 업적을 올린 시니어 교수가 중심이 되어 주니어 교수팀을 구성한다. 적게는 5명, 많게는 30명이 한 팀이 되는 연구봉우리가 한 주제를 가지고 집중적인 연구를 한다. 연구봉우리에 대한 연구성과 심사에서는 개인이 아닌 팀이 평가 단위가 된다. 연구봉우리의 성격에 따라 2~5년마다 연구성과를 세계적인 학자들과 산업계 인사들로 구성된 평가단이 평가한다. 심사는 양적 증가 대신 질적 발전으로 초점을 바꾼다. 이 제도를 통해 인천대는 두 가지 목적을 추구한다. 첫째, 교수들의 연구가 해외 국제적인 심사를 통해 객관적인 평가를 받게 된다. 둘째, 단순히 논문 편수를 올리는 목적이 아니라 창업과 기업지원을 통해 산업발전과 국가경제에 도움을 주는 방향으로 인천대를 이끌어 준다.

2) 매트릭스 칼리지: 창의적 미래 인재 양성을 위한 교육 메커니즘

2017년 인천대는 매트릭스 칼리지를 도입하였다. 인천대는 사회수요 변화에 대응하기 위하여 사회수요가 적은 학문의 입학정원을 축소하거나 소외 학과를 통폐합하는 방식의 기존의 수동적 학과 구조조정을 배격하기로 했다. 국립대로서 전통적인 대학의 책무인 기초

학문을 살리는 과제를 가지고 있기 때문이다. 매트릭스 칼리지는 기초학문을 X축에, 사회수요를 Y축에 놓음으로써 기초학문과 사회수요를 대체적 관계에서 보완적 관계로 바꾸는 교육제도이다.

한 기업가를 만나서 이런 이야기를 들은 적이 있다. "우리가 원하는 신입사원은 연관된 과목의 학점을 더 취득한 사람이 아니라, 조직에 몰입하고, 구성원과 화합하며, 성실한 자세로 자신의 역할에 전력투구하는 반듯한 인성을 갖춘 사람입니다." 미래는 첨단 과학기술에 관한 개개인의 역량을 갖춘 인재를 필요로 한다. 인간 중심사회에 대한 믿음과 화합을 강조하는 인성은 그 기반이다.

이 기업가에게 제안했다. "대학 밖에서 불평하지 말고, 대학에 들어와 직접 교육을 시키십시오." 매트릭스 칼리지는 이렇게 시작되었다.

매트릭스 칼리지는 기초학문을 중심으로 하는 대학의 기존 학과들을 X축에 배치하고, 졸업생의 사회진출을 지원하기 위한 현실적 전공들을 Y축에 배치하는 교육 제도이다. 학생은 4년 동안 X축에 속한 학과로 입학하여 해당 학과의 전공과목을 이수하는 동시에 Y축에 설계되어 있는 사회 수요 중심의 전공을 복수전공으로 이수하게 된다. 사회 진출을 지원하기 위해 Y축에 배치한 전공은 기업들과 MOU를 체결한 후 각 기업에서 요청하는 전공 및 교양과정 과목으로 구성함으로써 사회 수용에 적극적인 대응이 가능하도록 설계했다.

4년 동안 학생들의 전주기적 관리제도를 도입했다. 기업의 인사 담당자를 입시사정관으로 임명해서, 전국을 다니면서 4년 뒤 취업시킬 만한 자질이 있는 고3 학생들을 뽑아 64개 학과에 배치하여 매트릭스 수업을 듣게 한다. 기업은 학생에게 장학금을 1원도 주지 않고, 취업도 보장하지 않는다. 다만 학교에게 그 기업이 생각하는 아이디어를 교육과정으로 제공할 뿐이다. 이 제도는 현 체제를 훼손하지 않으면서 '대학 속 기업'을 만든다. 학교는 대학 속 기업이 학생들을 맘껏 길러내는 플랫폼이다. 기업은 더 이상 수백억, 수천억을 내면서 대학교를 인수할 필요가 없다. 인천대라는 플랫폼 위에서 기업이 기르고 싶은 사람을 기르는 것이다. 그렇게 되면 기업은 신입사원 교육을 할 필요가 없어진다. 기업은 신입사원을 선발할 때 저지를지 모르는 시행착오도 막을 수 있다. 입사시험에 두 명이 신청했다고 하자. 한 명은 인천대에서 매트릭스 교육을 통해 4년간 관심을 가지고 멘토링한 학생이다. 다른 한 명은 전혀 모르던 타 대학 졸업생이다. 입사시험에서 두 사람을 15분간 면접하면 누구를 뽑겠는가? 기업은 4년간 경험에서 오는 신뢰 속에서 입사지원자를 선발할 수 있다. 인천대는 졸업생 취업률을 획기적으로 높일 것이다.

한 기업이 인천대에서 적용할 매트릭스 교육프로그램을 설계해서 보내왔다. 공통 역량, 관리 역량, 직무 역량이라는 세 카테고리를 만들어서 이러한 역량을 기를 수 있는 과목을 각각 설계했는데, 이 과목들은 그 기업에서 새로 만든 것이 아니라 인천대학교에서 이미 매 학기 열리는 과목들 중에서 선정한 것이다. 뷔페 식당 음식 접시처럼 나열되어 있는 여러 가지 과목 중 그 기업에서 중요하다고 생각된 과목들을 접시에 담아서 학생들에게 준 것이다. 이러한 매트릭스 칼리지를 통해서 단기, 장기적 목표에서 필요한 기술과 인성을 갖춘 인재를 양성할 때, 대학은 진정 미래를 선도하는 창의적인 인재를 키워낼 수 있다.

CJ대한통운, 풀무원, 동원시스템즈, 한국콜마 등 50여 개의 국내외 기업, 국내외 연구소, 국가기관, NGO, 병원, 학교 등과 MOU를 체결하고 각 조직에서 설계해 준 인재상 및 교육과정을 받아, 매트릭스 칼리지에 배치했다. 각 기관이 매트릭스 칼리지에 해당 분야의 학과를 설치한 셈이다.

인천대학교가 위치한 인천경제자유구역의 지리적 입지를 고려한 교육 글로벌화를 위하여 글로벌 교육 연구기관과 협력하여 사회 수요에 적합한 국제협력형 전공 개설도 동시에 추진하고 있다. 바이오, 글로벌비즈니스, 기후환경 변화 등 분야에 세계적 석학들을 석좌교수, 초빙교수, 겸임교수로 임용하여 기존 전공들과 융합한 매트릭스 교육과정으로 포함시킬 예정이다.

5. 인천대의 공간: 협력과 연계를 통한 특성화

1) 인천: 시민이 평생 3회 교육을 받는 Tri-Versity

우리는 평균수명 80세를 훌쩍 넘기고 90세, 더 나아가 100세를 향해 질주하고 있는 고령화 사회에서 살고 있다. 평균수명이 50세이던 일제 강점기에는 중학만 졸업해도 평생 당당하게 살 수 있었다. 평균수명 60세를 넘어선 60년대에는 고졸, 70세를 넘어선 80대에는 대학 졸업이 표준학력으로 올라갔다. 평균수명 80세 사회에서는 석사, 박사학위가 표준학력이 될 것이다. 이제 대학은 20대 젊은이를 교육시키는 역할로 임무를 끝낼 수 없다. 40대 시민들을 위해 재취업과 창업을 위한 정규 교육을 제공해야 한다. 60대 시민을 위해서 제3기 인생을 지혜롭게 살 수 있는 정규 교육을 제공해야 한다. 가까운 곳부터 실천하자는 취지 하에 인천대 교직원 선생님 249명과 조교선생님 85명 전원이 90% 장학금을 받고 석박사 학위 과정에 입학하는 제도를 도입했다. 2017년 3월에 8명이 입학했고, 9월에 9명이 추가로 입학할 예정이다. 이들이 박사학위를 받게 되면 인천대 평생대학 교수가 될 우선권을 가진다.

인천대는 모든 시민이 평생 3번 와서 교육을 받는 3세대 대학이 되어야 한다는 뜻에서 트라이버시티(Tri-Versity)란 단어를 만들었다. 평생교육원을 평생대학으로 바꾸어 40세 이상 지역사회 구성원에게 정규교육을 제공할 예정이다. 평생대학의 교육과정이 자칫 열등재로 인식되는 오해를 불식하기 위해서 교육과정은 철저하게 관리해야 한다. 교육내용에 있어서 40대 이상의 세대에게는 젊은이들에게 요구되는 암기력과 분석력 대신 상황과 가치에 대한 판단력과 미래 불확실성에 대한 예측력을 요구하는 프로그램이 제공되어야 한다.

이들이 입학할 수 있도록 국회에 "40세 이상의 시민은 정원외로 입학"할 수 있도록 하는 의원입법을 신청했다. 이 법이 통과되는 대로 인천시의 협조를 얻어 시민 300만 명 중 1%에 해당하는 3만명을 매년 입학시켜 정규교육을 받게 하려고 한다. 10년에 30만명이 학위 과정을 이수한다면 인천시는 전국에서 최고의 학력을 가진 시가 될 것이고, 이들이 졸업후 재취업, 창업을 하게 되면 인천시는 가장 높은 지역총생산(GRDP)을 자랑하게 될 것이다.

2) 수도권: 대학간 연계 플랫폼 구축-복수학위 활성화

수도권에는 32개 대학이 있다. 2017년 하반기부터 이 대학들은 공동으로 교육, 연구, 봉사, 시설이용 등 다양한 협력 프로그램을 시작한다.

복수학위제도는 가장 대표적인 협력 프로그램이다. 수도권에 있는 대학의 모든 학생들은 다른 대학에서 2번째 학위를 받을 수 있는 기회를 가진다. 이 제도를 통해 학생들은 첫 번째 학위에서 얻지 못한 다양한 목표를 추구할 수 있다. 특히 한국에서 대부분 고등학교 졸업자들이 대학 진학을 할 때 자신이 원하는 대학, 전공 보다는 자신의 학력, 선생님들의 지침, 부모들의 기대를 반영하는 대학과 학과를 선택하는 상황에서 복수학위제도를 통한 2번째 학위는 자신의 자아를 실현하는 기회가 될 것이다. 이 프로그램에 참여하는 수도권 32개 대학은 대학별 특성화 분야를 중심으로 타 대학 학생들을 유치하게 되는 과정에서 자연스럽게 우리 사회가 기대하는 특성화 대학이 될 것이다.

3) 전국: 대학간 협력 플랫폼 구축-바이오 공동연구소를 통한 특성화

인천대를 방문하는 대학들이 늘고 있다. 인천대의 변화를 눈으로 보고 싶다고 한다. 이들 대학에게 제안을 한다. 각 대학이 가지고 있는 특성을 공유하자고… 인천대는 바이오 관련 네트워크, 연구실, 공동연구진을 제공한다. 인천대 네트워크를 통해 송도에 집중되어 있는 바이오 관련기업들을 소개해 준다. 인천대 연구실을 제공해서 각 대학의 바이오 분야 교수들과 학생들이 일주일에 2-3일 인천대로 와서 연구할 수 있도록 한다. 그리고 김성호 교수를 비롯한 인천대 바이오 분야 교수들, 학생들과 공동연구를 할 수 있는 기회를 드린다. 상대방 대학은 그 대학의 특성화된 분야로 인천대 교수들과 학생들을 초청해서 네트워크, 연구실, 연구진을 제공한다. 국내외 여러 대학들이 이러한 방식으로 연계되면 각 대학의 특성화는 자연적으로 이루어질 것이다.

국내 주요 대학이 백화점식 연구활동을 지양하면서 각 대학의 특성을 살려 인천대는 바이오, A대는 전자공학, B대는 기계공학, C대는 재료공학 등으로 특화하는 미래를 꿈꾼다.

4) 전국: 음악-예술-체육 분야에서 대한민국을 대표하는 대학

서울대는 인문사회에서 한국을 대표한다. 카이스트는 자연공학에서 한국을 대표한다. 21세기는 문화의 세기이다. 21세기 중반이 되면 인문사회, 자연공학과 함께 문화예술이 대학교육의 3대 중심축이 될 것이다.

인천은 광주와 함께 예향이란 애칭으로 불렸던 도시이다. 그러다가 인천시와 서울시를 30분에 주파하는 각종 교통수단이 등장하면서 인천시에서 열리던 주요 문화예술활동은 블랙홀과 같은 서울시로 빨려 들어가고 말았다. 인천시를 예술활동의 무덤이라고 자조하는 표현도 들린다.

인천대는 2017년 7월 1일 시작한 제1회 "인천뮤직: 힉엣눙크"를 시발점으로 인천에서 세계적인 문화예술활동을 전개하려고 한다. 이러한 활동은 세 가지 목적을 추구한다. 첫째는 인천시민들에게 문화예술을 제공해서 인천이 예향으로서의 위상을 다시 찾게 하는 지역적 소명이다. 둘째는 인천대 학생에게 문화예술을 접하게 함으로써 그들의 미래를 다양하고 풍성하게 해주는 교육 효과이다. 셋째는 인천의 인천대가 서울의 서울대, 대전의 카이스트와 더불어 대한민국을 대표하는 3개 대학으로 자리매김하는 대학 과제이다.

5) 세계: 포트시티를 이끄는 세계 속의 대학

인천대는 2017년 9월 18일 PUS/PUL을 개최한다. PUS는 포트시티 서미트(Port City Summit)의 약자이고 PUL은 포트시티 리그(Port City League)의 약자이다.

인천대는 세계 항구도시를 이끄는 포트시티 리그라는 학회의 구성원인 12개 대학 중 하나로 2017년 PUL 연차총회를 개최하는 회장 대학이다. 이 학회에서는 항구도시의 경쟁력을 학제간으로 연구하고 그 결과를 발표한다. 이번 행사를 계기로 인천대는 PUL구성대학 총장들을 위시해서 세계 주요 항구도시를 이끄는 대학 총장들, 아시아 항구도시에 위치한 대학 총장들, 국내 항구도시에 있는 대학 총장들을 초청해서 PUS를 개최한다. 이 행사에서 세계 경영학계의 구루인 하버드 대학의 유니버시티 프로페서(University Professor)인 마이클 포터(Michael E. Porter) 교수가 기조강연을 한다. 이어서 각 대학 총장들이 연사와 토론자로 나서서 "항구도시의 경쟁력과 항구도시 대학의 역할"을 주제로 하는 회의를 진행할 예정이다.

PUS/PUL의 목적 역시 세 가지이다. 첫째, 세계적인 학자들의 항구도시에 대한 심도 깊은 연구발표를 통해 인천대는 항구도시학에 대한 학문적 토대를 세운다. 둘째, 이 행사에 참석하는 총장들과 네트워크를 구축하고, 이들을 통해서 인천대가 세계에서 인정받는 연구중심대학으로 인식되는 계기를 마련한다. 셋째, 이 행사에 참여하는 여러 대학 총장들로부터 인천대가 항구도시인 인천시를 위해서 무엇을 해야 하는가에 대해 다양한 조언을 듣는다.

나오며

대학은 하드웨어인 시설과 재원을 가지고, 소프트웨어인 연구와 교육 프로그램을 갖춘 다음, 휴먼웨어인 학생, 교수, 직원선생님, 동창생, 지역 및 국가 사회 구성원을 확보해서 완성된다. 세가지 구성요소 간의 중요성은 반대 순서이다. 휴먼웨어가 소프트웨어보다, 소프트웨어가 하드웨어보다 중요하다. 인천대를 구성하는 학생, 교수, 직원선생님과 동창생, 그리고 지역 및 국가 사회 구성원이 하나가 되어 한 방향으로 나아가야 한다. 대한민국을 대표하고 세계를 이끄는 미래지향적 씽크탱크(think tank)이며 액션탱크(action tank), 이것이 인천대 구성원이 함께 수행해 나가는 엄숙한 소명이다. 세계를 향해서, 미래를 향해서!

공감·혁신으로 'Only One' 브랜드 만들자

이남호 전북대학교 총장

공감, 대학과 지역 상생의 첫걸음

대학은 학문탐구 장이자 인재 양성 요람이다. 1차원적인 의미가 그렇다. 그러나 오늘날 대학은 지역사회와 구분지어 생각하기 어렵다. 내로라하는 지성들이 모여 있는 교수진과 세계적인 연구소, 그 속에서 이뤄지는 방대하고 중요한 연구과제 등 그야말로 지적 역량이 넘쳐난다. 이 같은 지적 역량은 지역발전을 위한 동력으로 작용한다. 지역을 대표하는 거점 국립대라면 더욱 그렇다. 21세기 지식·정보 사회를 넘어 4차 산업혁명 시대를 맞이하고 있는 현실에서, 지역 발전은 해당 지역 대학과 그렇게 밀접한 관계를 맺고 있다. 대학과 지역 사이에 긴밀한 네트워크가 형성되어야 서로 발전할 수 있는 사회가 되었다. 지역 밀착형 연구와 교육을 통해 지역 기업들의 애로를 해결하고, 현장 실무형 우수 인재를 공급해 지역발전의 선순환 구조를 만들어야 한다는 말도 많이 한다.

 이처럼 지역발전과 불가분의 관계에 있는 지역대학에 대해 필자는 근본적인 문제에서부터 짚고자 한다. 바로 대학과 지역사회 간 공감이다. 반드시 전제되어야 하지만 쉽지만은 않은 일이다. 전북 지역 거점 국립대학인 전북대는 이러한 지역사회와의 공감에 주력하고 있다. 특히 지역 문화에 녹아들어가는 대학을 만들기 위해 노력하고 있다. 공감이 전제되어야 지자체, 지역 기업, 지역민들과 마음의 벽을 허물고 소통할 수 있고, 그러한 관계에서의 성과는 더욱 견고하게 빛을 발할 것이라는 믿음 때문이다.

 주지하다시피, 전주하면 국내 최고의 관광지인 한옥마을이 떠오른다. 그렇다. 전주는 '가장 한국적인 도시'다. 가장 한국적인 도시에 있는 거점대학인 우리 전북대 역시 이러한 지역적 특성과 보조를 맞추고 있다. 예컨대, 지역의 브랜드를 적극 활용하여 캠퍼스 내·외부 모두를 같은 스타일에 기반을 둔 가장 한국적인 캠퍼스로 만들어 나가고 있다.

 두 번째로 대학이 갖고 있는 다양한 자원을 지역과 나누고 있다. 우리 전북대는 국내에서 최고로 손꼽히는 아름다운 생태 캠퍼스를 갖고 있다. 대학 주변에 세계 어느 대학에서도 볼 수 없는 40만 평에 이르는 '건지산 학술림'을 대학 부지로 보유하고 있다. 이곳은 대학 캠퍼스이기도 하지만 오랜 세월 동안 시민 누구나 찾고 사색하며 휴식을 즐기는 곳이다. 11.4Km에 이르는 둘레길을 세계에서 가장 걷고 싶은 명품 둘레길로 만들어 전주 한옥마을과 같이 전주 시민뿐만 아니라 전 국민이 사랑하고 즐겨 찾는 명품 브랜드로 가꿔 나가고 있다. 세계 최고의 캠퍼스 둘레길을 기반으로 우리 지역이 갖고 있는 가장 한국적인 전통 문화를 시민들이 자랑할 수 있는 대학, 가장 찾아오고 싶은 대학을 만들고 있는 것이다.

세 번째로 기초가 탄탄하고 학제 간 융합을 두려워하지 않는 학문적 도전의식과 열정을 가진 소위 '모험인재'를 배출하기 위해 노력하고 있다. 이를 위해 대표적으로 레지덴셜 칼리지(RC: Residential College)와 오프캠퍼스(OC: Off Campus) 프로그램을 통해 스스로 사고하고 행동할 수 있는 자립심과 새로움에 도전하는 모험생 양성에 교육의 초점을 두고 있다.

네 번째로 세계적으로 내로라하는 연구소들을 집중 육성하고 있다. 우리 전북대는 아시아 최대 인수공통전염병연구소와 국내 최초 세계에서 다섯 번째로 설립된 고온플라즈마응용연구센터, 국내 대학 최대 식물공장 및 LED 농생명융합기술연구센터, 원자폭탄 연구개발 프로젝트를 진행한 로스알라모스연구소 아시아 분원, 유네스코 NGO로 선정된 무형문화연구소, 한국 과학문명사를 집대성해 영국 캠브리지대가 주목한 한국과학문명연구소 등 세계적인 7대 연구소를 보유하고 있다. 이를 중심으로 지역의 세계화를 위한 인문과 기술이 융합된 지식기반 산학협력 컨버전스 체계를 구축하기 위해 노력하고 있다.

정부 과감한 지원, 지역사회와의 긴밀한 협력 필요

국민의 4대 의무 중 하나인 교육의 의무 측면에서 본다면 국가는 국민에게 교육을 제공하고, 국민은 교육을 받을 권리가 있으며, 거점 국립대는 이러한 교육을 수행할 사명을 가지고 있다.

하지만 현재 지역 거점 국립대학들은 교육과 연구, 지역 균형발전을 위한 사명보다는 생존을 모색하는 상황에 처해 있으며, 대학 구성원 모두가 '대학혁신이나 경쟁력 강화'라는 생존전략에 매달리고 있다.

국립대학은 어려운 상황일수록 대학 본연의 역할인 기초교육 강화에 토대를 둔 우수 인재를 양성해야 한다. 즉, 국가 정책사업 구현, 교육의 기회균등 실현을 통한 공공성 확보, 균형적이고 안정적인 지역인재 양성과 공급 등 국립대 본연의 역할을 재정립하고 상아탑으로서 위상을 되찾는 것이 지역 상생발전을 위해 가장 중요한 시작점이라고 할 수 있다.

현 지역대학 위기는 지방 국립대에 대한 사회적 편견과 차별적 시선, 지역경제 침체, 대학 서열화 등이 중첩되어 불거진 일이지만 양적 팽창에 매몰된 교육부와 대학 스스로 자초한 일이기도 하다.

특히 학령인구 감소에 따른 입학자원 부족은 모든 대학을 경쟁의 도가니 속으로 몰아넣고 있다. 하지만 입학자원 감소를 양적으로만 바라보기 보다는 교육의 질적인 측면에서 경쟁력 강화의 계기로 삼을 필요가 있다. 차제에 국립대 본연의 역할인 공공적 교육의 책무성에 기반을 둔 학문의 경쟁력에서 답을 찾아야 한다.

즉 사립대에선 할 수 없고 국립대만이 할 수 있는 기초 및 순수학문 분야, 사회적 수요가 적지만 반드시 필요한 보호학분 분야, 국가 기간산업 발전에 필요하며 과다한 재정 부담을 요하는 첨단 이공계 분야, 급격한 사회변화에 따라 국가가 전략적으로 육성해야 하는 분야 등에 집중해서 교육 및 연구가 이뤄져야 할 것이다. 그러기 위해서 국립대학 간 '연합이나 통합'은 반드시 거쳐야할 관문이다. 백화점식으로 나열된 학문을 다루기보다는 그 대학이 아니면 배울 수 없는 학문분야에 천착해야 한다.

물론 거점 국립대학의 경우 경쟁에 의한 지원방식을 폐지하거나 사업비 보다는 경상비 지원을 통해 대학 특성을 고려한 재정 지원 사업이 뒷받침되어야 할 것이다. 결국, 지역대학과 지역의 상생 발전은 대학 자체적인 강도 높은 혁신과 정부 차원의 과감한 지원, 그리고 지역사회와의 긴밀한 협력이 있을 때 가능할 것이다.

정부 지원, 일원화와 평가에 의한 지원방식 폐지가 답

오늘날 우리는 정량화된 수치에 목매는 평가 만능주의 사회에 살아가고 있다. 평가와 경쟁에 기반을 둔 다양한 형태의 대학 재정지원 사업은 국립대 본연의 역할을 가로막는다. 우선적으로 정부가 실시하고 있는 다양한 재정지원 사업을 통폐합하여 일원화하는 작업이 필요하다.

최근 도입하고자 하는 일원화 방향으로의 정책변화 흐름은 평가에 대한 피로도를 줄이는데 도움을 줄 것이다. 하지만 근원적으로 국립대 역할과 위상을 고려한다면 보다 진취적이고 개혁적인 방향이 필요하다.

예컨대, 2016년도 교육부 대학재정지원사업 지원금 상위 10개 대학을 살펴보면, 거점 국립대는 3개에 불과하고 국고보조금도 36%밖에 되지 않는다.(국립대 법인 서울대 제외). 자료에 따르면, 국립대학보다 더 많은 국비지원을 받는 사립대학들이 즐비하며, 그 조차도 수도권 사립대학에 편중되어 있다.

지역과 상생하고 지역발전을 선도하는 국립대 역할 재정립을 위해서는 국립대학 재정에 대한 국가의 책무성 차원에서 국립대학특별회계법을 개정할 필요가 있다. 권역별 거점 국립대학의 경우, 경쟁과 평가에 의한 지원방식을 과감히 폐지하고, 대학운영에 필요한 재원을 충분히 지원하면서, 대학의 자율성 존중 측면에서 교육부는 불균형이나 불평등을 완화하는 방식으로 접근해야 한다.

이를 위해서 중앙정부는 교육관련 예산을 선진국 수준으로 끌어올려야 한다. 이러한 파격적인 제안이 현실적으로 어렵다면, 경기침체로 인한 등록금 인상률 동결이 각 대학마다 큰 부담이기 때문에 지역대학만이라도 국가장학금 지급과 연동된 등록금 인상을 좀 더 자유롭게 풀어주어 자구 노력하는 길을 터주어야 한다.

Culture(문화)와 Venture(모험)가 공존하는 'Only One Univer+City'

전북대는 지난 수년 간 전주를 중심으로 하는 전북 지역사회가 갖는 전통 문화(Culture) 이미지와 도전적인 모험(Venture) 이미지가 공존하는 대학과 도시의 새로운 이미지와 브랜드를 만들기 위해 노력해오고 있다.

문화와 모험은 이질적으로 보일 수 있는 서로 다른 단어이지만 앞으로 다가올 미래사회는 이러한 문화와 모험의 융합을 필요로 할 것이며, 급변하는 최근의 흐름을 선도할 수 있는 유연성과 자기중심을 가진 미래형 인재양성을 위한 새로운 교육 패러다임을 만드는 열쇠가 될 것이다. 이러한 전반적인 노력은 '성장을 넘어 성숙으로', 즉 중단 없고 지속가능한 성장을 통해 우리 대학과 지역 산업의 평판도와 인지도를 높이는데 핵심적인 역할을 할 것이다.

지금까지 대부분의 대학은 '잘 가르치고 잘 배우는' 것에 집중했지만 '무엇을 배우는 것'이 중요한 것이 아닌 '무슨 질문을 던졌는가'라는 대학의 본질적인 사회·교육적 역할에 대한 보다 근본적인 고민과 실행이 필요해 보인다. 이에 우리 대학은 자기중심을 가진 미래형 인재양성을 위한 새로운 교육방향을 설정하여 4차 산업혁명 시대에 걸맞은 자신만의 스토리를 가진 인재, 즉 창의적 사고, 통섭적 시각, 융합적 태도를 지닌 모험생을 키우는 대학을 모토로 삼아 결과보다는 과정에 '왜'라는 질문을 던지는 비전 제시자(Vision Provider)를 양성하고 있다.

이러한 모험생 양성 전략은 대기업이나 대도시 중심의 시선에 의존하는 현 취업진로 설정의 문제점을 개선할 수 있다. 또한 자신의 지역과 세계를 향한 도전을 기꺼이 수행하는 도전적이고 독립적인 창의적 미래 인재양성에서 가장 중요한 부분으로 향후 지역 사회 발전과 고용 안정화에 크게 기여할 것이다. 이에 따라 빠른 변화보다는 바른 변화를, 지름길보다는 바른길을, 일사불란한 획일성보다는 다양성을, 수치나 지표보다는 대학의 가치를 함축하는 브랜드를 추구하는 지속가능한 성장, 즉 '성숙'에 기반한 교육에 힘써야 한다. 교육은 백년지대계이며, 미래를 장전하는 무기이기 때문이다.

Glocal University 전주대와 도시재생

이호인 전주대학교 총장

1. 현재 전주대학교에서 추진중인 과제

(1) 지역자치단체와의 실질적 협력을 위한 지역혁신지원단 운영

우리대학은 대학의 역할 및 기능을 강화하여 지역발전에의 기여를 목적으로 2005년부터 몇 년간 대학의 슬로건을 Glocal University 로 표방하고 이를 달성하기 위한 실행조직으로 '지역혁신지원단'을 운영한 바 있습니다. 지역자치단체의 유관기관별로 학과별 해당분야 교수를 매칭하고, 대학에서는 별도의 예산을 책정하여 운영하였습니다. 이 조직을 통해 현재 전라북도 내 6개 시, 8개 군에 해당하는 자치단체들과의 네트워크를 강화하여 축제지원 및 지역문화 콘텐츠 제작 등 실질적 업무협력을 진행하고 있으며, 정부의 지역균형발전 정책의 일환으로 추진되고 있는 혁신도시 관공서들의 이주가 시작된 2014년부터는 농업진흥청, 지방행정연수원 등과 협약을 체결하여 대학의 자원을 공유해오고 있습니다. 특히, 전라북도의 도정에도 적극 참여하여 식품산업클러스터 사업 등 대형 국책사업의 지역유치에 크게 기여한 바 있습니다. 이러한 성과를 바탕으로 2017년부터는 인센티브제도를 추가하고, 기존에 관계가 형성되어 있는 교수와 담당 기관을 중심으로 간담회와 세미나 등을 시행하여 지역사회에서의 대학의 역할을 더욱 더 강화해 나가고 있습니다.

(2) 전주시 도시재생 디자인 프로젝트

우리대학교 문화융합대학에 소속된 산업디자인학과는 '전주시 구도심을 주제로 도시재생 디자인 산학협력 프로젝트'를 수행하고 특별전시회를 개최하여, 이 가운데 전주시에서 관심을 보인 2개의 작품을 현장에 반영될 수 있도록 담당자와 협의 중에 있습니다. 이러한 프로젝트의 성공적 수행을 기반으로 지난 2016년에는 교육부 지정 특성화사업단(CK)에 선정되어 특성화 인력양성 프로그램을 운영 중에 있으며, 2017년에는 프로젝트 범위를 확대하여 '전라북도 대표관광지 환경개선 디자인 프로젝트'를 진행하고 있습니다. 지역의 요구에 부합하는 조그마한 프로젝트가, 천만 명이 넘게 찾아오는 대한민국 대표관광지 전주시에 재도약의 기회를 제공하고 있는 대표적 사례입니다.

| 관광객을 위한 여행지원 시스템 | 남부시장 공영주차장 및 쉼터 | 전주 톨게이트 디자인 | 호남제일문 현대화 프로젝트 |

(3) 국제한식문화재단 설립 및 육성

비빔밥, 콩나물국밥, 한정식 등 전주는 대한민국을 대표하는 음식도시입니다. 전주대학교는 이러한 지역의 대표브랜드 한국음식을 활용하여 이 분야의 세계적인 경쟁력을 확보하고자 지난 2011년 '재단법인 국제한식조리학교'를 유치하여 설립하였습니다. 전라북도와 전주시의 자금을 지원받아 전주대학교 내에서 운영되고 있는 국제한식조리학교는 국제적 감각의 한식 스타셰프를 양성하고자 설립된 국내 최초의 한식조리학교로서 세계적 수준의 교육시설, 특성화된 교육과정, 분야별 최고의 교수진을 바탕으로 전문인력 양성을 위해 운영되고 있습니다. 더불어, 우리대학의 문화관광대학 한식조리학과와 교육 및 연구부문에서 긴밀한 협력을 취함으로서 한국음식이라는 지역의 대표브랜드 가치를 상승시키는 데 커다란 역할을 수행하고 있습니다.

| 실습레스토랑 | 시범강의실 | 양식실습실 | 쿠킹스튜디오 |
| (도리상영) | (대장금) | (수운잡방) | (음식디미방) |

2. 대학에서 지방 혹은 중앙정부에 요청하고 싶은 일

(1) 지역의 브랜드를 활용하는 교육과 사업에 투자 확대

한식과 한옥 등, 앞에서 언급한 바와 같이 지역에서 전통적으로 보유하고 있는 브랜드를 활용한 사업과 교육은 그 경쟁력을 확보하는 데 커다란 잇점을 지니고 있습니다. 또한, 이러한 경쟁력들이 기반이 되고 난 후에야 부가적으로 새로운 산업분야들이 접목되면서 기대 이상의 부가가치를 창출할 수 있다는 것을 경험을 통해 우리는 알고 있습니다. 한옥마을의 청년몰, 전주남부시장의 야시장 등이 그 대표적인 예라고 할 수 있겠습니다. 그런 의미에서 보면 융합을 통한 부가가치 창출이라는 4차 산업혁명은 이미 우리주변에서 다양하게 진행되고 있었다고 해도 과언은 아닐 것입니다.

따라서, 국가와 지방정부에서는 지역별로 보유하고 있는 경쟁력 있는 분야, 잘할 수 있는 분야를 명확히 인지하고 이러한 분야에 투자하는 것이 가장 중요한 일이라고 생각합니다. 교육과 기반 인프라 조성에 1차적으로 투자하고, 이를 기반으로 많은 산업분야들이 참여하여 새로운 가치를 창출할 수 있도록 단계적 발전계획을 가지고 접근하는 것이 올바른 방향이라 생각됩니다.

(2) 지역의 기업체와 실질적 협력관계 유지를 위한 소규모 프로젝트 지원 확대

시스템적으로는, 지역에 있는 많은 소규모 업체들이 경쟁력을 갖출 수 있도록 지원할 수 있어야 한다고 생각됩니다. 영속성이나 지속성을 보유하지 않았으나 참신한 아이디어 하나로만 창업을 한 업체들과 탁월한 능력을 가지고 있으면서도 자금이나 규모 때문에 더 크게 성과를 내지 못하고 있는 작은 업체들이 경쟁력을 확보하기 위해서는 대학의 자원을 활용하는 것이 가장 좋은 방안이 될 수도 있기 때문입니다. 현재는 대학에서도 학문을 위한 연구와 교육에서 실용적인 연구와 실무교육 확대로 그 패러다임이 변화하고 있는 추세입니다. 따라서 지금이 산업체와 대학이 서로 요구하는 부분을 적절하게 보강해 줄 수 있는 좋은 기회라고 볼 수 있습니다. 대학 자원 공유 방식은 유럽의 교육선진국이라고 일컬어지는 핀란드와 네델란드에서는 이미 시행하고 있고, 성공적이라고 평가되는 운영방식이기도 합니다. 지역의 작은 업체 연구소의 테스트베드 역할을 대학의 랩실이 수행하면서 서로 win-win할 수 있는 방식이기 때문입니다. 대규모 프로젝트보다 이러한 시스템의 변화를 유도하고 새로운 산학간의 실질적 관계설정을 위한 소규모 프로젝트 지원이 활성화된다면 기대했던 것 이상의 커다란 성과가 기대됩니다.

3. 대학과 도시의 상생발전을 위한 새로운 제안

(1) Living Lab

리빙랩은 앞에서 언급된 지역의 소규모 업체와 대학이 자원을 공유하고, 실질적 협력관계를 구성할 수 있는 가장 좋은 모델이라고 할 수 있습니다. 리빙랩은 특정 공간에서 사용자들이 주도적으로 참여하여 문제를 해결하는 혁신모델입니다. 다시 말해서, 생활현장에서 사용자와 생산자가 공동으로 혁신을 만들어가는 실험실을 의미합니다. 기본적으로는 ICT 인프라, 관리체계, 사용자, 파트너, 연구활동 등의 구성요소로 설정되어 있는 시스템적 구조를 지니고 있으며, 궁극적으로는 사회에서 요구하는 가치를 기술혁신으로 실현할 수 있는 새로운 혁신모델로 제시되고 있습니다. 많은 장점을 지니고 있는 리빙랩 시스템은 중추적 역할을 하는 주체에 따라 기업주도형, 지자체주도형, 연구기관주도형 그리고 사용자주도형으로 구분될 수 있습니다.

(2) 연구기관 주도형 Living Lab (개방형 연구실)

대학과 소재하고 있는 도시가 상생발전하기 위해서는 인근에 위치하고 있는 스타트업, 중소기업 등과 대학이 밀접하게 연계되어 실용적 연구와 실무형 교육으로 변화해 나가고, 이를 통해 부가가치를 창출해 새로운 경쟁력을 확보해야 할 것입니다. 따라서, 연구기능을 보유하고 있는 대학은 리빙랩 활동을 주도하여 사용자와 생산자가 공동으로 성과창출을 할 수 있도록 네트워킹과 혁신의 주체가 되어야 합니다. 핀란드 등 대기업의 몰락으로 어려움을 겪을 것으로 예상했던 국가들이 현명하게 극복했던 예도 바로 연구기관 주도형 리빙랩 개념의 효과적 활용이었으며, 우리대학의 도시재생 프로젝트도 리빙랩 개념을 이용한 사례로서 성공적 결과를 가져올 수 있었습니다. 따라서, 상대적으로 예산규모가 작은 지역자치단체들이 적은 금액으로 큰 성과를 거둘 수 있는 리빙랩 시스템을 적극적으로 활용할 필요가 있을 것입니다.

4. 미래를 준비하는 창의적 인재육성 방안

(1) 교육부와 시장의 요구

교육부는 지난 5월 다학기제, 유연학기제, 집중이수제 등을 포함한 학사제도 개정 내용을 확정 공포한 바 있습니다. 이는 최근 사회 전반적으로 많이 언급되고 있는 4차 산업혁명 시대를 대비하고자 하는 선제적 대응이라고 생각됩니다. 즉, 인공지능 등 IT기술을 기반으로 기존의 산업들을 융합하여 새로운 부가가치를 창출하고자 하는 4차 산업혁명은 교육패러다임의 변화를 위해 시장이 요구하는 새로운 지침이라고 생각하고 있습니다.

(2) 가상대학 'Superstar College'

이러한 시대적 흐름을 반영하고자 우리대학에서는 기존의 학사제
도를 유지하면서 이를 기반으로 새로운 융합학문을 제시하고 이를
통해 새로운 산업시장이 요구하는 인재를 빠르고 정확하게 양성할
수 있도록 가상대학(virtual college)인 일명 'Superstar College'를 신설
하여 창의융합 교육을 위한 새로운 시스템을 구축하였습니다.

기존 학사일정에 크게 영향을 주지 않으면서 학기 중 야간과 방학
기간을 활용하여 집중이수제, 유연학기제, 융합전공제 등 교육부에
서 제시하는 새로운 학사제도에 부응할 수 있습니다. 또한, 새롭게
등장하는 미래시장에 유연하며 신속하게 대응할 수 있는 새로운 형
태의 교육 플랫폼이라 말할 수 있겠습니다. 융합전공을 이수한 학생
에게는 인증 혹은 추가 학위 수여를 통해 또 다른 경쟁력을 보유할
수 있도록 행·재정적 지원이 이루어지고 있습니다.

4차 산업혁명 시대에 전통적 가치와 건학이념에 기반한 대학르네상스 모형 개발

강동완 조선대학교 총장

르네상스는 15~16세기 이탈리아 피렌체를 중심으로 한 문예부흥 운동입니다. 중세의 억압된 신본주의에서 인본주의를 되살려 인간의 창의성을 중심으로 한 새로운 문화 예술 및 과학운동이라 할 수 있습니다. 르네상스야말로 인간이 세상을 바꿀 수 있다는 과학적 합리성과 위대한 능력을 인식하는 계기를 만들었습니다.

레오나르도 다빈치는 해부학, 미술학, 공학, 건축학, 토목학을 비롯한 수많은 분야의 지식과 지식, 상상력과 지식 그리고 지식과 현실을 연결한 위대한 창조인입니다. 그의 노트를 보면 당시에 상상했던 모든 스케치가 1차 산업혁명 시대에서 현대에 이르기까지 발명이라는 과정을 통해 상당 부분 재현되고 있음을 알 수 있습니다. 융합적·창의적 부흥을 일으킨 르네상스 시대의 다빈치는 오늘날 4차 산업혁명의 이미지를 대표하는 인물이라 할 수 있습니다.

4차 산업은 인공지능과 로봇 그리고 IoT, Cloud, 빅 데이터, 모바일 등을 이용한 융합적 혁신기술산업을 의미합니다. 보이지 않는 것과 연결되지 않는 것을 연결하는 것이 4차산업의 특징입니다. 따라서 4차산업은 다양성을 존중하는 평등사상에 기인한 다양한 생각과 정보 그리고 서로 다른 지식을 연결하거나 더 나아가 초연결을 통한 관계망이라 할 수 있습니다.

오늘날 신자유주의 경제로 발생하는 빈부 격차에 기인한 갈등 극복은 새로운 시대정신을 요청하고 있습니다. 이러한 시대적 요청에 따라 대학이 사회문제에 어떻게 대응하고 무엇으로 선도해야 하는지 답해야 할 때가 되었습니다.

대학다운 대학이라는 말은 대학이 이익 중심의 사회에서 새로운 가치와 윤리를 어떻게 창출하고 있는가? 라는 질문에 답할 수 있는 공적 사명감을 가져야 한다는 뜻입니다.

대학은 본질적으로 학문 탐구의 상아탑을 의미하였지만, 지금 대학이 세상의 변화를 선도하고 있다고 답할 수 없습니다.

그것은 모두가 세분화된 전공 영역을 중심으로 강의하고 연구하면서 학제 간 교류가 미흡했기 때문입니다. 또한, 과거와 현재를 연결하여 미래를 통찰하기 위하여 상상력과 다양한 지식을 창의적으로 연결하여 현재화하는 통합능력이 취약하다는 점도 그 원인입니다.

자기 전공이라는 굴레에 갇힌 현미경적 사고로는 대학 가치 창출을 위한 통찰적 사고를 제공할 수 없습니다.

따라서 이를 극복하는 방안으로 조선대학교의 위대한 역사적 가치와 정신을 성찰하여 미래로 향하는 새로운 대학르네상스 모형을 제시하고자 합니다.

첫째: 조선대학교는 한반도와 지역의 역사와 함께 숨 쉬는
시민 정신으로 설립되었습니다.

서기 530년 마한이 백제에 완전히 통합되고 660년 백제의 멸망 이
후 통일신라 시대와 고려 시대를 거쳐 조선 시대에 이르기까지 호남
백성이 꿈꾸는 것을 이루지 못한 한이 예술과 문화로 승화되어 왔습
니다.

하지만 호남의 백성은 나라가 위급한 때에는 의병을 일으켰고 이
순신 장군과 함께 나라를 지켰으며 지역민 스스로 돈을 모아 담양군
창평에 수남학구당이라는 학당을 만들어 인재를 기르기도 했습니다.

해방 후 1946년 나라의 흥망성쇠가 교육에 달렸다고 생각한 선각
자들은 부강한 국가 건설과 세계인류 공영을 위해 봉사하는 인재를
양성하고자 뜻을 모았습니다.

이러한 큰 뜻에 따라 1946년 '조선대학교 설립동지회'가 결성되
었고 그해 12월 1일 권유문을 발표하고 전국 방방곡곡에서 7만 2천
375명이 대학설립동지회 회원으로서 기금 운동에 동참하였습니다.

조선대학교는 오늘날 용어로 한국 최초의 크라우드 펀딩으로 설립
한 학교입니다.

우리 민족의 홍익 정신을 이어받아 전 세계에서 누구든지 공부하
고 싶은 학생들에게 개성교육과 생산교육 그리고 영재교육을 건학이
념으로 하여 지난 70년 동안 중·고·대학을 포함하여 약 40여만 명의
인재를 양성해온 'Great Chosun'입니다.

둘째: 조선대학교는 민주인권 정신을 실천하는 선비정신으로
제2의 창학 역사를 만들었습니다.

1980년 광주민주화운동은 대한민국 민주화의 상징으로서 민주 인권·평화를 추구하는 빛나는 광주정신을 만들어 냈습니다. 이러한 정신은 호남 천년 역사 속에서 나라가 위기에 놓였을 때마다 앞장서왔던 기개 높은 선비정신의 현대적 발현이라고 할 수 있습니다.

노사 기정진(蘆沙 奇正鎮) 선생은 1862년 조세 부정에 저항해 전국 곳곳에서 민란이 일어나자 '임술의책'을 지어 지배층의 잘못을 질타했습니다. 노사의 위정척사운동 정신과 학문은 4,000여 명의 문인에게 계승되어 한말 일제 침략에 대항하는 호남 지역의 의병운동으로 이어졌습니다.

이러한 노사의 학문 정신과 후학들의 활동은 호남 지역의 선비정신으로 계승되어 국가와 민족에 대해 도리를 다하는 원동력이 되었고 광주민주화운동으로 승화되어 되살아났습니다.

조선대학교의 학원민주화운동 역시 대학 본연의 가치를 지키고자 하는 의병적 선비 운동인 1988년 1·8항쟁으로 승화되어 학문 탐구와 민주적 가치를 부활한 제2의 창학을 이뤄냈습니다.

1·8항쟁 이후 임시이사가 파견됨에 따라 우리 대학에서는 다양한 구성원 대표로 구성된 대학자치운영협의회가 민주적 절차에 따라 대학을 자문하고 지원해 왔습니다.

그러나 2010년 임시이사에서 정이사 체제로 전환되어 지난 8년간 1기, 2기 정이사회 체제로 운영되면서 대학의 사회적 가치를 어떻게 성숙시키고 학생들을 정치, 경제, 사회, 문화예술, 과학 및 스포츠 분

야에서 글로컬 리더로 육성하는 참교육을 위해 어떠한 노력과 기여를 해왔는가에 관해 깊은 성찰이 필요한 시점입니다.

셋째: 광주의 평화 정신을 승화 발전시켜 건학 100년을 향한 제3의 창학으로 대학르네상스 모형을 개발 정착하고자 합니다.

4차 산업혁명이 이뤄가는 디지털 지능형 문명사회에서 인간의 존엄에 관한 우려가 증대되는 한편 북한의 핵무기와 장거리 미사일 실험으로 한반도 평화가 크게 위협받고 있습니다. 그리고 사회적, 문화적, 인종적, 종교적, 경제적 갈등에 따라 전 세계적으로 테러 위협이 확산되고 있습니다. 무엇보다 신자유주의 시대에 계층 간 갈등이 주목되고 2008년 금융위기 이후 빈부의 격차가 더욱 심화되고 있습니다.

그러나 우리 민족은 5,000년 역사 속에서 수많은 고통을 겪으면서도 평화로운 삶과 나라를 위해 사람을 널리 이롭게 하는 홍익정신을 구현해 왔습니다.

조선대학교의 역사성을 정립한 1·8항쟁이 일어난 지 30년이 되어가고 혁신적인 4차 산업혁명 시대를 맞아 새로운 대학 가치를 창출해야 하는 제3의 창학모형을 요청받고 있습니다.

따라서 위대한 역사의 빛과 광주 정신을 연대 구현하는 시민대학으로서 휴머니즘과 과학 그리고 경제 가치를 극대화하는 대학의 학풍을 만들고, 광주의 평화 정신을 국제적인 평화인문 비전으로 승화하여 글로벌 대학 가치를 만들어가는 대학르네상스 모형을 제시하여 추진하고자 합니다.

대학르네상스는 대학의 설립 건학이념을 3(휴먼, 과학, 경제 르네상스) 6(D·E·S·I·G·N 경영철학) 5(G·R·E·A·T 가치) Plan으로 실천해가는 것입니다.

365 Plan은 1년 365일 내내 36.5°의 따뜻한 휴머니즘으로 3가지 대학르네상스 모형을 6가지(Data 데이터 중심, Empowerment 책임, Smart service 스마트 서비스, Insight 통찰, Global 국제화, Networking 네트워킹) 경영철학으로 5가지 G(글로벌 교육: Global Education, R(연구 혁신: Research Innovation), E(경제통찰: Economic Insight), A(매혹적 브랜드: Attractive Brand), T(생각하는 협업: Thinking Collaboration)의 대학 가치를 만들어 가는 실천 계획입니다.

3가지 대학르네상스의 하나인 휴먼 르네상스의 핵심 가치는 평화인문입니다. 평화는 인류사회의 항구적 정신이며 인간과 인간 사이, 국가와 국가 사이, 자연과 인간 사이에 공유해야 할 인문학적 가치입니다. 이 가치를 교육에 적용하여 전 세계에서 평화 인문학을 학습하고 연구하고 싶은 청년, 학생, 연구자 그리고 전문가를 위한 국제평화대학원의 설립을 추진할 것입니다. 공간적으로는 무등산 자락과 함께하는 생태 문화적 캠퍼스를 교육과 연구를 위한 갤러리로 만들고 대학 뒤편의 산 26만 평을 광주 시민과 함께하는 평화인문과 문화예술의 수목원으로 개발하고자 합니다.

과학 르네상스는 4차 산업혁명 시대에 대응하는 국제적 특성화 연구를 추진하는 것입니다. 조선대학교의 우수한 생명공학 연구자 그룹은 치매 뇌과학 분야에서 국제적인 연구 성과를 축적하고 있습니다.

미래과학기술부의 지원을 받는 국책치매연구단에서는 수많은 개개인의 유전체 정보와 CT 영상 정보로 구성된 빅데이터와 분석 시스템을 구축하여 치매를 조기 진단하는 최첨단 AI(인공지능)를 개발을 선도하고 있습니다. 무엇보다 고령자의 질병이나 감염병을 조기 진단, 예방, 치료하는 IT 기반 과학기술을 개발하는 융합적 연구체계로 국가적으로 시급한 사회문제를 해결하고자 합니다.

경제 르네상스는 지식자산의 콘텐츠화 및 공유와 나눔경제 가치를 만들어 내는 데 있습니다. 이는 대학 가치의 산업화와 복지 활동입니다. 대학의 혁신적 교육 및 연구 가치를 콘텐츠화하고 공유화할 필요가 있습니다. 개인이 보유한 자산을 모아 대학의 자산으로 바꿔 사회와 공유화하고 나누는 경제 패러다임이 요청됩니다. 저명한 경제학자 슘페터는 창조적 파괴와 같은 혁신을 자본과 노동의 투입에 곱하면 부가가치 생산을 증대할 수 있다고 하였습니다. 자산의 콘텐츠화와 공유 경제에 창의적 파괴와 혁신을 일으키는 패러다임이야말로 경제 르네상스의 핵심적 가치입니다.

한마디로 대학르네상스 모형은 조선대학교를 사람을 귀하게 여기는 대학으로 만들어 전 세계 어디에서든지 누구든지 오고 싶은 'GREAT CHOSUN, HUMAN UNIVERSITY'를 구현하는 것으로 요약됩니다.

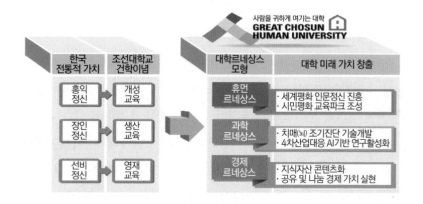

인공지능(AI) 기반 Campus 조성: 4차 산업혁명 시대의 스마트 시티 발전전략

문승현 GIST 총장

1. 4차 산업혁명과 스마트 시티(Smart City)를 선도하는 대학

1.1. 4차 산업혁명과 도시의 중요성

기술과 사람, 사물과 세상의 초연결과 초지능으로 일컬어지는 4차 산업혁명의 시대는 이미 눈앞에 펼쳐지고 있다. 새로운 시대가 요구하는 기술과 사람, 지식의 대융합은 〈그림 1.1.1〉과 같이 우리가 생활하는 도시 공간에서 실현된다. 특히 연구개발과 기술혁신을 선도하는 대학, 대학을 포함하는 도시 공동체, 지역 경제의 관계를 새로운 관점에서 바라볼 필요가 있다.

4차 산업혁명의 기술발전은 우수한 연구중심 대학을 보유한 도시

본 원고의 전체 구성 및 완성, 자료 수집 등에 관하여 GIST 미래연구센터에서 많은 기여를 하였으며, 이에 심심한 감사를 표한다. 본 원고의 세부내용 자문 및 자료요청 등은 강동석 선임연구원(ideartworld@gist. ac.kr)에게 연락 바란다.

에게 새로운 도약의 기회가 될 수 있다. 예를 들어, 고령화와 저출산, 청년층의 수도권 유출 등으로 인하여 지방자치단체는 인구절벽과 도시 기능의 붕괴 위험에 직면하고 있다(정용인 2017). 지방자치단체가 지역 대학·산업이 개발한 첨단기술을 활용하여 도시 인프라와 혁신 역량을 고도화한다면 지속 발전이 가능한 미래형 도시로 탈바꿈할 수 있다.

〈그림 1.1.1〉 4차 산업혁명과 도시환경의 변화

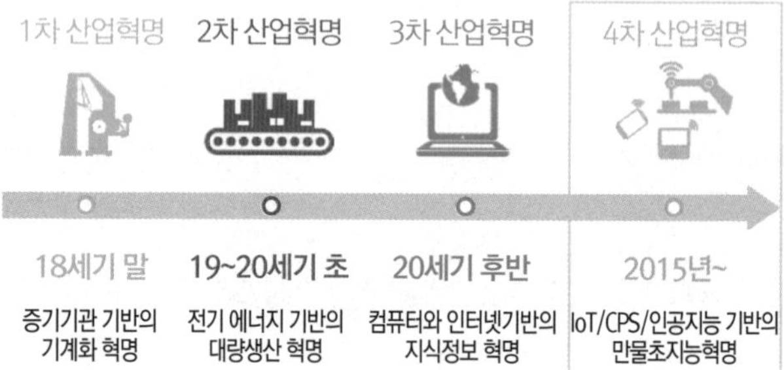

	1차 산업혁명	2차 산업혁명	3차 산업혁명	4차 산업혁명
	18세기 말	19~20세기 초	20세기 후반	2015년~
	증기기관 기반의 기계화 혁명	전기 에너지 기반의 대량생산 혁명	컴퓨터와 인터넷기반의 지식정보 혁명	IoT/CPS/인공지능 기반의 만물초지능혁명
도시개발 주체	국가	국가	국가, 지자체	국가+시민
도시형태	공업도시	대량소비도시	기업가 위주의 도시	시민 위주의 도시
교통/통신	철도, 증기, 운하	자동차, 항공기	정보통신기술, 네트워크기술	초연결 네트워크, 자율주행차량
에너지	석탄, 증기	석유, 가스	전기	신재생에너지
커뮤니케이션방식	책, 신문 등	전화기, TV등	인터넷	SNS, IoT, IoS 등

※ 자료: 임두빈 외(2016)

1.2. 첨단기술 기반의 스마트 시티(Smart City) 건설과 대학의 역할

2050년 세계 예상인구 96억명 중 최대 66%가 도시에 거주할 것으로 전망됨(UN 2015; 송미경 2015)에 따라 도시문제(주택·치안·환경 개선 등) 해결과 경제발전을 위한 스마트 시티의 사회적 수요가 증가할 것이다. 스마트 시티(Smart City)는 〈그림 1.2.1〉과 같이 ICT 융합기술과 친환경기술 등을 적용하여, 도시의 복합기능(교통, 도시안전, 에너지·환경, 주거 등)을 효율화하고 시내 제반 문제를 해결하는 미래형 도시이다(이재용 2016).

〈그림 1.2.1〉 스마트 시티의 조감도(예시)

스마트 인프라·에코·라이프 융합으로
살기 좋은 세계 최고의 친환경 저탄소 도시 조성

※ 자료: 손동우(2017)

더 나아가, 스마트 시티는 〈그림 1.2.2〉처럼 보다 높은 도시 기능의 구현을 위하여 첨단기술의 개발과 응용을 위한 혁신적인 참여자와 협력적 네트워킹, 정책과 제도의 변화를 요청한다. 특히 〈그림 1.2.3〉과 같이 도시 발전을 위한 협업적 기술혁신 네트워크를 구축하는 것이 중요하다. 이와 같은 동반상승(Synergy) 관계망의 주인공들

〈그림 1.2.2〉 스마트 시티 건설에 필요한 기술과 사회 시스템

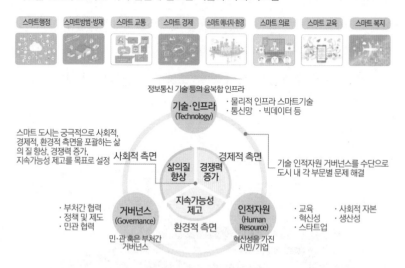

※ 자료: 이재용(2016)

〈그림 1.2.3〉 스마트 시티를 위한 혁신 공동체와 도시문제 해결

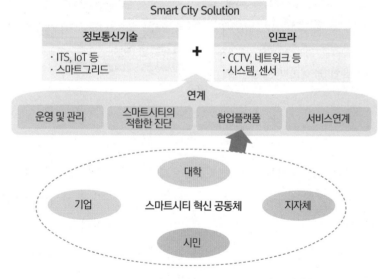

※ 자료: 이재용(2016) 수정·편집

은 4차 산업혁명의 변화를 이해하고 부단히 연구개발하는 ①대학, 제품과 서비스로 상용화하는 ②기업, 실생활에서 출발하는 창의적 아이디어와 영감을 제공하는 ③시민, 도시 공동체의 공공문제를 관리하고 해결하는 ④지방자치단체이다. 더욱이, 스마트 시티를 건설하기 위하여 기술개발과 지적혁신을 업(業)으로 하는 지역의 우수대학은 도시 공동체의 상생 발전을 아우르는 리더십과 발전계획을 준비해야 한다.

1.3. GIST가 제안하는 스마트 시티의 12대 핵심기술

광주과학기술원(GIST)은 미래변화를 전망하는 방법론 중의 하나인 거시 환경분석(STEEP: Social, Technological, Economic, Environmental, Political analyses)을 활용(Fleisher & Bensoussan 2003)하여 〈그림 1.3.1〉와 같이 스마트 시티를 위한 과학기술 발전의 5대 요인과 12대 핵심기술을 제안한다.

먼저, ①기술의 지능화와 ②새로운 서비스의 등장, ③첨단 신소재 개발 등 기술변화의 특성, 지구온난화와 ④친환경 성장 문제, 평균수명 연장과 ⑤인구고령화가 요구하는 평생 건강관리 등의 5가지 요인은 4차 산업혁명 시대에서 과학기술 발전의 주요 동인(動因)으로 볼 수 있다. 그리고, 기술의 사회경제적 특성을 반영하는 12대 핵심기술은 ①인공지능, ②빅데이터, ③클라우드 컴퓨팅, ④홈 IoT, ⑤자율주행차, ⑥사이버·물리 연결 시스템(Cyber-Physical System), ⑦센서, ⑧지능형 로봇, ⑨3D 프린팅, ⑩첨단 신소재, ⑪에너지 신산업, ⑫바이오 등이다.

〈그림 1.3.1〉 GIST가 바라본 미래사회 전망과 핵심기술

거시적 환경분석(STEEP)과 미래사회 전망

구분		
S (사회)	온라인 교육 확대	사회정보 연결망 확대
	저출산 및 생산가능 인구감소	고령인구비율 증대
	세대간 갈등 심화	1인 가구 비중 증가
	빈부격차에 따른 양극화 증대	건강 관심도 확대
	양성 평등사회의 도래	노동구조 유연성 증대
T (기술)	콘텐츠 기술 확산	기술의 융복합화
	대체 신소재 개발	트랜스 휴먼 기술개념 시작
	4차 산업혁명 관련 기술 부상	디지털 제조 확산
	생명공학기술의 발전	새로운 에너지 공급 기술
E (경제)	무역환경 재편	디지털 경제 비중 증대
	저성장 고착	공유경제 확산
	기업의 사회적 책임 증가	클라우드 소싱
	벤처 창업 확산	글로벌 신흥경제 주목
E (환경)	기후변화, 환경문제 심화	
	신재생에너지 확산	
P (정책)	투명한 사회 요구 증가	사회안전 확보 정책 확대
	남북한 긴장 강화	4차 산업혁명 투자 강화
	G2로의 세계질서 재편	환경규제 심화
	경제정책 변화	지역균형발전 정책 유지

음영 처리된 요인은 메가트렌드 분석을 토대로 한 주요 기술변화 요인

기술변화 주제

- 스마트화 확산
- 新 서비스 창출
- 융복합 신소재 개발
- 친환경 성장
- 건강수요 증가

4차 산업혁명 핵심 기술

- 인공지능
- 자율주행차
- CPS
- 센서
- 지능형 로봇
- 클라우드 컴퓨팅
- 빅데이터
- 3D 프린팅
- 홈 IoT
- 첨단신소재
- 에너지신산업
- 바이오

※ 자료: GIST 미래연구센터(2017a)

2. GIST의 스마트 시티 발전전략: 인공지능(AI) 기반 Campus

2.1. 개방과 공유에서 출발하는 AI 기반 Campus

GIST는 4차 산업혁명의 핵심기술과 강점 연구분야 및 유망기술을 연계한 대학·기업·시민 협업의 인공지능(AI) 기반 Campus를 추진하고 있다. AI 기반 Campus는 〈그림 2.1.1〉과 같이 지능정보기술 (인공지능, 빅데이터, 사물인터넷 등)을 활용하여 교육과 연구, 사업화를 병행할 수 있는 광주의 첨단기술 기반 과학기술 기지(Base Camp)이자 GIST 제 2 Campus를 건설하는 발전전략이다.

〈그림 2.1.1〉 AI 기반 Campus 조성사업의 성공적 추진과 기대효과

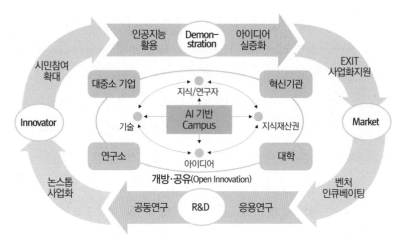

※ 자료: GIST 미래연구센터(2017a), 김한식(2017a)

　AI 기반 Campus은 4차 산업혁명의 핵심가치인 개방(Open)과 공유(Platform)를 개방형 혁신(Open Innovation)으로 실천한다. 예를 들어, Campus 내 창출된 지적재산권과 기술개발 역량을 Campus 밖의 지역대학, 기업, 시민, 지역사회와 적극적으로 공유하여 혁신에 개방적인 기술개발 환경을 조성한다. 이와 같은 혁신에 유리한 환경은 Campus와 상호작용하는 참여자들의 도시수요 맞춤형 연구개발과 실용적 기술사업화를 촉진할 수 있다. 또한, 첨단기술 기반 창업과 재투자의 선순환 시스템을 구축할 수 있다. 이러한 대학·기업·도시·시민의 협업적 발전전략은 현재 사회적 화두인 지역 내 양질의 일자리 창출과 상생 경제발전의 긍정적 파급효과를 이끌어낼 것이다.

2.2. AI 기반 Campus의 핵심사업: 인공지능 및 광융합 기술 혁신 생태계 조성

AI 기반 Campus는 4차 산업혁명의 핵심기술인 인공지능과 광주의 강점 연구분야인 광(光)기술을 융합하여 지역 전략산업 육성 및 광주 스마트 시티 발전을 위한 핵심사업을 추진한다. 본 사업은 〈그림 2.2.1〉과 같이 인공지능 및 광기술을 기반으로 ①미래청정(환경과 식량), ②Healthcare(의료 및 건강), ③생활안전(국민안전과 생활여건 등) 등의 핵심기술 및 전략산업을 육성하는 중장기 R&D 발전계획이다. 광주의 인공지능 및 광 융합기술 기반 스마트 시티 도약을 위하여 GIST는 광주광역시 및 지역 혁신기관(한국광기술원(KOPTI), 한국광산업진흥회(KAPID) 등)과 협업을 통하여 본 발전계획을 적극 실현할 것이다.

〈그림 2.2.1〉 인공지능 및 광(光)융합기술 기반의 지역 전략산업 혁신 클러스터 개념도

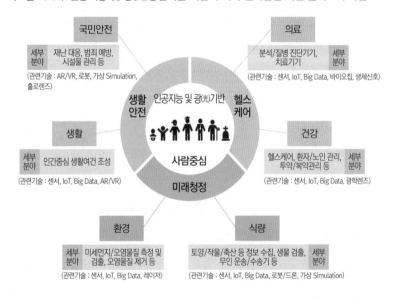

※ 자료: GIST 미래연구센터(2017b)

AI 기반 Campus는 "인공지능 및 광융합 R&D 분야 전략적 기술개발 및 육성산업으로 선정하여, 광주시 연구개발특구 첨단 3지구에서 3,000억원 이상의 정부 및 민간 투자로 머지않아 조성될 것이다 (GIST 미래연구센터 2017a; 김한식 2017a). 특히 대학·기업 및 일반시민도 참여할 수 있는 첨단기술 기반의 개방형 플랫폼을 구축한다. 본 플랫폼은 인공지능 및 광융합 기술 등에서 출발한 연구개발·실용화 및 검증·창업교육·기업육성의 4가지 핵심요소가 상호작용하는 종합 기술 생태계 시스템이다. 4개의 핵심요소는 도시와 시민의 실제 수요를 고려한 기초 및 응용기술을 개발하는 ①AI 기반 생활밀착형 연구실(Laboratory), 시장진입 및 경제성 향상을 위하여 기술의 제품·서비스화를 지원하는 ②AI 기반 Factory, AI 기반 Campus 참여자(대학·기업·시민)의 첨단기술 창업을 교육하는 ③Growth School, 창업기업의 성장 및 해외 진출, M&A 등을 지원하는 ④Business Group이다.

GIST는 〈그림 2.2.2〉과 같이 "연구·시장·성과의 선순환" Vision과 "AI 기반 Campus와 핵심 참여자 간 협업적 Networking"을 토대로 광주의 스마트 시티 도약을 위한 AI 기반 Campus 발전전략을 효과적으로 추진할 수 있다. 특히 선순환 Vision에서 도시 공동체 및 실생활의 필요와 시장수요에서 출발하는 실사구시(實事求是)형 연구개발은 기술의 제품화와 시장진입 가능성을 상승시킨다. 이처럼 AI 기반 Campus 안에서 실생활 기반의 혁신적 연구개발이 도시 내에서 높은 경제적 성과를 창출할 수 있다. 그 결과, 우수한 성과가 다시 AI 기반 Campus와 도시에 환류 및 재투입되면서 첨단기술 기반의 도시 발전 선순환 생태계가 형성될 것이다.

〈그림 2.2.2〉 스마트 시티를 위한 AI 기반 Campus의 Vision과 Networking

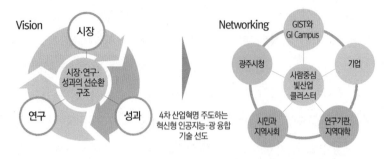

※ 자료: GIST 미래연구센터(2017a) 수정

2.3. 광주의 스마트시티를 선도할 GIST의 혁신역량

GIST는 광주 및 서남권 유일의 과학기술특성화 대학으로서 광기술 및 정보통신, 바이오, 에너지 등 전통적인 연구분야와 인공지능 등 유망기술에서 우수한 역량을 보유하고 있다. 2015년부터 3년 간 QS(Quacquarelli Symonds)의 글로벌 대학평가 중 "평균 교원 1명 대비 논문 인용횟수"에서 GIST는 세계 3위로서 연구성과를 인정받아 왔다(김한식 2017d; 박진주 2017). 또한 1993년 창립된 신진 연구중심대학으로서 GIST는 2017년 THE(Times Higher Education)의 설립 50년 이하 세계 신생대학에서 26위, QS의 설립 50년 이하 세계 50개 대학 중 36위를 차지했다.(THE 2017; QS 2018). 이러한 GIST의 주목할 만한 대학성과와 장래 유망한 연구역량은 세계적으로 경쟁력 있는 R&D분야에 대하여 "선택과 집중"의 대학 연구정책 결과이며, 〈그림 2.3.1〉과 같이 특성화된 전문 연구기관과 긴밀한 연구협업의 산물이다.

〈그림 2.3.1〉 GIST의 연구발전 Vision과 대표성과

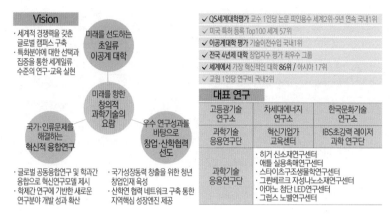

※ 자료: GIST 미래연구센터(2017a)

　최근 주목받는 4차 산업혁명의 핵심기술과 관련하여 GIST는 〈그림 2.3.2〉, 〈표 2.3.3〉와 같이 10대 유망기술을 전략적으로 선정하여 분야별로 중점 연구개발을 추진해 왔다. 국가 및 산업적으로 중요한 인공지능(AI) 분야에서 GIST는 현재 55명의 교원과 482명의 전문 연구인력을 보유하고 있다(김한식 2017c). 이러한 우수인력과 연구역량을 종합하여 GIST는 최근 5년 간 AI 관련 36편의 논문과 62건의 특허 등 인공지능 기반 과기특성화대학으로서 상당한 연구성과를 달성하고 있다(김한식 2017c).

〈그림 2.3.2〉 GIST가 추진하는 4차 산업혁명의 10대 핵심기술

※ 자료: GIST 미래연구센터(2017a), 김한식(2017c)

〈표 2.3.3〉 GIST의 인공지능 연구역량

연구실	연구 책임자
바이오 센서 및 바이오포토닉스 연구실	김민곤 교수
분산제어 및 자동화 연구실	안효성 교수
무선 네트워크 및 보안 연구실	임 혁 교수
머신러닝&비전 연구실	전문구 교수
네트워크 컴퓨팅 시스템 연구실	김종원 교수
바이오포토닉스 연구실	김재관 교수
데이터마이닝 연구실	이현주 교수
생체신호 및 시스템 분석 연구실	이보름 교수
센서 통신 연구실	김기선 교수
아날로그 및 혼성모드 신호 집적회로 연구실	이병근 교수
바이오 로보틱스 연구실	이종호 교수
INFONET 연구실	이홍노 교수
총 55개 연구실, 전임 연구원 482명	

※ 자료: GIST 미래연구센터(2017a), 김한식(2017c) 부분 수정

GIST는 AI 기반 Campus 발전계획의 성공적 추진과 전국 범위의 연구협력을 위하여 매경-GIST 포럼(2017. 3.30)을 개최했다(조한필 외 2017). 또한, 주요 혁신연구기관(KOPTI, KAPID, KISDI 등)과 인공지능 및 광 융합기술의 전략적 연구개발 분야의 업무협약서를 연달아 체결하고 있다. 최근 주요 언론매체(매일경제, 전자신문 등)에서는 GIST 가 주도한 AI 기반 Campus 조성계획(前 G.I. 4.0 Campus)의 남다른 의미, 과학기술 기반 지역 경제 발전 및 양질의 일자리 창출 가능성 등을 긍정적으로 평가하고 있다(김한식 2017a; 2017b; 2017c; 2017d; 박진주 2017a; 2017b; 조한필 외 2017).

2.4. AI 기반 Campus에서 뻗어나가는 광주의 인공지능 기반 과학기술 창업단지

GIST는 AI 기반 Campus 발전전략의 종합계획으로서 인공지능 기반 세계적인 R&D Hub 구축, 융합형 인재 양성, 첨단기술 기반 일자리 창출을 위하여 "인공지능(AI) 중심 창업단지 조성"을 추진한다 (GIST 미래연구센터 2017; 김한식 2017b; 김한식 2017c). 본 종합계획은 〈그림 2.4.1〉과 같이 GIST와 광주광역시가 주축이 되어 국가 인공지능 연구원 설립, AI 기반 Campus 조성, AI 기반 창업생태계 형성을 목표로 한다.

현재 AI 중심 창업단지 조성사업은 광주시 지역공약인 "인공지능 기반 과학기술 창업단지 조성"의 세부사업이며, 본 공약은 문재인 정부의 지역 연구개발 연계 100대 국정과제에 반영되었다(국정기획자문위원회 2017; 김한식 2017d). 향후 10년 간(2018~2027년) 총 1조원의 전략적 투자가 이루어진다면, 광주 연구개발특구 첨단3단지(20만평)에 광주의 스마트 도시 도약을 위한 인공지능 중심 창업단지가 조성될 것이다.

이와 같이 "AI 기반 Campus 발전전략"과 "인공지능 중심 창업단지 조성"의 종합계획이 성공적으로 추진되면 광주는 우리나라의 대표적인 AI 기반 스마트 시티로 발돋움할 것이다. 더 나아가, GIST가 그리는 스마트 시티 발전의 성공모형이 한반도 전체로 확장된다면 과학기술이 선도하는 양질의 일자리 창출, 지속가능한 사람 중심의 상생 경제발전의 내일이 다가올 것이다.

〈그림 2.4.1〉 인공지능 기반 과학기술 창업단지의 개념도

Vision : 인공지능(AI) 분야 세계 최고 역량 갖춘 Global R&D Hub로 도약
[AI 기반 기업성장 지원 및 창업 1,000개社 달성, Global 인공지능 기반 고급인재 5,000명 배출, AI 유관기업 매출 20% 향상]

AI R&D/원천기술 확보
AI시험/인증/표준화 지원센터 설립
4차 산업혁명 선도 핵심기술 지원

AI 전문인재 양성
AI 대중공개 교육 (MOOC) 체계 구축
개방·공유형 Lab 운영, AI 융합학과 신설

Crowd Funding, Marketing 지원 등
기업 장비 및 수출 지원, Network 구축
AI 기반 기업 및 창업 지원센터 설립

국가인공지능 연구원 설립
GIST

AI 기반 Campus 조성
GIST

AI 기반 창업생태계 조성
START UP!
광주광역시

스마트에너지 스마트전력망 V2G
한전, KDN

광융합기술 지능형 센서 광의료·바이오
광산업클러스터

광 융합기술

지능정보기술

미래형자동차 Connected Car Open BigData
현대기아자동차

문화기술 AR/VR 응용 지능형 홀로그램
아시아문화전당

SAFETY FIRST
생활안전

헬스케어

AI 기반 전략적 R&D, 융합형 인재 양성, 양질의 일자리 창출 및 지역 상생 발전

※ 자료: GIST 미래연구센터 외(2017a; 2017b)

3. AI 기반 Campus와 광주의 새로운 미래

3.1. 첨단기술 기반의 일자리 창출과 지속가능한 도시발전

2017년 5월 세계 바둑순위 1위 커제와의 대결에서 보여준 Google AlphaGo의 완승(完勝)은 평균 수명 100세와 경제 저성장의 시대를 살아가는 사람들에게 "인간이 필요 없는 지능형 로봇 그들만의 미래"와 같은 첨단기술 공포증(Technophobia)을 확산시킬 수 있다. 최근 대학·산업·정부 집단별 전문가(475명)에 대한 설문조사를 수행한 결과, 과학기술의 영향이 사회경제적 요인보다 미래 일자리를 만드는 데 보다 큰 영향을 줄 것이라고 공통적으로 응답했다(이승규, 지선미 2017). 〈표 3.1.1〉과 같이 기술진보에 따른 인간노동의 대체 및 일자리 감소의 현실문제에 대하여 대학은 도시 공동체의 지식 선도자로서 과학기술이 그리는 새로운 미래상을 제시할 책임이 있다.

〈표3.1.1〉 2025년 일자리 변화의 10대 주요동인

일자리 변화	증감	• 안전과 치안, 보안 관련 직종의 고용증가 • 개인 맞춤형 서비스, 반려동물 관련 직종의 고용증가·전문화	• 미용·건강 관련 직종의 고용 증가 및 전문화 • 문화 컨텐츠 관련 직종의 고용 증가	• 엔지니어·전문직의 고용증가 및 전문화 • 환경·신재생에너지 관련 직종의 고용 증가
	혼합	• 저저출산/고령화에 따른 직업구조의 변화 • 3D직종 근로자의 고령화 및 청년층 취업기피로 인력난 가중	• 온라인 거래/소통 방식의 확산에 따른 직업구조 변화	
	감소			• 기계화/자동화 따른 생산기능직의 고용감소
		인구 및 경제사회적 동인	복합적 동인	기술진보적 동인
		변화 요인		

※ 자료: 이승규, 지선미(2017), 고용노동부, 한국고용정보원(2015)

4차 산업혁명과 같은 과학기술의 진보와 사회경제적 전환기를 맞아 대학이 도시와 사회를 위해 해야 하는 것은 사회문제 해결형 기술의 창출과 변화 선도형 융합인재의 양성이다(문승현 2016; 2017). 이제 대학은 과거 지향적인 전문가 위주의 논문 및 특허 등 양적인 지적재산권 창출이 아니라(Kang and Park 2017), 우리 이웃과 지역사회의 필요, 그리고 시장의 수요와 맞닿는 실생활 기반형 연구개발과 상생 발전형 성과 창출이 필요하다. GIST가 개방과 공유의 정신으로 실현하려는 "AI 기반 Campus 발전전략"과 "인공지능 기반 창업도시 종합계획"은 〈그림 3.1.2〉와 같이 대학과 도시, 산업, 시민의 지역 공동체를 위한 과학기술 선도형 미래 Vision이다. 또한, AI 기반 Campus는 지역의 전략산업기술이자, GIST의 강점분야인 광(光)기술과 4차 산업혁명의 핵심기술인 인공지능의 융합형 연구개발 사업이면서, 동시에 광주의 지속가능한 발전계획의 일환(一環)이다.

〈그림3.1.2〉 광주의 스마트 시티 도약을 위한 AI 기반 Campus 발전전략

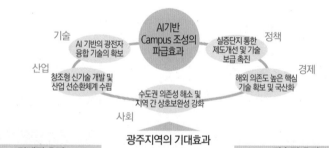

※ 자료: GIST 미래연구센터(2017a)

188

3.2. GIST의 도시발전 모델: 대학-도시-산업의 상생 협력

1·2차 세계대전과 냉전(Cold War)의 어려운 시기를 극복하고 미국이 세계의 강대국으로 발돋움한 것은 군(軍)-산(産)-학(學)의 기술 및 경제발전 시스템이 성공한 결과이다(이광재, 신현규 2017). 그렇지만 민주주의가 세계적으로 확산되고 촛불혁명과 같이 시민의식이 성숙한 이 시대에는 새로운 협업적 리더십이 필요하다. 이제 4차 산업혁명과 같은 과학기술의 대변혁에 맞서 우리에게 필요한 것은 〈그림 3.2.1〉과 같은 도시의 Think-tank인 대학과 산업, 도시 공동체의 협업 시스템이다. 바야흐로 GIST는 같은 배를 타고 깊은 강을 건너는 동주공제(同舟共濟)의 마음가짐으로 광주와 함께 AI 기반 Campus의 청사진을 그리며, 어제와 다른 새로운 오늘을 만든다.

〈그림 3.2.1〉 한국형 미래도시 학(學)·산(産)·시(市) 기술개발 모형

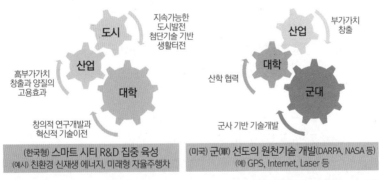

※ 자료: 이광재, 신현규(2017) 수정

감사의 글
본 원고의 초기 아이디어를 찾는 데 이흥노 GIST연구원장이 도움을 주었다. 아이디어 및 원고의 전체 구성, 수정/완성 등에 관하여 미래연구센터(강동석 선임연구원, 김의권 선임연구원)가 많은 기여를 하였다.

참고문헌

고용노동부, 한국고용정보원.(2015). 2015 한국 직업전망.

국정기획자문위원회.(2017). 문재인 정부 국정운영 5개년 계획(2017년 7월).

김정열.(2017). 4차 신업혁명이 공공분야에 미치는 영향 및 대응 방향. 딜로이트 (Deloitte) 안진회계법인.

김한식.(2017a). GIST, AI 등 4차 산업혁명 창업 캠퍼스 조성 추진. 전자신문(언론기사. 2017. 6. 15.).

김한식.(2017b). AI가 바꿀 미래 業으로 UP. 전자신문(언론기사. 2017. 7. 14.).

김한식.(2017c). GIST 교수는 AI 연구하기 좋겠네. 전자신문(언론기사. 2017. 7. 14.).

김한식.(2017d). AI 창업단지: GIST, 55개 연구실에서 500여명이 AI 연구. 전자신문 (언론기사. 2017. 6. 15.).

문승현.(2016). 사회문제의 과학기술적 해답. 세계일보(칼럼. 2016. 12. 19.).

문승현.(2017). 4차 산업혁명과 과학인재 육성. 월간 공군 7월호: Pioneer's Opinion(칼럼. 2017년 7월호).

박진주.(2017a). 창업가 육성하는 시민참여형 캠퍼스 광주 조성. 매일경제(언론기사. 2017. 3. 28.).

박진주.(2017b). 광주과기원, AI기반 첫 창업캠퍼스'4차 산업혁명 요람'변신. 매일경제(언론기사. 2017. 4. 20.).

손동우.(2017). 테스트 플랫폼부터 만들자: 드론·자율주행차 맘껏 실험할 테스트베드 도시 절실. 매일경제(언론기사).

송미경.(2015). 세계 도시화의 핵심 이슈와 신흥도시들의 성장 전망. 서울연구원.

이광재, 신현규.(2017). 시·산·학 복합체-미래도시 개발과 운영의 엔진. 매일경제 (언론기사. 2017. 4. 17.).

이승규, 지선미.(2017). 4차 산업혁명과 일자리 변화에 대한 국내 산업계의 인식과 전망. KISTEP(한국과학기술기획평가원).

이재용.(2016). 스마트시티 정책의 방향과 전략. 국토연구원 개원38주년 기념세미나 "도시의 미래, 스마트시티의 향후 방향"(발표자료).

임두빈 외.(2016). 소셜시티, 공유경제와 시민중심의 초연결도시. 삼정KPMG 경제연구원.

정용인.(2017). 2017년 인구절벽 보고서 "한국 지방 40%는 이미 붕괴되었다". 경향신문(언론기사. 2017. 1. 21.).

조남필 외.(2017). 매경·GIST 포럼 4차 산업혁명 해법 제시한 포럼. 매일경제(언론기사. 2017. 3. 30.).

GIST 미래연구센터.(2017a). Global Innovative(G.I.) Campus 조성사업 중간보고회 보고서(내부자료).

GIST 미래연구센터.(2017b). Global Innovative(G.I.) Campus 조성사업 추진계획: 사람중심 빛산업 클러스터 조성(내부자료).

GIST 미래연구센터, 광주정보문화산업진흥원, 한국산업기술시험원, 광주테크노파크, 광주광역시.(2017a). 광주 Vision 프로젝트: 인공지능 중심 창업단지 조성. 광주광역시 대통령 지역R&D 공약(안).

GIST 미래연구센터, 기획혁신팀, 문승현.(2017b). 인공지능 기반 창업타운 조성(내부자료).

Fleisher, Craig S, and Bensoussan, Babette E.(2003). Methods and Techniques for Analyzing Business Competition. Pearson Education.

Kang, D. and Park, M. J.(2017). Competitive prospects of graduate program on the integration of ICT superiority, higher education, and international aid. Telematics and Informatics Journal(SSCI).

QS.(2018). QS Top 50 under 50. Quacquarelli Symonds(QS) Top Universities.

THE.(2017. The Young University Rankings 2017. Times Higher Education(THE).

UN.(2015). World Urbanization Prospects: The 2014 Revision. United Nations. (UN).

WEF.(2016). The Future of Jobs. World Economic Forum(WEF).

창원의 특수성과 창의적 인재 육성

최해범 창원대학교 총장

창원국가산단의 전문인력 양성의 산실

창원대학교는 대학민국 기계산업의 중추기지인 창원국가산업단지
가 위치한 창원시의 유일한 국립대학교로서 창원국가산단에 필요한
전문인력을 양성하는 고등교육기관이자, 입주기업체들의 R&D 등에
있어 산학협력의 핵심 파트너 역할을 담당하고 있다.

창원을 빼놓고는 국내 기계산업 발전의 역사를 거론할 수 없을 정도
로 창원국가산단은 우리나라 경제발전과 그 궤적을 같이 하고 있다.

하지만 올해로 지정 43주년을 맞이한 창원국가산단은 최근 주력업
종인 기계산업과 조선 등 중공업 분야의 국제경쟁력에 있어 여러 어
려움을 겪고 있으며, 이를 타개하기 위한 다각적 정책을 모색하고 있
는 게 사실이다.

이에 따라 가장 우선되는 부문은 창원국가산단의 고도화를 위한

스마트사업 성장 역량의 강화이다.

소프트웨어 융합클러스터 구축을 위한 ICT융합산업 기반 확충과 SW융합지원센터 조성 등 인프라 구축, ICT융합 플랜트 산업의 고부가가치화, 맞춤형 ICT융합 R&D 강화, 민-관-학 협력 ICT융합 아카데미 운영 등이 그 필요충분조건이다.

또한 기존 제조업과 소프트웨어의 융합을 통한 첨단산업 육성도 주요 과제이다.

IT와 NT 등 신기술을 주력산업에 접목해 글로벌 강소기업을 육성하고, 글로벌경제의 환경 변화에 취약한 지역산업의 구조적 문제를 개선하는 것이 매우 시급한 시점이다.

양질의 일자리를 창출하기 위한 신성장산업 발굴·육성의 기반체제를 구축해 국가산단 내 기업의 경쟁력을 강화하고 해외시장 개척을 위한 지원도 반드시 필요하다.

전통적 기간산업의 선택과 집중을 통해 신규 전략산업과의 연계를 추진하는 전략 역시 병행되어야 할 것이다.

기계와 전자, 조선해양 등은 현재 성장이 둔화되거나 침체국면에 있어 IT, 바이오, 나노, 에너지, 환경, 지식서비스 등의 융합이 피할 수 없는 시대적 흐름이기 때문이다.

다양한 산학협력사업 추진

창원대학교는 이와 관련해 다양한 산학협력 사업을 추진 중에 있다.

2016년 8월 창원지역 제조업의 위기를 극복하기 위한 스마트 공장을 설립한 것이 대표적이다.

스마트공장은 정보통신기술(ICT)을 활용한 생산성 및 제품 불량률 감소 등 제조 전 과정의 생산시스템을 최적화하는 공정혁신을 말한다.

경남지역의 경우 스마트공장 보급·확산을 위해 2016년 5월 경남의 5개 스마트공장 지원기관(창원대학교, 경남창조경제혁신센터, 경남테크노파크, 한국산업단지공단, 한국전기연구원)이 협의회를 구성했고, 여러 스마트공장 확산사업을 추진해 온 협의회에서 같은 해 8월 창원대학교 내 스마트공장 실습실 구축을 완료했다.

이후 스마트공장 확산사업과 신규사업의 발굴, 컨설팅 등의 서비스를 제공하는 데 주력하고 있다.

청년창업 활성화에도 적극 나서고 있다. 창원대는 중소기업청과 창업진흥원이 주관하는 '2016 창업선도대학사업'에 경남지역 대학 중 유일하게 선정돼 대학생 및 지역민의 창업교육, 창업아이템 발굴·사업화 등을 일괄 지원하는 프로그램을 전개함으로써 경남지역 창업의 거점역할을 담당하고 있는 것이다.

전력저장장치(ESS)의 활발한 연구를 통한 상용화의 추진도 활발하다.

창원국가산단의 기계산업, 조선산업 및 제조업 성장 둔화로 기술집약적 신기술이 요구되는 상황에서 창원대는 오랜 기간 ESS에 대한 연구를 진행해 세계적 수준으로 성장하고 있다.

ESS는 남는 전력을 저장해 필요한 시기에 공급하는 시스템으로, 창원대가 비즈모형을 창출해 창원국가산단의 신산업 기술지원 및 인력

양성에 기여하고 있다.

창업벤처타운 조성을 통한 창업인프라의 확충은 지역경제 발전과 일자리 창출에 직결되는 사업 중 하나이다.

창원대가 추진하는 창업벤처타운은 창업 동아리, 예비창업자, 창업 보육센터 졸업 기업, 기업연구소, 연구마을, 유관기관 등이 한 곳에 입주해 기술과 아이디어를 공유하는 공간이다.

창업벤처기업의 유치와 원스톱 지원 외에도 기업정보 교류, 도시형 복합 문화공간으로서의 기능을 하게 된다.

대학 내 창업지원 조직인 창업지원단, 창업보육센터, 대학이 보유한 기술의 기업이전 등의 업무를 담당하는 기술사업화 조직은 창업 벤처타운으로 직접 연계되는 것이다.

이와 함께 창원대는 창원국가산단과 함께 시너지효과를 낼 수 있는 기술자유지역(Free Technology Zone)의 유치를 지자체와 정부에 요청하고 있다.

기술자유지역은 창원지역의 성공한 기존 제조업을 기반으로 ICT 기술을 연계한 미래제조 신산업 및 서비스 창출을 위한 산업고도화를 위해 필요하다.

나아가 R&DB 적용에 관한 다양한 법과 제도적 규제, 부처 간 중복을 해소할 수 있는 지역이 될 것이다.

창원은 국내최초의 수출자유지역(현 자유무역지역)으로 지정된 곳이며, 이제는 국내 첫 기술자유지역 조성이 필요한 시점이라고 판단된다.

기술자유지역은 기업에 대한 법·제도 규제가 완화된 개방형 혁신 특구로, 개발제품을 실제환경에 적용가능한 공간으로 구축돼야 한다.

정보통신진흥 및 융합활성화 등에 관한 특별법 개정을 통해 기술자유지역 설치 및 운영, 출연에 대한 근거규정을 마련하거나 또는 산업기술단지 지원에 관한 특별법과 유사한 형태로 기술자유지역 설치 및 운영에 관한 신규법령을 제정하는 방법으로 기술자유지역의 법적 근거를 확보할 수 있을 것이다.

지역의 발전을 위해서는 지역산학협력의 핵심축인 지역국립대학의 재정확충 및 자율화를 통한 경쟁력 강화가 시급하다.

이를 위해 실질적인 고등교육 지원예산을 확대하고, 국립대학교 기본 운영경비보장, 필수경상비 전액지원 등이 이뤄져야 한다.

고등교육 예산을 OECD 평균인 GDP 1.2%대로 확대하고, 대학의 발전계획에 따른 재정지원과 이행여부를 평가하는 것이 바람직하다.

국립대학의 책무성 보장돼야

국립대학의 책무성 강화와 연계한 재정지원 사업도 발굴해야 하며, 대학발전기금 자율화 역시 중요한 문제다.

주무관청의 감독과 규제가 완화되고, 기부자의 소득공제 환원제도, 기금 규모 확대 시 외부전문투자기관 위탁운영 등은 충분히 검토해볼만한 측면이 있다.

국립대학의 자산과 타 국유재산의 교환 후 교육목적에 맞게 활용하거나 국립대학의 자산매각 대금을 대학의 장기발전 목적에 활용하도록 법제화해 유휴·가용 자산의 활용을 활성화하는 것도 필요하다.

대학과 도시의 상생발전을 위해 지자체에도 몇 가지 제언을 하고 싶다.

창원시는 창원국가산단의 전통적 제조업과 IT 및 SW를 융복합해 새로운 산업을 창출해야 할 것이다. 또한 기존 제조업의 제조공정 혁신을 통해 생산성을 향상하고 제품의 원가절감이 이뤄져야만 부가가치가 확대될 수 있다.

대학은 제조업과 ICT를 접목해 활용할 수 있는 고급인력을 배출함으로써 창원국가산단 등 지역제조업체의 일자리 창출에 필요한 인적 기반을 마련해야 할 것이다.

창원지역의 방위산업 고도화도 미룰 수 없는 과제이다.

창원은 방산장비와 항공, 함정 관련 체계업체 등 전국 최대 규모의 방위산업체가 위치해 있다.

이에 따라 대학은 방위산업 전문인력 맞춤형 프로그램을 운영하고, 국가주도 연구사업으로 추진 중인 방산부품의 국산화 연구를 담당해야 한다.

창원대는 기계공학부와 전기전자제어공학부, 나노신소재공학부 등 공대와 메카트로닉스대학이 주로 해당된다.

융합합금형산업 육성 역시 시급하다. 창원지역 금형업체의 경우 대다수가 기술개발, 생산, 마케팅 측면에서 어려움을 겪고 있다.

생산설비, R&D 기술지원 부족 등의 문제점을 해결하고 고용창출을 확대할 수 있는 '금형시제품 제작소'를 구축한다면 이 같은 문제가 해소될 수 있다.

창원시에서 금형시제품 제작소 구축비용을 창원대학교에 지원해 설립이 되면 기술개발, 마케팅, 네트워크 등 통합지원서비스체계를 구축해 현장 실무형 교육, 고용예약, 인턴십 지원 등 인력확보 대책을 적극 추진할 것이다.

주력산업의 공정 스마트화와 스마트 융합 메커니즘 구축 등은 대학과 도시의 상생을 위한 또 하나의 주요 키워드이다.

현재 중소 제조기업은 대기업에 비해 제조환경이 열악하고 정보화 수준이 낮기 때문에 경쟁력을 키우기 위해서는 스마트 공장화 정책을 강화해야 한다.

『스펙쌓기』에서 창의적 대학으로

대학에서 기업과 신기술 및 신제품을 공동 개발하고 관련 전공을 개설해 신진 인력을 양성할 수 있다.

그것은 대학의 중점 연구소와 가족회사의 앵커기업 육성을 통한 지식기반산업 창출이 병행돼야 함을 의미한다.

그래서 미래를 준비하는 창의적 인재육성이 대학과 도시의 발전을 가져올 수 있다는 점을 강조하지 않을 수 없다.

고용이 없는 성장시대를 극복하기 위해서는 대학의 본질인 교육과 연구는 물론 젊은 대학생들의 창업을 활성화하는 역할이 중요하다.

세계적 명문대학들은 전통적으로 창업인재와 기술의 산실역할을 해왔으며, 해외의 유명 창업단지들도 지역 내 대학을 중심으로 성장한 경우가 많다.

미국 실리콘밸리는 스탠포드대학, 중국 중관촌과학기술단지는 칭화대와 베이징대, 영국 테크시티는 런던임페리얼칼리지와 함께 성장하고 발전한 대표적 사례들이라고 할 수 있다.

대학은 학생들에게 창업이 단순한 '스펙쌓기'가 아니라 창업을 통해 실패를 하더라도 창업을 적극적으로 할 수 있도록 창업 준비와 창업후 관리에 이르는 전 주기를 지원해야 한다.

기존의 전공에 IT와 SW를 겸비한 융복합 능력을 갖춘 인력을 양성하는 것이 이 시대의 대학사회에 주어진 과제이며, 그 과제를 잘 풀어내는 대학만이 미래로 나아갈 수 있을 것이다.

도시경쟁 시대, 지방정부와 대학의
상생전략으로 대응

안상수 창원시장

도시경쟁, 도시전쟁

우리는 국가경쟁의 시대를 넘어 도시경쟁의 시대를 살아가고 있다. 세계 유수 도시들과 치열한 경쟁에서 살아남기 위해 도시마다 지역이 보유한 자원과 특성을 발굴하고 강화하는데 끊임없는 변화의 노력을 기울이고 있다. 성공적인 변화의 과정을 거치지 못한 도시는 쇠락의 길을 걷게 되고 기업과 시민은 도시를 떠나게 된다. 반면, 변화와 혁신에 성공한 도시는 새로운 인구 유입과 기업 유치로 활력이 넘치게 되고, 다른 도시와 경쟁할 수 있는 기회를 얻게 된다.

해마다 일본 모리기념재단이 발표하는 글로벌 파워도시 지수(GPCI, Global Power City Index)에서도 절대 강자는 없다. 경쟁력 있는 도시의 상위권은 대부분 지역의 인적자원을 적극 활용하여 도시의 역동성을 살린 도시가 차지했다. 그리고 그 순위는 고정불변이 아니라 도시의 노력 여하에 따라 항상 변동을 거듭해왔다.

우리 市도 변화와 혁신이 필요한 시점에 있다. 지난 반세기, 창원은 창원국가산단과 마산자유무역지역을 중심으로 한 제조업의 압축성장으로 도시발전을 이끌어왔고, 국가의 산업경제 발전에도 기여했다. 그러나 중후장대형 전통산업은 고용과 부가가치 창출에 한계가 있고, 일본, 중국 등 선진기술과 풍부한 인력을 갖춘 경쟁상대가 넘치는 레드오션으로 전락했다.

위기상황과도 같은 도시경쟁, 강하게 말하면, 도시전쟁이라고 할 만한 글로벌 경쟁체제에서 생존하기 위해서는 도시혁신의 주체인 지방정부와 전문지식의 산실인 대학이 상생·협력하여 도시의 미래를 새롭게 설계하고 개척해나가야 한다. 물론, 지역의 기업과 민간단체, 언론 등의 참여도 전제되어야 한다. 지방정부가 가진 행정 역량과 강력한 추진력에 대학의 전문적인 지식, 기술을 연계하는 협력 시스템이 갖춰진다면 시행착오를 줄이고 효율적으로 도시 경쟁력을 강화할 수 있을 것이다.

상생의 움직임

새 정부는 국정운영 5개년 계획에서 획기적인 자치분권을 실현하기 위해 지방정부에 과감한 권한과 기능의 이전을 약속했다. 아울러, 교육 민주주의 회복과 교육자치의 강화도 내걸었다. 이러한 움직임은 일자리, 자본 등이 수도권에 과도하게 집중됨으로써 지방정부와 지역대학이 처한 위기상황을 고려한 것으로 인식된다.

앞으로 지방정부의 역할이 증대되는 만큼 대학과의 협력도 더욱 중요해질 것이다. 지방정부와 상호 협력하여 지역대학이 육성되어야 전문 인력이 지역에서 교육받고 지역사회로 진출해서 지역을 발전시키고 소비에 일조하는 선순환 구조가 정착된다.

그동안, 우리 市는 재정여건의 어려움 속에서도 지역대학 육성 차원에서 인재양성과 창업활성화, 평생교육 등의 사업에 지속적으로 지원을 해왔고, 이와 별도로 대학과의 각종 협력사업도 함께 추진해 왔다.

대표적인 사업으로는 관내 대학에 위탁운영하고 있는 평생교육원 운영사업이 있다. 그리고 창업생태계 활성화를 위해 창업보육센터 4개소를 지원하고 있고, 어린이급식센터 2개소, 과학영재교육원 2개소를 지역 대학에 위탁운영하고 있다.

대학에 직접 지원하는 산학 협력 사업에는 창원공작기계 국제공인 인증센터 지원사업과 산업융합원천기술 실용화 개발사업, 중소기업 기술사관 육성 등의 사업이 있고, 청년해외인턴사업, 대학창조일자리센터 운영, 교기운영팀 등도 지원하고 있다.

그리고 2015년부터 창원시 공직자의 정책개발과 행정관리 부문의 전문지식을 배양하기 위해 지역대학과 협약을 맺고 중견리더과정 교육을 위탁하고 있다. 매년 20명의 공직자가 10개월 간 우수한 교육 여건 속에서 변화하는 지방행정 환경에 대한 최신 정보를 습득하고 지역 실정에 맞는 정책개발 능력을 배양함으로써 관학협력의 새로운 성공모델로 자리 잡아가고 있다.

또한, 창원시정연구원의 토대가 됐던 창원발전연구센터는 행정비

전 제시를 위한 종합적 정책연구기관으로서 선구적 역할을 수행하여 모범적인 협력모델로 손꼽을 수 있다.

앞으로도 사업의 연속성을 고려하여 지속적인 지원 노력을 기울여 나가는 한편, 4차 산업혁명을 대비한 미래인재 양성과 미래먹거리 산업을 발굴하기 위한 협력 등 새로운 협력모델을 개발해 나가고, 정부 공모사업에도 적극 참여하여 지역대학과 다양한 상생방안을 강구해나갈 것이다.

상생발전을 위한 방향

우리 市는 통합 2기 출범과 함께 시정운영의 방향이자 창원 미래의 새로운 성장 동력으로 첨단산업과 관광산업, 문화예술 도시 육성을 설정하고 행정력을 집중하고 있다.

도시의 미래를 결정하는 중요한 정책을 성공적으로 안착시키고 급속히 변화하는 환경에 대응하기 위해서는 지역사회의 협력이 필수적이며 대학의 역할도 중요시된다. 특히, 우리 市와 대학이 지역발전을 선도하기 위해서는 여러 가지 사회공헌형 사업을 추진하는데 협력해야할 필요성이 있다.

예를 들자면 첫째, 파괴적 혁명으로 일컫는 4차 산업혁명에 대비하여 우리 市와 대학, 기업, 연구기관 등으로 구성된 공동대응체제 구축이 필요하다. 이미 창원산단 내에서도 기존 공장을 스마트 공장으로 전환하여 생산 효율을 제고하는 등 4차 산업혁명으로의 이행이 진행 중에 있다. 공동 대응체제를 통해 전문가의 집단지성과 행정이 뒷받침된다면 기업은 보다 효율적으로 차세대 산업혁명에 대비할 수 있을 것이다.

둘째, 연구자유지역을 창원형 실리콘밸리로 조성하는데 지역 대학의 적극적인 참여가 있어야 한다. 연구자유지역은 창원산단의 연구개발기관과 더불어 우리 市의 첨단산업을 선도하게 될 것이다. 지역 대학과의 활발한 교류와 벤처·창업기업 등의 적극적인 참여가 이루어진다면 연구자유지역과 지역 대학의 역량을 강화시켜주고 시너지 효과를 얻게 될 것이다. 또한, 우수 인재의 양성을 통해 연구 인력의 보급에도 지역 대학의 역할이 중요하다.

셋째, 문화예술 함양을 통해 지역사회 역량을 강화해나가야 한다. 지역 문화의 창달자인 대학이 일부 시설 개방과 함께 축제나 전시회, 발표회 등에 지역 주민의 참여를 활성화하는 방안을 마련해준다면 시민 삶의 질을 높이고 문화예술 의식을 향상시키는 계기가 될 것이다. 특히, 문화예술 분야 대학생의 재능기부 등 봉사활동이 활성화된다면 더욱 효과적일 것이다.

넷째, 지역의 역사, 문화에 대한 연구를 통해 지역을 널리 알리는 데 앞장 서야 한다. 지역의 역사와 지리, 문화, 예술, 생활상 등에 관한 자료를 수집하고 연구·발표해준다면 학생과 시민의 자긍심과 애향심을 한층 높여줄 것이다.

끝으로, 지역사회와의 상생을 위해 지역 내 소비·구매 운동을 학교와 학생이 참여해준다면 지역기업에는 큰 도움이 될 것이다. 지역 기업체 생산품 구매, 지역 건설업체를 통한 공사, 지역 농축산물 우선 구입, 지역 내 M.T. 등 여러 가지 방법이 있을 수 있다.

市 역할 강화해 나갈 것

앞으로 지방정부의 권한 강화와 함께 우리 市와 지역 대학 간의 협력해야할 일들은 많아질 것이다. 또한, 도시 성장을 지속하기 위해서는 지역 대학의 육성을 통해 우수한 인재를 양성하는 것이 해법이라는 것은 누구라도 공감할만한 사항이다. 하지만, 대학 지원을 위한 지방재정은 녹록치가 않은 상황이다. 이러한 상황에서 새 정부가 중점적으로 추진하겠다고 밝힌 국세-지방세 8:2의 구조를 장기적으로 6:4 수준으로 개선하는 것은 지방 재정의 자주역량을 제고하고 지역 대학에 대한 지원을 확대할 수 있는 계기가 될 것이다.

그리고 우리 市가 역점적으로 추진하는 창원광역시 승격도 자주재원을 확보하고 교육여건을 획기적으로 개선할 수 있는 좋은 전략이 될 것이다. 광활한 면적과 100만이 넘는 인구 등 규모만 광역급이 되어서는 할 수 있는 일이 많지 않다. 규모에 걸맞은 행정적·재정적 권한이 부여된다면 지역 발전 속도와 경제활성화가 더욱 가속화되고 중앙정부와 직접 교섭하는 등 자치행정력이 크게 강화된다. 특히, 연간 5천 억원이 넘는 재원이 추가로 확보되어 각종 사업에 대한 지원

또한 원활하게 추진될 것이다.

지방정부와 지역 대학은 도시라는 배를 함께 타고 있는 공생관계다. 동반 성장은 있을 수 있으나 한 쪽만 잘될 수 있는 여지는 적다. 지방정부와 지역 대학은 협력에 대한 중요성을 깊이 인식하고 지역 주민과 기업체, 다른 기관들과 함께 도시 성장을 위한 지역혁신에 힘을 모아야 할 것이다.

충남대학교와 대전·세종·충청 지역의 상생 발전 전략: 경험과 미래과제

오덕성 충남대학교 총장

1. 서론

충남대학이 충남도립대로 첫 발을 내딛었던 65년 전부터 대학의 설립 목표와 발전 비전은 대전·충청 지역의 발전과 밀접한 관련을 맺어 왔다. 이를 구체적으로 살펴보면 '지역 우수인재양성', '산학협력을 통한 지역 기업의 경쟁력 강화', '사회·문화적 지역 정체성 확보', '대학병원을 통한 공공의료 서비스 제공' 등과 같은 지역 거점 대학의 역할과 활동들이다.

2017년 새 정부가 들어서면서 지역균형발전의 중심축으로서 거점 국립대학을 적극적으로 활용하겠다는 정책을 추진 중에 있다. 이와 더불어 미래 국가발전의 원동력으로 4차 산업혁명을 활용하고자 대통령 직속 '4차 산업혁명위원회'를 설치할 예정인 가운데, 대전광역시도 '4차 산업혁명 특별시' 선언을 통해 21세기 미래 발전에 대응하기 위한 실행 작업에 돌입하였다.

이에 발맞추어 충남대학 역시 대전·충청·세종 지역과의 상생발전과 지역혁신을 도모하고, 지역 발전을 견인하는 산학연관 협력의 축으로서 역할을 수행하고자 다양한 노력을 기울이고 있다. 충남대학은 다음과 같은 3가지의 지역상생 발전 목표를 세우고, 이를 대학 구성원 및 지역 공동체와 공유하며 실제적인 추진 전략을 세웠다.

- 첫째, 4차 산업혁명과 같은 미래 변화에 대응하여 융합인재를 육성하고 지역의 미래를 견인하도록 한다.
- 둘째, 지역 활성화 및 도시재생을 목표로 지역 경제를 향상시키고 산학협력을 통하여 기업 경쟁력을 강화시킨다.
- 셋째, 충남대의 사회·인문·예술 등 관련 학문분야와 지역유관기관과의 긴밀한 협력을 통해 지역의 사회·문화적 정체성을 확보하도록 한다.

본문에서는 위 3가지의 목표를 중심으로 대전·세종·충청 지역과의 상생 발전을 위한 충남대학의 경험 및 발전 전략을 다루고자 한다.

2. 지역상생발전의 기본구조

충남대학은 비전을 "세계로 도약하는 대한민국 대표대학"으로 설정하고, 이를 위한 실현 방안으로 '교육, 연구, 산학협력의 수월성 제고', '대학 경쟁력 강화시스템 구축', '지역연계 동반성장', '행복한 대학공동체 실현'의 4대 미션을 수립하였다. 특히 4대 미션 중 하나로 '지역연계 동반성장'을 설정한 취지는 지역거점 대학인 충남대학이 지역과의 상생 발전을 위해 적극적으로 노력하겠다는 의지를 명확히 표현하기 위함이다.

우선, 우리 대학은 지역혁신과 지속가능한 발전을 위한 지역혁신 플랫폼 역할을 수행하고자 한다. 플랫폼의 구성 체계를 살펴보면 대학 본연의 기본활동인 '미래융합인재양성(교육)', '사회·경제적 가치창출(연구/산학협력)', '지역상생발전(봉사)'를 X축에 위치시키고, 시계열상에서 정리한 주요 과제로서 '4차 산업혁명 대응 미래성장동력 확보(미래)', '지역활성화(현재)', '사회·문화 정체성 확보(과거+현재+미래)'를 Y축으로 설정할 수 있다. 최종적으로 X, Y축으로 구성되는 9개의 활동영역에서 우리대학이 앞서가며 지역발전을 선도하는 사업과 전략을 담는 지역혁신 플랫폼을 마련하였다.

〈그림 1〉 상생발전을 위한 지역혁신 플랫폼의 기본구조

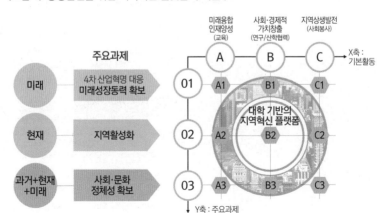

지역상생발전을 이끌어 나가기 위한 지역혁신 플랫폼의 틀을 기반으로, 이 틀 안에 담을 수 있는 미래융합인재양성(교육), 사회·경제적 가치창출(연구/산학협력), 지역상생발전(사회봉사)의 3개 주요과제 별로 10대 핵심 아젠다(전략 사업)를 설정하였는데 이는 다음과 같다.

- 미래융합인재양성(교육) : 창의 융합 인재 양성, 기초학문 교육 강화, 아시아권 네트워크 구축
- 사회·경제적 가치창출(연구/산학협력) : 산학협력 거점 중개기지화, 지속 가능한 창업 생태계 구축, 과학·문화·예술의 콜라보레이션
- 지역상생발전(봉사) : 유교문화기반 세계시민교육, 백제문화 재생, 수요 매칭 4.0 서비스, 대학-도시간 다핵적 파트너십 구축

〈그림 2〉 충남대학의 지역연계 동반성장추진체계

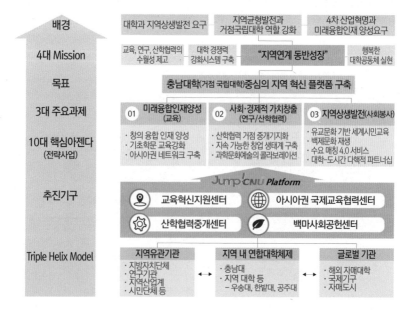

다음은 10대 핵심 아젠다(전략 사업)을 시행하기 위해 추진 기구[1]를 설치하였으며, 이 추진기구들은 '지역유관기관', '지역 내 연합대학 체제', '글로벌 협력기관'의 3대 기관 그룹과 긴밀한 관계를 가지며 사업을 추진토록 하였다.

이러한 충남대학의 추진체계를 도시하면 〈그림 2〉와 같다.

3. 주요 전략과 사업

3.1 교육 : 미래융합인재양성

지금까지 충남대학교는 대전·충청지역의 산업 뿐만 아니라 행정·사회·문화계의 핵심역할을 하는 인재를 육성하여 지역발전에 기여해 왔다. 이들은 지역 산업계를 대표하며 지자체 및 각종 사회 기관 등에서 선도적인 역할을 함으로써 지역이 정체성을 가지고 발전할 수 있도록 핵심적인 역할을 한 바 있다.

4차 산업혁명시대를 맞이하면서 거점국립대학이 수행해야 할 새로운 역할은 새로운 융합기술 분야에 종사할 수 있는 미래융합인재를 양성하는 것이다. 이에 충남대학은 지역사회의 새로운 발전을 이끌어 나갈 수 있는 미래융합인재를 양성하기 위하여 학년별로 새로운 교육과정을 마련하고 있다. 저학년(1학년) 때에는 교양교육과정을 근본적으로 개편하여, 문·사·철의 인문학적 소양과 4차 산업혁명과 관련된 AICBM(AI, IoT, Cloud, Big-data, Mobile) 기술 분야의 기초과학기술 소양에 대한 이해를 갖추고 체계적으로 공부할 수 있는 새로운 기초

---

1   4대 추진기구 : 교육혁신지원센터, 아시아권 국제교육협력센터, 산학협력중개센터, 백마사회공헌센터

소양 교육프로그램을 마련하고 있다. 이를 기반으로 2학년~4학년의 전공교육에서는 종합대학의 특성을 활용하여 인문사회, 예체능, 사회과학, 공학, 자연과학, 의학, 농업 및 생명과학 등 전혀 다른 전공 분야의 복수 전공을 유도함으로써 새로운 직업세계에 능동적으로 대처할 수 있도록 융복합 교육과정을 준비하고 있다.

융합인재양성을 위한 교육과정과 더불어 충남대학이 강조하는 것은 사회·경제적인 가치창출대학으로 변화하기 위해 대학의 교육 프로그램으로 창업생태계 구축을 위한 바탕을 마련하는 것이다. 4차 산업혁명시대를 이끌어나갈 수 있는 창업시대를 준비하기 위하여, 4학년 및 대학원을 대상으로 하는 교육과정에는 창업생태계 구축을 위한 기업가 정신 개발, 실험실 창업, 스타트업(Start Up) 동아리 지원, 실행 교육프로그램 등이 포함된다.

〈그림 3〉 미래융합인재 양성을 위한 학년별 교육과정

특히, 충남대학에서는 1학년 학생을 대상으로 한 기숙형 프로그램(RC)을 마련하여 기초 교과목에서 부족할 수 있는 인문학적 소양을 키우고 다른 학문 분야의 학생들과 협업을 위한 별도의 비교과 교육을 적극적으로 실시하고 있다.

"교육혁신지원센터"는 교내의 미래융합인재 양성 교육 관련 프로그램을 종합적으로 실행하기 위하여 설치되었으며, 이를 통해 충남대학이 지역의 미래를 대비하는 융복합 교육의 산실로 발돋움 할 수 있을 것이다. 충남대학은 지역연합대학 네트워크 구축의 중심으로 지역거점대학의 역할을 수행하기 위해 지역대학과 교육 협력네트워크를 구축하고, 지역 전체에 이러한 프로그램을 소개하여 지역 참여 대학들을 충실히 지원할 계획이다. 이를 통해 지역 대학들의 미래 지향적인 교육 능력을 향상시키고, 대학이 지역 융합인재를 육성하는 역할을 충실히 수행할 것을 기대하고 있다.

3.2 연구/산학협력 : 사회·경제적 가치창출

대덕연구단지 내 입지하고 있는 충남대학은 타 지역에 비해 산학연 협력에 유리한 입지적 이점을 가지고 있다. 우리 대학은 연구단지 내의 국공립연구소, 기업 연구소와 활발한 연합협력을 이루고 있으며, 연구소에서 창업한 기술 집약적 중소기업 및 벤처기업들과 긴밀한 협력관계를 가지고 있다. 지난 5년간 링크사업을 통해 1,000여개의 가족기업을 등록시켜, 충남대학의 교수는 기술 노하우를 기업에 제공하고 학생들은 인턴쉽을 통해 기업에 적응능력을 향상시킬 수 있도록 하고 있다. 또한, 가족기업의 대표, 핵심 기술자는 대학의 각종 산학협력 관련 활동(강의, 자문, 캡스톤 디자인 등)에 참여하여 학생을 지도하는 친밀한 'Win-Win' 관계를 유지하고 있다.

충남대학이 수행하고 있는 '대덕연구단지' 내 연구소와의 연합협력 활동을 소개하면 다음과 같다. 주요 연구소 연구원은 대학원생을 교육시키고, 대학원생은 연구소의 인턴과정 실습을 통해 연구개발 분야에 참여할 수 있는 기회를 높이고 있다. 기초과학연구원, 화학연구원, 에너지연구원과는 전문대학원(분석전문대학원, 신약전문대학원, 에너지녹색전문대학원)을 공동 설립하여 충남대학의 교육, 연구 역량과 연구원의 첨단연구시설, 장비 등을 활용한 시너지 효과를 창출하고 있다.

충남대학은 국내의 대표적인 창업 선도대학 중의 하나이다. 이미 1998년부터 대학캠퍼스 내에 창업보육센터를 설치·운영하였고, 2014년에는 캠퍼스 내 창업보육센터가 포화상태가 됨에 따라 대전시 내 첨단산업단지(대덕테크노밸리)에 제2창업보육센터를 구축하였으며, 현재 100여개의 창업 기업이 활동 중에 있다. 충남대학교의 창업생태계 구축 전략은 ①실험실 창업(Pre-incubation)과 ②기술 창업(Incubation), ③포스트 인큐베이션(Post incubation)의 3단계로 진행되며, 대학에서 Start-up한 기업이 지역 내 정착할 수 있도록 세밀한 지원을 수행하고 있다. 이러한 지원의 결과로 창업에 성공하여 지역산업단지에 정착한 기업이 다시 충남대학에 가족 기업으로서 돌아오게 되는 선순환 발전체계를 형성하고 있는 것이 충남대학의 창업 생태계 구축 전략의 강점이다.

현재 충남대학은 지금까지 축척된 산학연관협력의 경험과 각종 국가사업(LINC, 창업선도대학육성사업, BRIDGE, TMC 등)을 종합하여 지역 산업 발전을 선도하는 허브로서 산학협력 중개센터 구축을 추진하고 있다. 충남대학이 지역의 산학협력 중개기지의 역할을 수행하고, 중앙부처, 지역대학, 대덕테크노파크, 창조경제혁신센터 등과 협력하여 기업지원, 혁신기술개발, 창업교육, 스타트업 지원 창의적 자산 실용화 등의 활동을 수행함으로서 지역과 동반성장을 위한 시스템을 구축하는 것이다.(그림4 참조). 이를 통해 지역발전 허브로서 충남대학교가 지역 역량의 효과적 결집을 통한 지역 균형발전, 동반성장 및 중소기업 활성화, 경제성장, 고용 창출 등의 실제적 효과를 기대할 수 있을 것이다.

〈그림 4〉 충남대학의 산학협력 중개센터 구축 방안

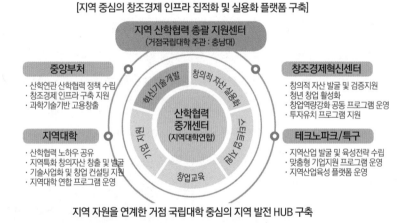

3.3 사회봉사 : 지역상생발전

충남대학은 지정학적인 여건으로 백제문화와 충청유교문화의 본터 역할을 수행해 왔다. 인문대학과 산하연구기관을 중심으로 코어

(CORE)사업의 지원을 받아 백제학·충청학 등 지역 특성화 연구와 지역주민의 인문학적 소양을 키워 지역의 자긍심을 높이는데 기여하고 있다. 또한 대전·충청 지역의 문화·예술 본산인 의 예술대학은 음악, 미술, 창의디자인, 무용 등 관련학과를 중심으로 시민을 위한 정기공연, 전시회 등을 진행하여 지역 문화·예술의 수준을 높이고 시민들의 복리 증진을 위해 노력하고 있다.

최근에는 삶의 질에 대한 시민들의 관심이 높아짐에 따라 지역 주민의 자긍심과 지역의 정체성을 높여주는 사회·문화 인프라에 대한 중요성이 날로 부각되고 있다. 이에 따라 지역거점 대학으로서 충남대학의 역할 수행에 대한 수요가 많아지고 있는데, 그 주요 내용은 다음의 4 가지로 정리할 수 있겠다.

첫째, 지역문화 관점에서 충청유교문화와 백제문화를 지원하여 지역의 정체성을 확고히 하고 수준을 높여주는 지역문화 창달의 역할 수행이다. 인문대학을 중심으로 지역관련 기관을 연계하여 실천적 도덕인 인의(仁義)와 예의(禮儀)를 강조한 충청유교문화 기반의 교과·비교과 프로그램과 실천형 학습교육 프로그램을 시민과 학생들에게 제공하고 있다. 교육의 연장선 상에서 우리 대학이 솔선하여 학생, 교직원, 시민들에게 적극적인 지역 활동 참여를 유도하고, 이를 통해 중장기적으로 서로 배려하고 존중하는 가치와 태도를 형성할 수 있을 것으로 기대하고 있다. 또한 역사적으로 융성했던 백제문화의 역사·문화적 자산을 계승하고, 자긍심을 높이는 교육 및 연구 활동으로서, 백제연구소, 관련학과들이 문화재청, 지자체 및 관련기관과의 협력을 통해 문화재 복원이나 전통 관광지 재생·개선 등 지역적 가치를 보존·확산하여 세계적 브랜드로 자리매김 할 수 있도록 지원하고 있다.

둘째, 지역민이 대전·세종·충청 지역에 자긍심을 가지고 지역발전에 참여할 수 있도록 한다. 충남대학은 과학기술도시 대전, 행정복합도시 세종, 도농복합 충청지역의 복합적인 특성에 따른 다양한 지역발전의 수요를 수용하여 정부를 발전적으로 이끌어낼 수 있는 중개기지 역할을 수행하고 있다. 이를 위해 충남대학은 평생교육원과 관련 학내 연구소, 기관들에 참여활동 기회를 제공하여 지역과 시민이 긴밀한 관계를 맺도록 해주고 있다. 무엇보다도 학생과 교직원의 지역 내 NGO 활동을 이끌어 나갈 수 있도록 배려함으로써 지역문제에 관심을 갖고 적극적으로 참여하고 이끌 수 있는 지역 전문가 양성을 위해 노력하고 있다.

셋째, 충남대학은 지자체, 정부, 기업, NGO 등과의 다핵적 파트너십을 구축하고, 지역의 현안문제 해결을 위한 정책개발 및 자문 역할을 수행하고 있다. 충남대학은 대전광역시, 세종특별자치시, 충청남도 등 광역 지자체와 시군 등 기초 지자체들과 함께 환경, 보건, 복지, 안전, 안보 등 지역현안 문제의 공동해결과 발전전략 제시를 위해 노력하고 있다. 그 일환으로 충남대학은 대전세종연구원과 대전·세종상생연구협의회를 창립하였고, 대전광역시, 세종특별자치시, 충청남도, 공주시, 유성구 등 지자체 관련부서와 공동으로 지역문화 기반 활용 체계 구축을 위한 방안을 모색하고 있다.

넷째, 연구/산학협력 부문의 창업지원 활동 이외에도 충남대학은 일반시민을 위한 예술, 문화, 요식업 및 서비스업 등의 분야에서 비즈니스 모델을 개발할 수 있도록 지원하고 있다. 백제·충청문화를 매개로 하여 글로벌 콘텐츠 및 앱 개발 등을 지원하고, 지역 특산품의 사업화를 돕는 창의 디자인 지원, 창업 활동 지원 등을 통해 지역의 경제적 가치를 창출하도록 돕는 것이 주요 내용이 된다. 또한 문화·예술 분야의 축제 및 이벤트 등과 같은 시민 참여형 도시재생 활동에 충남대학의 관련학과, 연구소 등이 협력하여 원도심 상권을 활성화하고, 관광 콘텐츠화를 통해 수익구조를 높여주는 등 시민이 체감할 수 있는 지원활동을 벌여나가고 있다.

〈그림 5〉 지역상생 발전을 위한 대학 연계 사회봉사

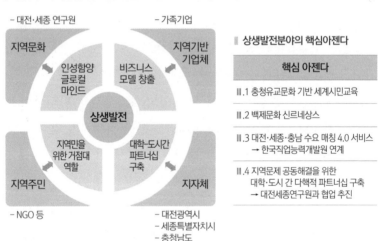

- 대전·세종 연구원   – 가족기업

지역문화

인성함양
글로컬
마인드

비즈니스
모델 창출

지역기반
기업체

상생발전

지역민을
위한 거점대
역할

대학-도시간
파트너십
구축

지역주민

지자체

- NGO 등

- 대전광역시
- 세종특별자치시
- 충청남도

┃ 상생발전분야의 핵심아젠다

핵심 아젠다
III.1 충청유교문화 기반 세계시민교육
III.2 백제문화 신르네상스
III.3 대전·세종·충남 수요 매칭 4.0 서비스 → 한국직업능력개발원 연계
III.4 지역문제 공동해결을 위한 대학·도시 간 다핵적 파트너십 구축 → 대전세종연구원과 협업 추진

이를 종합하면, 충남대학교는 지역사회의 정체성 확보와 지자체의 자생적 발전을 위한 지역민의 교육·문화·직업설계 등에 대한 서비스 수요가 증대되고 있음을 인지하고, 이에 적극적으로 대처하려는 노력을 기울이고 있는 것이다. 충남대학의 '백마사회공헌센터' 기구 설치는 이러한 학내외의 각종 활동을 체계적으로 수행하기 위해 대학과 지역을 연결해 주는 상생발전의 중개기지로서 그 의의를 갖고 있다.

4. 정책 제안 및 결언

　대학이 국가와 지역혁신의 중심 역할을 수행하고 상생발전하기 위해서는 교육, 연구/산학협력, 사회봉사 등 대학의 3대 주요 기능에서 핵심적 활동을 이끌어 내야 한다. 이러한 관점에 착안하여, 충남대학은 대전·세종·충청 지역과의 상생발전에 있어서 중추적인 역할을 수행하고자 앞서 언급하였듯이 교육 부문에서는 '미래융합인재양성', 연구/산학협력 부문에서는 '사회·경제적 가치창출', 사회봉사를 통한 '지역상생발전'의 3가지 주요 과제를 설정하고, 10대 핵심 사업을 추진하고 있다. 본 사업들은 충남대가 설정한 지역혁신 플랫폼의 틀 속에 담아서, 체계적으로 시행하고자 한다.

　특히 과학기술의 본산인 대덕연구단지를 중심으로 대전·세종·충청 지역이 적극적으로 추진하고 있는 국가 미래전략산업 육성, 4차 산업혁명에 대처하고 사회·경제적 가치를 창출하기 위해서는 충남대학이 지역 내 미래융합인재를 지속적으로 공급하는 것이 매우 중요함은 충남대학 구성원이 충분히 인지하고 있다. 이에 따라 미래융합인재 양성은 교육에서 끝나는 것이 아니라 산학협력과 창업생태계 구축으로 연결되어야 하기 때문에, 충남대학은 교육혁신과 산학협력 중개기지를 통해 지역발전을 선도할 수 있도록 다각도의 노력을 기울이고 있다. 우리 대학은 지방자치단체, 산업체, 연구소, 지역 내 기타 대학 등 산학연관이 함께 지역 인재양성, 신산업발전 견인, 지역의 정체성 확보와 자긍심 강화 등 지역의 미래를 이끄는 상생 발전의 노력을 강구하고 있다. 이를 위한 주요 3가지 관점에서의 주요 제안은 다음과 같다.

첫째, 충남대학은 열린 자세를 기반으로 대학 중심의 지역균형발전을 이끌어 나가도록 지역과 협력하여야 한다. 산학연관의 긴밀한 협력체계를 구축하고, 충남대학의 기반 시설 및 프로그램을 널리 홍보하여 지역민과 함께 활용할 수 있도록 하여야 할 것이다. 대학의 자산을 지역발전을 위해 개방하는 것이 동반성장의 첫 번째 과제이다.

둘째, 지자체는 중앙정부와 함께 대학에 협력하고 기여하여, 지원하는 역할을 수행하도록 한다. 1차적인 예산 지원을 넘어 개방형 거버넌스를 통한 협력체계 구축을 통해 보다 효율적인 지역혁신 및 경쟁력 확보, 지역의 상생발전 방안을 모색하여야 할 것이다.

셋째, 충남대학과 협업하고 있는 지역대학 및 산업체 등 참여주체들도 공생을 위한 자세의 변화가 이루어져야 한다. 지역대학은 강점 분야 및 특성화 분야를 중심으로 프로그램을 공유하고 연구 환경을 개방하여 지역 경쟁력 강화에 기여하는 것이 필요하다. 이와 함께 산업체에서도 대학과의 전문적인 산학협력 프로그램을 적극 운영하도록 하여야 한다.

우리나라가 새로운 성장동력을 확보해 선진국 대열에 합류할 수 있는 기회로 4차 산업혁명을 적극적으로 활용해야 함은 이제 필연이 되었다. 국토의 중심에 위치한 우리 지역은 과거 과학기술의 수도 역할을 수행해 왔으며, 현재는 세종시 건설에 따라 행정 수도의 역할도 강조되고 있다. 이러한 입지적 이점과 더불어 과학기술과 긴밀한 관련을 갖는 4차 산업혁명이라는 새로운 과제를 풀어나가는데 있어서 산업발전 측면 못지않게 중요한 것이 미래융합인재 양성임을 감안할 때, 지역거점 대학으로서 충남대학의 역할과 적극적인 노력이 더욱 강조되는 시점이다.

우리 대학은 이러한 상황을 대학 구성원들이 충분히 인지하고 지역과 함께 최선을 다해 노력하고자 한다. '동반성장을 통한 JUMP CNU'는 이러한 노력을 이끌어 줄 충남대학의 슬로건이다.

참고문헌

권선필 외, 대전 미래 신성장동력 발굴, 충남대학교출판문화원, 2017

국제미래학회 외, 제4차 산업혁명시대 대한민국 미래교육보고서, 광문각, 2017Deog-Seong Oh, *Technopolis*, Springer(London), 2014

Deog-Seong Oh et al., *Guideline & Manual of Science Park Developemnt*, Daedeok Innopolis, 연구개발특구진흥재단, 2008

Deog-Seong Oh et al., *Innovation ecosystems: A critical examination, Technovation*, Elsevier, 2016

Deog-Seong Oh et al., *Technology-based Regional Development Policy : Case Study of Taedok Science Town*, Taejon Metropolitan City, Korea, Habitat International, 2002

성경륭 외, 새로운 대한민국의 구상 포용국가, 21세기북스, 2017오덕성, 4차 산업혁명과 대학 발전방안, 교육부, 2017

오덕성, 4차 산업혁명과 미래 인재 양성, 충남대 경영대학원, 2017

오덕성, 4차 산업혁명과 미래 대학 교육, KOTRA 독일, 함부르크, 2017

오덕성, 국립대학 중심의 지역산학협력 활성화 전략, 국공립대 President Summit, 한국대학신문, 2016

오덕성, 지속가능발전과 혁신 클러스터 구축, 충남대 경영대학원, 2016

충남대학교, 비전 2025 충남대학교 장기발전계획, 2015

충남대학교, 2017년도 국립대학 혁신지원사업(PoINT) 사업계획서, 2017

박노동 외, 대전광역시와 지역대학 협력방안 연구, 대전세종발전연구원, 2015

융합형 인재양성과 기술도시 생태계 건설

신성철 KAIST 총장

서 언

대학을 뜻하는 유니버시티(University)의 어원은 다수, 복수, 사람의 집합체 등을 뜻하는 라틴어 '우니베르시타스'(Universitas)다. 중세 유럽 볼로냐 지역의 학생들이 권익을 보호하기 위해 만든 공동체가 대학의 형태로 발전한 것에서 유래된 말이다. 초창기 대학은 치외법권을 부여받아 조직의 독립성과 학문의 독자성 속에서 자유 교육의 이상을 추구해왔으며 19세기 중반까지 교육 기능을 중점적으로 수행하게 된다.

20세기 초에 이르러 대학에는 1차 개혁이 일어난다. 바로 대학원 과정의 도입이다. 이론 중심의 보편적 진리 탐구를 지향하는 학부 중심 교육에 연구 기능이 추가되어 전공 분야의 세분화와 전문화 그리고 실증화가 진행된 것이다.

21세기에 접어든 현재, 다수의 선진 대학들은 2차 대학 개혁을 이루고 있다. 대학이 새로운 지식 창출의 진원지일 뿐 아니라 지식의 경제적 부가가치를 창출하는 R&DB(Research, Development, Business) 허브로서 변모해가는 것이다.

4차 산업혁명 시대의 패권은 새로운 지식을 통해 창출될 것이다. 이 지식을 경제적 가치로 치환하기 위해 가장 효율적이고 소직적인 시스템을 구축한 나라들이 미래 사회의 주도권을 선점하는 것이다.

그런 의미에서 대학과 도시의 상생은 필수적인 과제 중 하나다. 2차 대학개혁을 통한 캠퍼스의 변화는 산업과 지자체가 연계된 협력적 네트워크를 형성할 때 지역 기반의 특화된 성장 동력을 발굴해낼 수 있기 때문이다.

관련하여 KAIST가 관심을 가지며 추진했던 몇 가지 사례들을 공유해보고자 한다. 이를 통해 대학이 주도하는 지역의 고유한 경제 가치 창출 시스템이 활성화되기 위해 나아가야 할 방안을 함께 고민해보고자 한다.

KAIST에서 추진 중인 지역 상생 과제

깊이 있는 이론과 실제적인 응용력을 갖춘 고급 과학기술 인재를 양성하여 국가 산업 발전에 기여하는 것. KAIST 설립의 근거를 명시하고 있는 한국과학기술원법 1조의 내용이다. 이렇듯 KAIST는 국가와의 상생을 태생적인 사명으로 추구해왔으며 이른 시기부터 산업과의 긴밀한 협력을 바탕으로 하는 지역 발전 방향을 모색해왔다.

대학의 연구가 경제적 가치창출로 이어져야 한다는 발상을 체계화·구체화한 시도는 1994년으로 거슬러 올라간다. 당시, 국내 대학 최초의 기술창업보육기관인 KAIST TIC/TBI를 설립한 것이다. 기술혁신(Technology Innovation Center, TIC)과 기술창업(Technological Business Incubater, TBI)을 지원하는 전문 기관을 운영하여 지역 및 권역별 우수 기술창업자를 발굴하고 이를 통해 지역 및 국가의 고부가가치를 창출할 수 있는 제도적 장치를 마련했다.

KAIST TIC/TBI는 현재 KAIST 산학협력단으로 운영되고 있으며 1994년부터 2016년까지 총 595개의 창업기업을 육성해낸 국내 최대 규모의 창업보육센터로 성장했다. 설립 이후 벤처기업 육성을 통해 경제에 미친 파급력을 살펴보면 약 1조 8천억 원에 근접하는 매출 기여 및 1만 6천여 명에 이르는 고용 창출 효과를 달성했다.[1]

KAIST의 인력, 기술, 교육역량 등의 우수 자원을 토대로 국내 예비창업자를 발굴하고 창업기업이 중소·중견기업으로 성장할 수 있도록 교육, 경영자문, 시장개척, 기술상용화 지원, R&D 개발 등 기업역량을 강화하여 산업 경쟁력을 확보할 수 있는 지원책을 제공하고 있는 것이다. 대학의 우수한 연구 개발 성과를 확산시켜 규모의 경제를 확보하는 목적 외에도 대학을 중심으로 하는 산학협력단의 활동은 중요한 의의가 있다. 지역의 사회적·문화적·제도적 기반으로 연결의 경제를 형성하여 지역의 경제권 형성을 촉진하는 결과를 낳기 때문이다.

KAIST 산학협력단의 활동은 KAIST가 속해있는 대전 지역에만 국한되는 것은 아니나 최근 3년간의 KAIST 기술창업 현황을 살펴보면 교원 창업의 70%가 대전 지역을 기반으로 하고 있다. 일례로, 본교

---

1 KAIST 창업보육센터 연도별 입주기업 성과 현황(2016년 기준)

화학과의 도영규 교수가 2001년 창업한 디엔에프를 들 수 있다. 반도체 박막 재료 부분의 기업으로 2007년 코스닥에 상장했으며 최근 3년간 약 1,913억 원의 매출을 달성했다.[2] 이렇듯 대학이 주축이 된 창업은 소속 도시에 밀접한 파급력을 행사하게 된다.

KAIST는 대학과 도시의 협력 관계에서 발생하는 시너지를 극대화하고자 대전시와 협약을 체결하여 전담 기관을 설치했다. 지난 2010년 개소한 KAIST 이노베이션센터로 대학과 지역의 긴밀한 협력 방안을 장기적·체계적으로 모색하는 사업을 추진 중이다. 유망벤처기업의 글로벌 시장 발굴을 도모하는 'Global-up' 프로그램이 대표적인 사례다. 대전 지역의 우수 중소·벤처 기업 중에서 글로벌 시장 진출에 어려움을 겪고 있는 대상자를 선정하여 글로벌 강소기업으로 자립·성장할 수 있도록 지원하는 사업이다. 지원 대상으로 선정된 기업은 KAIST의 우수 자원을 토대로 글로벌 비즈니스 스킬, 해외 고객 탐색 및 발굴에 필요한 글로벌 역량강화 훈련을 받게 되며 텍사스대학교(University of Texas at Austin)의 'Global Commercialization Group'과 연계되어 현지에서 글로벌 시장기회 분석 및 사업 검증을 실시하고 해외 전문가를 통해 수요처 발굴 및 수출 연계 방안을 제공받는다. 'KAIST-UT-대전경제통상진흥원-지역 기업'이 '산-학-관'의 파트너십을 이루는 것이다. 중소기업이 접근하기 쉽지 않은 글로벌 시장에 'KAIST-UT'의 네트워크 및 전문인력의 활용으로 해외 진출의 문턱을 한층 낮춘 셈이다. 본 사업 참여를 통해 이미 405만 달러의 수출을 이루어 냈으며, 추가로 약 1,500만 달러 규모의 계약이 글로벌 대기업과 진행 중에 있다.

---

2 KAIST 교원창업 실태조사 보고서(2017.4. 산학협력단 기술사업화센터)

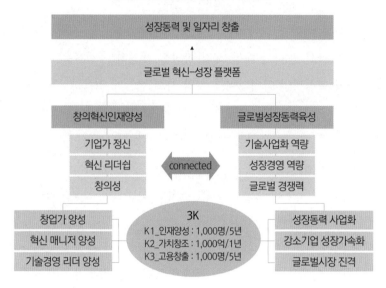

글로벌 성장사다리 구축운영사업
Global Innovation & Growth Platform

성장동력 및 일자리 창출

글로벌 혁신-성장 플랫폼

창의혁신인재양성

글로벌성장동력육성

기업가 정신
혁신 리더쉽
창의성

connected

기술사업화 역량
성장경영 역량
글로벌 경쟁력

창업가 양성
혁신 매니저 양성
기술경영 리더 양성

3K
K1_인재양성 : 1,000명/5년
K2_가치창조 : 1,000억/1년
K3_고용창출 : 1,000명/5년

성장동력 사업화
강소기업 성장가속화
글로벌시장 진격

　KAIST 이노베이션센터의 또 다른 주력 업무는 '글로벌 성장사다리 구축운영 사업'이다. 중소기업 성장에 필요한 교육, 기술, 자금, 글로벌 분야를 외부 전문기관과의 연계를 통해 지원하는 것이다. KAIST의 혁신 역량을 활용하여 창업가 양성, 혁신매니저 양성, 기술경영 리더 양성, 성장동력 사업화, 강소기업 성장가속화, 글로벌시장 진격 등 크게 여섯 분야에 걸친 세부 프로그램을 운영한다. 지역 특화형 기업성장 플랫폼을 구축하고 기업의 자립역량 강화 및 지속 성장을 지원하여 글로벌 강소 기업을 육성하는 것이 구체적인 추진 방향이다.

　산-학-관 관계자 외에 시민이 함께 참여할 수 있는 프로그램도 마련되어 있다. K-NEST(iNnovation*Entrepreneurship*Societal issues*Training)

다. 혁신과 기업가 정신을 활용해 사회적 이슈를 해결한다는 의미를 담고 있으며, 둥지(NEST)라는 중의적 뜻을 통해 혁신적 아이디어를 부화시킨다는 의미를 담아 이름 지었다. 매년 '대전'을 주제로 지역의 문제를 발굴하고 이에 대한 해결 방안을 제안하는 캠프를 진행한다. 청년들의 혁신적인 아이디어를 지역 사회 현안에 접목해 궁극적으로는 사업화 추진 기회를 제공하는 것이 주요 내용이다. 올해로 3회를 맞은 이 캠프에서는 기부받은 유모차를 노약자용 보행기로 개조하여 지원하는 사업, 번화가 지하상가의 출입구를 활용하여 문화 홍보를 하는 사업, 원도심의 공실 건물에 수직형 실내농장을 구축하는 사업 등이 우수 아이디어로 선정되었다.

대학과 도시의 상생 협력이라고 하면 자발적인 봉사활동이나 산하 기관의 연계를 통한 소규모 협력에 국한되는 경우가 일반적이다. KAIST와 대전시처럼 도시가 대학과 협력을 체결하고 직접비를 투입하여 상생 프로젝트를 운영하는 것은 전 세계적으로도 드문 사례 중 하나다.

4차 산업혁명이 본격화되면 세상의 모든 인류와 기기가 연결되어 있는 만물인터넷(IoE) 시대가 열리게 될 것이다. '초연결'의 세상에서 살아가야 하는 것이다. 시간과 공간의 물리적 간격을 뛰어넘을 수 있는 초연결 시대에서는 영토와 시차와 언어의 한계를 넘어 재화를 소비하는 경제권이 형성될 것이다. 독창적인 자생력을 갖추지 못한 지역은 도태될 수밖에 없다는 의미다. 대학은 한 도시에서 가장 발전적인 가치를 생산해내는 두뇌 집단이다. 도시와 대학의 구체적이고 전략적인 연대는 이제 선택이 아닌 필수가 되어야 한다.

지식기반경제에 있어 대학-정부-산업체를 혁신 주체로서 강조하는 Triple Helix 모델[3]이 일찍부터 제기된 바 있다. KAIST가 Triple Helix 모델로서 우수한 연구자원을 산업체로 이전하여 기업의 기술 경쟁력 측면을 강화하고, 지자체는 상용화 및 판로 지원을 위한 후속 사업 계획(예산)을 수립하며, 중앙정부는 공공기술을 활용하여 대기업과 중소·벤처기업이 동반성장을 할 수 있는 정책을 수립하여 정부·대학·도시·기업이 상생 발전할 수 있는 토대를 마련해야 한다.[4]

특히, 대덕연구개발특구지역은 국가 산업의 기틀이 집중된 곳이다. 따라서 국가 R&D 기반 역량이 산업과 교류하며 혁신적 생태계를 조성할 수 있도록 'Tech 종합센터' 마련을 요청한다.

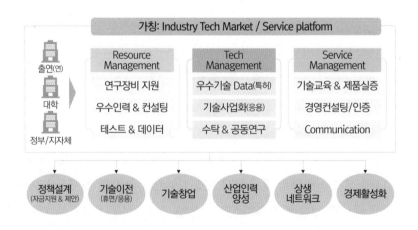

3   지식기반경제에 있어 지식생산 및 학습기관을 혁신의 주체로서 강조하는 모형이 Triple Helix 모델 (Etzkowitz and Leydesdorff, 2000; de Canto et al, 2000, Benner, 2000). 혁신을 위한 지식생산 및 교환이 효율적으로 이루어지기 위해서는 대학이 주축이 되고 기업-정부의 3중 나선형 체제의 진화된 네트워크가 필요하다는 것이 이 모델의 내용임
4   대학과 도시의 상생 사례(2017.5. KAIST 산학협력단 기술사업화센터)

'Tech 종합센터'란 가칭, 'I-테크마켓 (Industry Tech Market))'으로 기술 기반의 인력공급(양성), 기술개발, 디자인, 테스트, 인증, 공동협력, 기술이전, 사업화 등이 총체적으로 연결될 수 있는 종합센터를 뜻한다.[5]

'Tech 종합센터'의 정책 방향은 다음과 같다. 산업계 주도의 기술 혁신체계를 마련하여 고유목적과 혁신적 기반 조성, 권역(지역)의 인력과 산업계 소속 인력의 맞춤형 교육을 통한 고급 인력으로의 전환, 기술사업화 및 창업생태계 고도화로 산업기반의 순환적 파이프라인 구축, 기술집약융합형 방식의 기술협력 패러다임 전환, 규제 및 인프라 개선이 바탕이 된 지원 정책의 재설계 등이다.

대학과 도시의 상생발전을 위한 제안

KAIST는 대덕연구단지의 중심에 자리잡아 글로벌 경쟁에 적합한 지역, 환경, 문화적 여건을 갖췄다. 지역이 가진 내부 자원과 다른 지역이 보유한 자원을 연계하고 활용하여 발생하는 시너지를 극대화 시킬 수 있는 수단이 필요하다. 관련하여 Technology Super Area(TSA) 설치[6]를 제안한다. KAIST를 중심으로 특화된 기초기술+시장중심기술에 대한 응용에서 제품(Product)까지의 플랫폼을 마련하여 글로벌 경쟁에 효율적으로 대응할 수 있는 공간 단위를 지정하는 것이다.

---

5 KAIST의 기술 창업문화 및 산업경쟁력 발전을 위한 상생(2017.5. KAIST 산학협력단 창업보육센터)
6 KAIST의 기술 창업문화 및 산업경쟁력 발전을 위한 상생(2017.5. KAIST 산학협력단 창업보육센터)

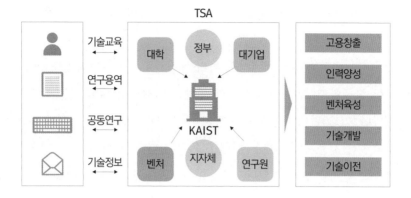

대전의 경우 KAIST가 중심이 되는 TSA를 조성할 수 있으며 지역
별로 대학 자원을 활용한 기술도시 생태계 건설을 시도할 수 있다.
중소·벤처기업의 역량을 끌어올릴 수 있는 산업과의 네트워크가 구
축되면 4차 산업혁명 기반의 신성장 동력기술과 기업 매칭이 용이해
질 것이고 지역 거점 특화산업과 산업중심의 R&D 및 공동연구도 가
능해진다. 산·학이 연계되어 기술기반 인력 공급과 전문융합인력을
실무 현장에서 양성할 수 있다.

미래를 준비하는 창의적 인재육성 방안

최근에 주류를 이루는 새로운 발견과 발명은 학문 간의 접경에서
융·복합적으로 발생하고 있다. 4차 산업혁명 시대의 특징은 물리-바
이오-사이버 세계의 경계가 무너지는 것이다. 학문의 경계를 초월하
는 공간에서 새로운 것을 발견하고 발명하려면 튼튼한 기초 위에서
무한한 창의력을 발휘하는 인재가 필요하다. 여러 전공분야를 주저

없이 넘나드는 자신감과 도전 정신을 갖춘 융합인재를 양성해야 할 때가 온 것이다.

이러한 변화는 산업계에서도 이미 체감하고 있다. 기업 CEO와 자리를 함께할 기회가 생길 때마다 원하는 인재상에 대한 질문을 자주 해왔다. 2000년대 초반까지만 해도 채용 후에 재교육할 필요가 없는 맞춤형 인재를 선호한다는 답변을 듣곤 했다. 그러나 요즘은 기초가 튼튼한 인재를 원하고 있다. 자고 일어나면 첨단 제품이 쏟아지는 시대다. 신제품이 신제품으로 취급받을 수 있는 기간이 채 6개월에 지나지 않는 세상에서 급변하는 기술에 능동적으로 대처하려면 튼튼한 기초 과학·공학 교육이 필요하다.

KAIST는 융합형 인재를 양성하기 위하여 2018년부터 무학과 교육 시스템을 학부 과정에 도입할 예정이다. 기존의 학과들이 전공에 따라 굳건하게 세워놓은 교육 장벽을 과감하게 무너뜨리는 시도다. 무학과를 도입할 경우 전공에 대한 심도 깊은 소양이 부족할 것이라는 우려가 제기되기도 한다. 물론 처음에는 차이가 있을 것이다. 그러나 석사과정에서 세부전공을 이수하고 박사과정에서 본격적인 연구를 하게 되면 무학과로 학부를 졸업한 학생들이 큰 경쟁력을 갖게 될 것이다.

과학도시 대전의 공동발전전략

권선택 대전광역시장

대한민국이 늙어가고 있다. 저출산 대책에 연 22조원을 쏟아 붓고 있지만 개선될 기미가 보이지 않는다. 통계청이 최근 발표한 '6월 인구동향'에 따르면 올해 상반기 출생아 수는 18만8500명으로 집계됐다. 지난해보다 12.2%나 떨어진 수치로 20만 명 아래로 떨어진 건 올해가 처음이라고 한다.

저출산으로 인해 학령인구도 크게 감소하고 있다. 6세부터 21세까지의 학령인구는 1980년 1440만 명에서 올해 846만 명으로 반 토막이 났다. 2040년에는 640만 명, 2060년엔 480만 명으로까지 줄어들 것으로 예상된다.

또한, 전체 인구 중 학령인구가 차지하는 비율도 1970년 39.1%에서 올해 16.4%로 감소했다. 그에 따라 2019년에는 대학 신입생 수가 50만 6200명으로 전문대를 포함한 현 입학 정원인 50만 7,600여 명보다도 적어질 것으로 예상된다.

이는 결국 대학의 입학자원 부족으로 이어질 것이 자명하다. 특히나 교육과 경제, 문화 등 사회 전반의 인프라가 수도권에 집중되어 있는 우리의 현실을 고려해보면 지방대학은 그 충격을 더 크게 받을 수밖에 없다. 그리고 이로 인해 수도권 대학과 지방대학의 격차는 더욱 벌어지게 될 것이다.

지방대학을 살리고 인재를 끌어 모으기 위해서는 수도권 대학들과 비교하여 경쟁력을 갖출 수 있도록 지역의 산업특성에 맞는 인재육성 시스템을 갖춰야 한다. 하지만, 지방재정이 구조적으로 취약하다보니 연구개발투자를 늘려 고급 일자리를 만들어 내는데 어려움이 많다.

지방 소재 기업들은 인력충원에 어려움을 겪고 있으며, 나름대로 수요에 부응하는 인재양성을 시도하고 있으나 그 효과는 미미하다. 일자리 부족은 인재의 유출이라는 악순환을 불러오고 그 결과로 지방도시는 성장은 물론 현상유지도 어려운 것이 현실이다.

지방도시에서 대학이 가지는 위상은 서울이나 수도권과는 차이가 있다. 수천 명의 대학생이 사는 원룸과 하숙집이 있고, 이들이 버스나 택시를 타기 위해 또는 식당, 카페 등을 이용하면서 소비하는 자본은 지역 실물 경제의 핵심이 된다.

그 뿐만 아니라 각종 시설 및 서비스 제공을 통해 지역 주민들의 삶의 질 향상에 기여하는 사회기관으로, 지역거점기관으로 도시 발전과 인재 육성의 중심축 역할을 하고 있다.

그러한 역할을 감안할 때 대학이 지방도시와 발전적인 관계를 형성하고 지방도시와 지방대학과의 상호 긴밀한 연계체제를 구축하기 위한 협력적 파트너십은 매우 중요하다. 외국의 선진사례를 몇 가지 소개해 본다.

요코하마시립대학교는 요코하마시 가나자와구에 있는 종합대학으로 가나자와핫케이, 후쿠우라 등 4개의 캠퍼스에 학생 4,700여명과 교수 700명으로 구성되어 있다. 2005년 시장을 회장으로 하여 구청장, 학장이 참여하는 「대학·도시 파트너쉽 협의회」를 만들어 '공공-민간-학교'의 연계허브로서 대학이 가진 다양한 자원을 활용하여 지역에서 활동할 수 있는 인재 육성, 온난화 대책, 초고령화 사회대책 등 선도적인 프로젝트를 추진했다.

시내에 지역거점을 마련해 지역주민들이 각종 이벤트, 세미나 등을 열 수 있도록 공간을 제공하고, 지역이 자립적으로 거점공간을 유지할 수 있도록 도움을 주고 있다. 또한, 학교 내에서는 도서관, 수영장 등을 개방하고 주민들을 대상으로 최신 연구 성과에 대한 강의와 시설견학을 실시했다.

그리고 대학이 가진 우수한 인적 자원을 이용하여 연간 100개 이상의 평생교육 프로그램을 진행했다. 특별히 지역 고등학교 학생이 대학에 흥미를 느끼도록 대학 수업에 참여시키고 무료 학습지도를 하는 등 친밀도를 높였다. 또한 대학생들의 아이디어를 활용하여 지역 상가 활성화 프로젝트를 추진하였고, 중소기업 활성화 연구에도 투입해 젊은 지역인재를 키우고 지역발전에 기여하도록 했다.

한편, 미국은 연방정부의 주도하에 각 대학 내 대학-지역사회 협력의 구심점 역할을 하는 커뮤니티 지원활동센터(COPC)를 설치하고 15만에서 58만 달러까지 보조금을 지급하였다.

일리노이주립대 시카고 캠퍼스(UIC)는 1994년 58만 달러의 보조금을 지원받아 「UIC 대도시연구소」(UICNI)를 설립하였다. 이 연구소에는 도시계획, 건축, 교육, 예술, 사회복지 등 다양한 학문을 망라하는 교수진과 학생들이 참여했다.

도시문제를 파악하고 프로젝트를 개발·디자인하는 단계부터 대학 주도의 상의하달 방식보다는 다양한 이해관계자들의 참여와 협력을 중시했고, 각 주체들이 가지고 있는 자원을 활용해 시너지 효과를 내면서, 협력의 장점을 극대화하는데 노력했다. 특히 주민들에게 직접적인 혜택을 줄 수 있는 프로그램을 개발하는데 역점을 두고 상향식 접근법을 통해 도시가 필요로 하는 인적, 재정적, 행정적 지원을 제공하는 방식을 택하였다.

초기에는 슬럼지역의 문제를 연구하고 도시재생 방안을 찾고자 노력했다. 라틴계 저소득 이민자 지역 개발을 위해 도시계획·정책학과 졸업생이 주축이 된 부활 프로젝트(TRP)를 구성하여 거주 환경 개선을 위한 임대주택 현황을 연구했다. UICNI에서 주민설문비용과 현황분석을 담당하고, TRP는 지역에 대한 풍부한 지식을 바탕으로 설문지 개발, 지역주민 모집, 분석결과에 대한 피드백을 맡았다. 이러한 상호 협력을 통해 임대주택에 대한 양질의 연구보고서를 완성해 시로부터 임대주택 보조금을 받는 성과를 거뒀다.

최근에는 주민참여 예산을 통한 도시계획, 디지털 불평등 완화를 위한 커뮤니티 테크놀러지 센터 설립, 인구감소와 실업문제를 해결하고 상업활동을 활성화하기 위한 전략 수립 등 폭넓은 영역에서 대학-도시 간 협력 프로그램을 지원하고 있다.

우리나라 지방대학 육성 정책은 수도권 내 대학 신설 억제, 서울소재 대학의 지방이전 장려 등 수도권 인구집중 방지차원의 소극적인 정책을 위주로 진행됐다. 그 결과 지역 산업인력 및 인재 양성을 위한 지방대학 내실화에는 도움이 되지 못했다.

그로 인해 지방대학이 지역 발전을 위한 사업에 활발히 참여하기에는 인력과 연구 여건 등 제반 여건이 매우 취약하다. 또한 대학 내 시설을 활용하여 도시의 문화예술과 복지를 위한 프로그램 개발을 하는 데 소극적인 태도로 임하고 있다. 산업체나 행정기관과의 협력도 원활히 이루어지지 않아 지역사회의 수요에 적절히 대응하지 못하고 위탁 등을 통해 제한적으로만 참여하고 있다.

이러한 상황에서 지방대학이 재정과 인적자원 부족이라는 현실을 극복하고 지역산업 발전에 중요한 역할을 하려면 어떻게 해야 할까.

우선은 대학 자체의 역량을 강화해야 한다. 기초학문부터 특성화 교육까지 교육의 전반을 아우를 수 있는 지역거점대학이 양질의 교육과 우수한 교육시스템으로 지역인재를 양성하는데 앞장서야 한다. 그러기 위해서는 인문학, 기초과학, 공학, 융합과학 등 주요 학문 분야에 연구거점을 형성하고, 집단연구를 통한 차세대 창의·융합인재를 길러내야 한다. 또한 외국 대학·연구기관과의 국제 교류도 활성화해 국제적 수준의 교육 및 연구경쟁력을 확보해야 할 것이다.

그리고 지역인재가 그 도시에 취업하여 일할 수 있는 기반이 필요하다. 이를 위해서 산업구조를 창조산업 및 지식기반산업 중심으로 재편하여 산업 경쟁력을 강화하고 지역 신산업을 창출하는 방안을 강구해야 한다. 또한 취업정보를 한 눈에 파악할 수 있도록 취업에 필요한 데이터베이스를 통합하여 제공하는 시스템도 마련해야 한다.

특히 석·박사급 고급인력을 활용해 기업 간 공동 기술개발 과제를 수행하고 지방도시의 특성화된 연구 성과물을 창출하는 등 지역·현장 맞춤형 연구개발을 실시하고 여기서 얻어진 결과물을 기술기반이 취약한 기업에 제공하여 산학간의 공동발전을 도모해야 한다.

마지막으로 대학이 가지고 있는 문화예술·교육 자원을 활용하여 정주여건을 개선해야 한다. 지방대학의 문화예술 시설을 지역사회에 개방해 지역민의 문화적 욕구를 충족시키고, 청소년들에게는 학습할 수 있는 공간을 제공하여 지역 우수인재가 지역에 정착하는 데 필요한 인프라 구축에 힘써야 한다.

대전시는 전국 최초로 19개 대학총장과 전문가가 참여한'대전권대학발전협의회'를 출범하여 운영하고 민·관·학 협력모델인 대전연합교양대학을 구성해 대전 내 10개 대학 재학생을 대상으로 강의를 진행하고 있다.

과학도시로서의 특성을 살려 R&D역량이 집중된 대덕연구단지가 벤처·청년창업, 중소기업 창업 촉진의 역할을 하도록 산·학·연 협력체계를 구축하는 데 자금을 지원하고 대학과 기업의 지식재산 전문인력 양성을 위한 지식재산허브 구축사업을 추진하고 있다.

지금 우리는 삶의 방식을 송두리째 바꿀 4차 산업혁명이 시대를 맞이하고 있다. 모든 것이 결합하는 융·복합의 시대에 혼자 머리를 싸매고 고민한다고 묘수가 나오지 않는다. 이제는 서로의 눈을 맞추고 머리를 맞대야 한다.

대학은 도시 경쟁력을 결정하는 '두뇌'로서 사람을 키우고, 도시는 인재가 뿌리박을 수 있는 '몸통'으로서 기반을 구축한다면 새로운 시대에도 사람이 함께하는 경쟁력 있는 도시를 만드는 데 부족함이 없을 것이다.

대한민국의 중심,
꿈을 이루는 창의공동체 충북대학교

윤여표 충북대학교 총장

1. 들어가며

'진리·정의·개척'의 전당인 충북대학교는 '대한민국의 중심, 꿈을 이루는 창의공동체'를 지향한다. 거점국립대 충북대학교는 이를 이루기 위하여 시대가 절실히 요구하는 융복합형 '창의인재'를 집중 육성해오고 있다. 충북대학교는 교수와 학생, 대학과 지역사회가 씨줄과 날줄로 엮어지듯 졸업생까지 포괄한 학습공동체인 '창의학습 네트워크'를 구축하고 있다. 우리 충북대학교는 다양한 학문 영역에서 '아시아 100위 이내', '전국 10위권' 진입을 목표로 구성원이 서로 돕는 '큰 배움터'이다.

아랫글에서는 충북대학교에 대한 전반적인 소개에 뒤이어, 대학이 추진하고 있는 여러 사업 가운데 지역사회와 함께 이루어가는 대표적인 2대 지역상생 협력사업인 국립대학 혁신지원사업(PoINT) 고유 모델사업과 사회맞춤형 산학협력 선도대학(LINC+) 육성사업을 보다 자세히 소개한다. 그리고 맺음말로 마무리하고자 한다.

2. 충북대학교의 비전과 목표

충북대학교는 6·25전쟁이 한창인 1951년 인재 양성의 중요성을 절감한 도민들이 희사한 쌀과 성금으로 세워져, 지난 66년 동안 지역의 사랑과 성원 속에 성장을 거듭해 오늘날 명문 거점 국립대학으로 자리잡았다. 충북대학교는 충청권의 학문과 지성의 중추적 역할을 담당하면서 지역인재 양성과 지식 창조에 매진하여 지역 발전에 실질적으로 기여하여 왔다. 최근에는 21세기 글로벌 지식경제사회를 선도하며 교육 환경 변화에 적극 대응하고자 고등교육환경에 대한 체계적 분석을 토대로 종합발전계획을 수립·시행함으로써, 고등교육의 경쟁우위를 구축하고, 미래 지향적인 융복합 인재 양성과 지역특성화에 주력해오고 있다.

학부교육의 목적은 대학헌장에서 밝히고 있듯이, "지역의 인재를 국가와 세계발전의 원동력이 될 인재로 육성하는 것"이며, 「충북대학교 학칙」 제2조에 명시한 바와 같이, 심오한 학술 이론과 그 응용방법을 교수, 연구, 개발하며, 전문적인 지도자의 자질과 인격을 함양하여 국가와 사회 발전에 공헌할 수 있는 인재의 양성을 교육목표로 삼고 있다. 이를 달성하기 위하여 제8차 종합발전계획에서 "지혜를 깨치며, 지역을 품고, 세계를 여는 충북대학교"의 대학 비전을 설정하고, '새로운 미래를 만드는 개신인'의 인재상을 토대로 6대 핵심 역량(trans-CHANGE 핵심역량: 창의성, 품격, 적극성, 공동체 의식, 글로벌, 전문성)을 도출하였다.

〈그림 1〉 충북대학교(개신캠퍼스)

〈그림 2〉 충북대학교의 비전, 인재상 및 추진전략

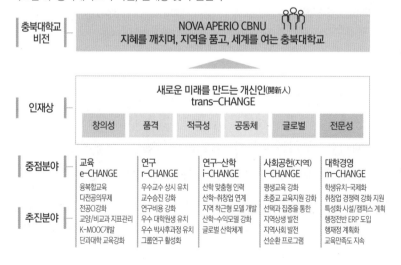

3. 대학 현황과 대학 역량

일반 현황

개교 이래 15만여 명의 수월한 인재를 배출해온 충북대학교는 재학생 1만명 이상의 중부권 거점국립대학이다. 2016년을 기준으로 재학생수는 학부 14,521명, 대학원 3,363명, 총 17,884명에 이르며, 2017학년도 신입생의 66.5%가 충북 이외 타 지역 출신이다. 13개 단과대학, 8개 대학원, 72개 학과(부)로 구성되어 있고, 교직원은 전임교원 756명, 비전임교원 987명, 조교 148명, 총 1,891명이며, 직원은 일반직 246명, 대학회계직 63명, 계약직 165명, 총 474명에 이른다.

〈표 1〉 충북대학교 학생수

단위: 명

구분	구분	편제정원	재적생	재학생	휴학생
2016	학부	12,283	20,101	14,521	5,580
	대학원	3,299	3,718	3,363	355
	소계	15,582	23,819	17,884	5,935

캠퍼스 광역화 및 특성화

충북대학교는 정부 세종청사, 오송생명과학단지, 대덕 R&D 특구, 오창과학산업단지를 비롯한 국가 핵심기관과도 인접해있을 뿐만 아니라, 경부선과 호남선이 분기하는 KTX 오송역과 청주공항이 지척에 입지하여 대한민국에서 접근성이 가장 좋은 '대한민국의 중심'에 자리잡고 있다. 충북대학교는 신수도권의 중심대학으로서 청주(개신), 오창, 오송, 세종 등 총 4개 캠퍼스의 광역화 및 특성화를 추진하고 있다. 약 1km²에 이르는 청주 개신캠퍼스는 4개의 캠퍼스를 총괄 지휘하는 컨트롤 타워로서 기능하며, trans-CHANGE 핵심역량을 갖춘 융복합 인재 양성의 구심점 역할을 담당하고 있다. 46.6만m² 규모의 오창캠퍼스는 산업특성화 캠퍼스로서 첨단융복합센터, 충북야생동물센터, 국가과학기술인력교육원, 자율주행자동차시험장 등이 입주해 있으며, 지역특성화산업과 연계한 첨단과학기술분야를 집중 육성하는 사이언스 파크(Science Park)로 조성되고 있다. 9천m² 규모의 오송캠퍼스는 바이오생명특성화 캠퍼스로서 2017년 초 약학대학이 이전하였으며, 식품의약품안전처와 질병관리본부, 한국보건산업진흥원 등 보건의료 관련 6개 국책기관과 제약 및 의료기기 산업 등이 산학연관 클러스터를 이루고 있다. 행정중심복합도시에 소재한 세종캠퍼스는 공공기관 특성화 캠퍼스로서 '세종국가정책대학원'이 설립·운영되고 있으며, 향후 신수도권에 걸맞은 교육 및 연구 기관들이 입주할 예정이다. 또한 동물병원, 동물재활의학센터, 줄기세포 재생의학 연구소, 수의과대 임상교육시설과 대학원 과정을 포함한 생명과학 분야의 교육과 연구시설로 계획하고 있다. 이와 같은 4개 캠퍼스의 광역화 및 특성화 사업이 마무리되면 충북대학교는 명실상부한 '신수도권 글로컬 명문대학'으로 성장할 수 있다고 자부한다.

교육 및 연구·산학협력 성과

교양, 전공교육 및 인성교육을 통해 교육역량(팀워크 역량, 자기주도학습역량, 문제해결역량, 공동체의식, 창의성, 인성, 도전정신 등)이 꾸준히 향상되고 있다. 최근 거둔 주요 교육성과로는 2015년 구조개혁평가 최우수 A등급, 2015년 거점국립대 취업률 2위, 2016년 6월 1일 기준 유지취업률 전국 9위, 거점 국립대 1위, 2014~2016년 한국생산성본부 국가고객만족도(NCSI) 국립대 부문 3년 연속 1위 등이다. 최근 충북대학교는 다수의 초대형 국가프로젝트를 유치하여 국가적 위상을 제고해 왔으며, 세계적인 대학과의 상호 교류도 활발한 글로벌 교육기관으로 성장하고 있다. 충북대학교의 우수한 연구 및 산학협력 성과로서 전임교원 1인당 교외연구비 수혜실적, 지역과 연계한 산학협력 제도, 인력양성, 기술개발·이전·사업화, 창업교육 등을 통해 축적한 양질의 연구실적과 산학협력 역량 등을 들 수 있다.

〈그림 3〉 충북대학교 (오창캠퍼스)

지역사회 기여

교육과 연구 부문에서의 지역사회 기여 뿐만 아니라 충북대학교는 그동안 대학의 풍부한 시설 및 자원(도서관, 문화관, 교육시설, 체육시설 등)의 적극적 개방을 통해 지역사회의 복지 향상에 기여하여 왔다. 또한 지역 거점국립대학으로서 특히 소외지역·소외계층·중소기업에 대한 지속적 교육기부와 아울러 다양한 사회봉사 활성화에 주력해왔다. 이와 더불어, 2015년 이후 충청북도-충북대학교 간 투자협약 등 충북대-지역사회 기관 간 21건의 교류·협력 MOU를 통해 충북대학교-지역사회 간 효율적 연계를 도모하고 있다.

TOWS 분석을 통한 충북대학교 전략

충북대학교는 대학 내·외부 환경에 대한 TOWS 분석을 통하여 기본 전략을 도출하고, 이를 충북대학교 제8차 종합발전계획에 반영하였다. 구체적으로, S-O 전략으로서 지역연계 교육활동 강화, 초중고 학생지원 강화, 기초학문 지원 강화 등 지역거점국립대학으로서의 역할이 강조되고 있으며, W-O 전략으로서 대학 브랜드의 강화, 평생교육단과대학 설립 등이 요구되고 있다. S-T 전략으로서는 지역기업체 연계 강화, 기업맞춤형 재교육 강화, 지역기반 평생교육체제 구축, 지역대학 간 교육 연계 체제 구축 등이 필요하며, W-T 전략으로서 지역산업 연계 강화로 대학평판도 향상이 요구되고 있다.

〈표 2〉 TOWS 분석을 통한 충북대학교 전략

	강점(S)	약점(W)
	S-O 전략	W-O 전략
기회 (O)	• 융복합 창의역량 교육 강화 • 특성화에 따른 전공역량 강화 • MOOC 교육 선도적 대응 • 지역연계 교육 활동 강화 • 초중고 학생지원 강화	• 우리 대학 브랜드 강화 • 평생교육단과대학 설립 (지역중심 평생교육체계) • 직무 및 인성 교육 강화 • 초·중·고 교육체계의 선도
	S-T 전략	W-T 전략
위협 (T)	• 지역기업체 연계강화 • 기업맞춤형 재교육 강화 • 지역기반 평생교육체제 구축 • 지역대학간 교육 연계 체제 구축	• 지역산업 연계 강화로 대학평판도 향상 • 우수교원 유치를 통한 연구 역량 강화

4. 충북대학교 국립대학 혁신지원사업(PoINT) 고유모델 사업

제8차 종합발전계획에서는 그동안 지역으로부터 받은 지지와 성원에 보답하기 위해 대학 비전의 핵심 실천전략으로서 '지역사회와 대학이 상생 발전할 수 있는 선순환시스템 구축'을 설정하고 있다. 이에 따라 충북대학교는 국립대학 혁신지원사업(PoINT)에서「대학-지역사회 파트너십 기반의 상생적 레질리언스(co-resilience) 플랫폼 구축」을 대학의 고유모델로서 설정하고, 대학-지역사회 간 상생적 재생(revitalization) 및 회복력(resilience)의 구심점 역할을 수행하고자 한다. 이를 위해 충북·세종권에 있는 대학-지역사회 간 혁신적·참여적·확산적 파트너십에 기반한 경제공동체·나눔공동체·교육공동체를 구성하고, 각 공동체가 참여하는 상생적 레질리언스 플랫폼에 대학 역량을 결집하여 궁극적으로 충북대학교와 지역사회의 상생발전을 도모하고자 한다.

충북대학교의 대학-지역사회 간 지속가능한 상생발전을 위한 사업 추진전략은 'PoINT 전략(Platform of Industry-based community, Neighbor-oriented community, and Team-building edu-community)'으로, i) 대학과 지역사회 간 공동체들이 참여하는 상생적 레질리언스 플랫폼(Platform) 구축, ii) 지역재생 및 지역경제 활성화를 위한 경제공동체(Industry-based community) 구축, iii) 자원공유 및 봉사를 위한 나눔공동체(Neighbor-oriented community) 구축, 및 iv) 지역사회의 지속발전가능성을 확보하기 위한 교육공동체(Team-building edu-community) 구축으로 세분된다. 이와 같은 PoINT 전략은 '충북대가 지역사회 레질리언스를 위해 3개 공동체가 참여하는 플랫폼을 구성·운영함으로써 대학과 지역사회의 상생발전을 추진하는 전략'이라고 요약할 수 있다.

〈그림 4〉 충북대학교의 혁신지원사업 고유모델 사업의 개요와 전략

1) 대학-지역사회 간 효율적 연계를 위한 상생적 레질리언스 플랫폼(Platform) 구축

「충북대학교 레질리언스 플랫폼」은 경제·나눔·교육공동체에 참여하는 기관·단체들로 이루어진 네트워크들의 온·오프라인 소통 및 협력의 장이다. 전체 공동체별 사업을 총괄·연계·조정하고 충북·세종권 지역사회의 현안 해결을 위한 협의체 운영, 미래발전전략 수립을 위한 연구, 공동체별 정보관리 및 사업추진 모니터링, 네트워크별 데이터관리시스템 구축 및 성과관리 및 환류 등의 역할을 담당한다.

주요 단위사업은 첫째, 레질리언스 플랫폼으로서 공동체별 미래발전 전략 수립을 지원하기 위한 싱크탱크(thinktank) 기능을 수행할 충

북대학교 「인공지능연구소」와 「충북·세종 미래전략연구소」를 각각 설립 및 운영한다. 둘째, 각 공동체별 네트워크에 참여하는 다양한 기관들 간 담론 형성을 위해 「충북·세종 레질리언스 공동 포럼」의 정기적 개최를 추진한다. 셋째, 각 네트워크별 DB 등의 정보시스템 구축과 각 네트워크에 참여하는 실무자들의 월간회의, 대표들의 분기회의 제도화를 통한 성과관리 및 환류를 추진한다.

〈그림 5〉 충북·세종 레질리언스 플랫폼의 구조 및 기능

2) 대학-지역사회 간 지역재생 및 지역경제 활성화를 위한 경제공동체(Industry-based community) 구축

산업구조의 변화 및 신도시·신시가지 위주의 도시 확장으로 인하여 쇠퇴·낙후되고 있는 구도심 및 농촌 지역의 경제적·사회적·물리적 부흥 및 삶의 질 향상은 지역경쟁력 확보를 위한 시급한 과제이다. 이에 따라 지역재생 및 지역경제 활성화를 위한 대학-지역사회

간 협력에 기반한 경제공동체를 구축하고자 한다.

주요 단위사업은 첫째, 충북대학교 지역재생 지원센터를 설립함으로써 충북·세종 지역역량 강화를 위한 프로그램을 기획하고, 지역별 특화산업 활성화 방안과 미래산업 발굴을 지원할 뿐만 아니라 대학·지자체·기업이 함께 지역재생 및 지역경제 활성화에 동참하고자 한다. 둘째, 충북·세종 지역재생 프로그램으로서 지역전문가 양성을 위한 지역재생 아카데미, 지역 브랜드 창출을 위한 프로그램, 지역재생 및 지역경제 활성화를 위한 기술 컨설팅 및 교육 프로그램과 맞춤형 창업교육 프로그램 등을 운영한다. 셋째, 지역재생 지원을 위한 (비)교과과정 개발 및 운영과 지역경제 활성화와 지역재생을 위한 창업교육 및 창업지원체계를 구축한다. 끝으로, 대학-지역사회 간 네트워크 구축사업은 대학 전문연구인력과 지역사회의 산업계, 지방자치단체, 공공기관, 유관 시민단체가 모두 참여하는 「충북·세종 지역재생 네트워크」를 만드는 일이 핵심과제이다.

- 개요:
  산업구조의 변화(제4차 산업혁명, 하이테크산업, 첨단IT산업 등 신산업) 및 신도시 위주의 도시 확장으로 인해 낙후된 지역의 재생 및 경제활성화를 위한 대학-지역사회 간 경제공동체 구축
- **주요 사업 1: 충북대학교 지역재생지원센터 설립**
  충북·세종 지역의 인구 감소와 주거환경 노후화를 막고, 새로운 기능의 도입·창출 및 지역자원 활용을 통해 경제적·사회적·물리적·환경적으로 지역을 활성화하며, 지역별 특화산업 활성화 방안과 미래산업 발굴 지원
- **주요 사업 2: 충북·세종 지역재생 프로그램 운영**
  지역재생 및 지역경제 활성화를 위한 기술 컨설팅 및 교육 프로그램을 실시하고, 지역 브랜드 창출을 위한 콘텐츠 프로그램을 개발 운영하며, 지역전문가를 양성

3) 대학-지역사회 간 자원공유 및 봉사를 위한
나눔공동체(Neighbor-oriented community) 구축

대학과 지역사회가 함께 어울려 사는 행복한 공동체를 만들기 위해서는 자원을 공유하고 봉사하는 통합적, 사회·문화적 재생이 절실하며, 충북·세종 지역의 대학, 시민단체, 기업, 공공기관, 지자체의 자원 집적과 공유를 위한 대학-지역사회 연계발전 네트워크 구축이 시급하다. 동 사업에서는 단편적·일시적·타율적 사회봉사에서 전면적·지속적·자기주도적 사회봉사로의 전환을 통한 지식 실천 및 나눔의 가치 확산을 목표로 하며, 대학의 시설 및 자원의 적극적인 개방·공유를 통하여 지역사회 복지 향상에 이바지하고자 한다.

주요 단위사업으로서 먼저 지역사회와의 대학 공간 나눔을 위해 충북대 「형설관」을 충북대학교 나눔플렉스로 조성하고자 하며, 이를 통한 대학, 시민단체, 기업, 공공기관, 지자체 간의 인적·물적·지적 자원의 공유에 초점을 둔다. 둘째, 대학의 시설 및 장비 등의 자원 공유, 사회봉사 프로그램 운영 다양화, 전공연계 전문 봉사프로그램(서비스러닝) 개발에 역점을 둔다. 셋째, 학사제도 개선부문에서는 지역의 사회·문화적 재생을 지원하기 위해 비교과과정으로서의 봉사인증제를 활성화하고, 교원업적평가시 사회봉사 비중을 확대하고자 한다. 마지막으로 대학·지역간 네트워크 구축사업으로서 대학의 봉사 및 나눔 전담조직과 지역사회의 사회봉사, 복지기관, 지방자치단체, 유관 시민단체 등이 참여하는「충북·세종 나눔 네트워크」를 만드는 작업을 추진한다.

- 개요:
  대학과 지역사회의 자원집적 및 공유, 지식실천 및 나눔 가치 확산을
  위해 대학-지자체-시민단체-공공기관-산업체 간의 협력에 기반한 나
  눔공동체 구축
- 주요 사업 1: 충북대학교 나눔플렉스 설립
  지역사회와의 대학 공간 나눔과 대학, 시민단체, 기업, 공공기관, 지자체
  간의 인적·물적·지적자원의 공유를 위해 충북대「형설관」을 「충북·세종
  나눔플렉스」로 조성
- 주요 사업 2: 충북·세종 나눔 프로그램 운영
  대학의 시설 및 장비 등의 자원을 공유하고, 전공연계 전문 봉사프로그
  램(서비스러닝)을 개발하며, 사회봉사 프로그램 운영을 다양화

4) 대학-지역사회 간 지속발전가능성을 확보하기 위한
교육공동체(Team-building edu-community) 구축

제4차 산업혁명 및 인공지능시대에서는 성인학습자의 지속적 직무
역량 습득을 위한 계속 교육과 더불어 지역 맞춤형 및 신산업 전문
교육 프로그램의 운영이 필요하다. 또한, 대학-지자체-시·도교육청-
지역교육기관 간 프로그램, 학습정보 등의 연계·협력·교환·공유를
통한 지역사회 교육자원 활용의 효율성 제고 역시 필요하다.

이에 따라 교육공동체 구축을 위한 주요 단위사업으로서 먼저, 충
북대학교 열린융합대학의 설립을 추진한다. 이를 통해 성인학습자
를 대상으로 한 학위과정/비학위과정을 개설 및 운영하고, 아울러 기
존의 계약학과, 연계(융합)전공, 시간제등록생, 공개강좌 등을 열린
융합대학에서 체계적으로 관리·운영한다. 둘째, 충북·세종 평생학
습 프로그램 운영 확대사업으로서 소외계층 대상 평생교육 프로그램
을 운영하고, 지역주민 대상 평생학습 프로그램을 고도화하며, 초·
중등학생 대상 진로·체험·학업지원 프로그램을 다양화하고, 지역고

교 연계 교사 대상 역량강화 프로그램 등을 운영한다. 셋째, 「성인학
습개발센터」 설립을 통해 성인학습자 맞춤형 학사관리를 추진하고,
K-MOOC 및 이러닝 수업 활용을 통한 온·오프라인 교육 체제를 구
축하고, 지역사회 교육협력활동에 대해 학과평가 인센티브제를 실시
한다. 끝으로, 대학-지역 간 네트워크 구축사업으로서 대학의 신산
업·융합 관련 다양한 전문인력과 지역사회의 지방자치단체, 산업계,
공공기관 종사자 및 시민단체 활동가들이 참여하는 「충북·세종 에듀
네트워크」를 구축·운영한다.

〈그림 6〉 열린융합대학

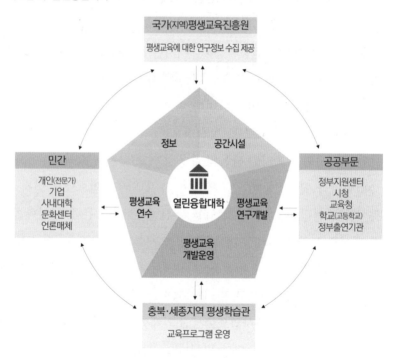

- 개요:
제4차 산업혁명 및 인공지능시대에 대비하여 성인학습자 및 지역주민을 대상으로 평생교육을 강화하기 위해 대학-지자체-시·도교육청-지역교육기관 간 프로그램 및 학습정보를 연계·협력·교환·공유하기 위한 교육공동체 구축
- 주요 사업 1: 충북대학교 열린융합대학 설립
충북·세종 지역의 산업계, 공공기관, 지방자치단체, 시민단체에서 활동하는 성인학습자 대상 학위과정/비학위과정 신규 개설 및 운영
- 주요 사업 2: 충북·세종 평생학습 프로그램 운영 확대
지역주민 대상 평생학습 프로그램 고도화와 사각지대 없는 소외계층을 대상으로 평생교육 프로그램 운영

이상의 충북대학교 국립대학혁신지원사업의 사업추진 전략과 단위사업을 요약하면 아래의 그림과 같다.

〈그림 7〉 충북대 고유모델 목적과 사업 추진전략 및 단위사업 관계

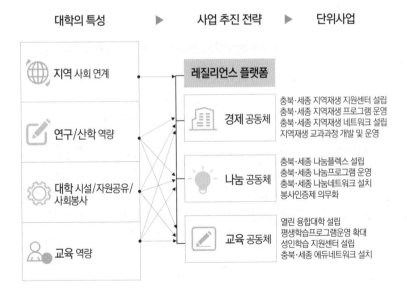

5. 충북대학교 사회맞춤형 산학협력 선도대학(LINC+) 육성사업

1) 비전, 사업목적 및 주요내용

충북대학교 사회맞춤형 산학협력 선도대학(LINC+) 육성사업(산학협력 고도화형)의 비전은 지속가능한 공생형 산학협력을 통한 대학과 지역사회의 상생발전(SUCCESS+)이다. 동 사업의 미션은 지역산업의 새로운 길을 여는 산업선도형 대학(LINC+)이다. 사업목표는 산업분야별 집중지원(Industry Coupled Collaboration Center: ICC)을 통해 지역산업을 선도하는 충청권 산업선도형 대학으로서의 역할을 강화하고, 지역산업체와의 지속가능한 공생형 산학협력에 근거한 대학과 지역의 상생발전에 기여하는 것이다. 이를 실천하기 위한 전략은 사용자 중심의 자아성취도 교육을 통한 공익 선도 공동체 구현(PLUS)이다.

〈그림 8〉 사회맞춤형 산학협력 선도대학(LINC+) 육성사업의 비전, 사업목적 및 주요내용

※ ICC(Industry Coupled Collaboration Center) : 특화 산업분야 수요 반영, 산학협력 고도화 추진을 위한 산업분야별 집중지원센터

부문별 목표로서, 비전 부문에서는 대학발전계획 및 산학협력계획 연계 ICC 기반의 산학협력 성과 창출에 만전을 기하고자 하며, 산학협력 기반 부문(산학협력 Infra & Structure)에서는 ICC 운영체제 확립을 통한 산학친화형 인사제도 시스템 정착화 및 산학친화형 인프라 내재화에 주력하고자 한다. 또한 실행 부문에서는 지속가능한 공생형 산학협력체계 및 수요자 중심의 자아성취도 시스템을 통한 공익·선도 공동체 실현을 강조하며, 확산 부문에서는 대학 내 LINC+ 비참여 학사조직, 비LINC+ 대학, 지역사회 등과의 연계협력을 통한 산학협력 친화형 제도 구축 및 확산 고도화에 초점을 둔다.

 충북대학교 사회맞춤형 산학협력 선도대학(LINC+) 육성사업은 학부 및 대학원을 기반으로 충청북도 주력산업과 대학특성화 분야를 고려한 ICC 중심의 산학협력 고도화에 초점을 맞춘 산학협력 선도모델을 창출하였다. 충청북도 주력산업은 바이오의약, 반도체, 태양광, 동력기반기계부품 및 전기전자부품이며, 이와 대응한 충북대학교 특성화 분야는 GT, IT, BT이다. 일부 대학과 계열을 제외하고 LINC+ 육성사업에 대다수의 대학과 대학원이 참여하고 있는 바, 충북대학교는 LINC+ 사업을 통하여 BK21+, CK, CORE, PoINT, PSM, QWL, BRIDGE, 창업선도대학 육성사업을 비롯한 대학내 타 재정지원사업과 충청북도 주력산업, 지방자치단체 및 유관기관, 충북대학교 가족회사 및 특화산업기업을 망라한 지역사회 구성원과의 산학협력 확산에 주력하고자 한다.

〈그림 9〉 LINC+ 육성사업의 선도모델 창출

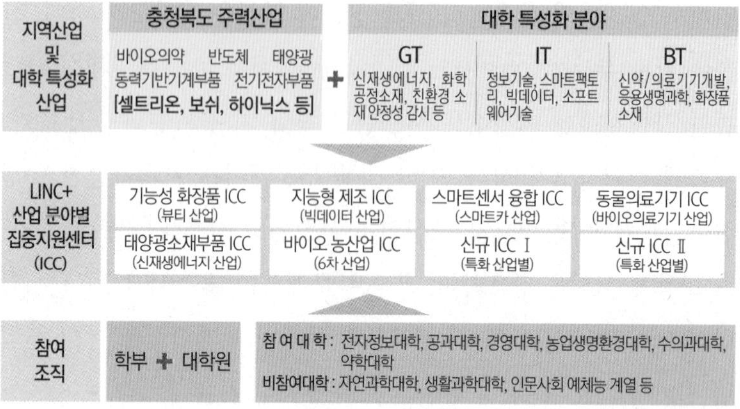

지역산업 및 대학 특성화 산업	충청북도 주력산업		대학 특성화 분야		
	바이오의약 반도체 태양광 동력기반기계부품 전기전자부품 [셀트리온, 보쉬, 하이닉스 등]	+	GT 신재생에너지, 화학 공정소재, 친환경 소 재 안정성 감시 등	IT 정보기술, 스마트팩토 리, 빅데이터, 소프트 웨어기술	BT 신약/의료기기개발, 응용생명과학, 화장품 소재

LINC+ 산업 분야별 집중지원센터 (ICC)	기능성 화장품 ICC (뷰티 산업)	지능형 제조 ICC (빅데이터 산업)	스마트센서 융합 ICC (스마트카 산업)	동물의료기기 ICC (바이오의료기기 산업)
	태양광소재부품 ICC (신재생에너지 산업)	바이오 농산업 ICC (6차 산업)	신규 ICC Ⅰ (특화 산업별)	신규 ICC Ⅱ (특화 산업별)

참여 조직	학부 + 대학원	참여 대학 : 전자정보대학, 공과대학, 경영대학, 농업생명환경대학, 수의과대학, 약학대학 비참여대학 : 자연과학대학, 생활과학대학, 인문사회 예체능 계열 등

2) 산학협력 발전계획

LINC+ 사업을 통한 산학협력 발전계획은 성공적 ICC 시범운영을 거쳐, ICC 모델을 확대하고, 타 재정 지원사업 및 대학발전계획과 연계된 산학협력 선도모델을 창출하는 것이다.

충북대학교는 산업분야별 집중지원사업인 뷰티산업 ICC를 시범 운영해오고 있다. 2017년 연구마을 운영기관으로 선정(20억/년)되어 뷰티산업과 관련 분야 기업의 학내 유치에 박차를 가하고 있으며, 중소기업청과 연계한 사업으로 대학원과정에 화장품 계약학과를 개설하여 학자금 60%를 지원하고 있다. 향후 LINC+ 사업에 ICC모델을 확대 적용하기 위하여 충북 5대 주력산업과 충북 전역 4개 벨트, 8개 발전축과 연계한 산업분야별 집중지원 계획을 수립하였고, 사업 조직과 지역사회를 연계한 산학협력 추진에 바탕을 둔 심화 ICC 선정 및 운영을 통하여 산학협력 성과를 창출하고 사업 단계별 지원분야를 점진적으로 확대하고자 한다.

〈그림 10〉 뷰티산업 ICC 협의체

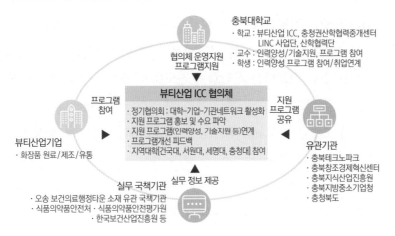

아울러, LINC+ 사업단 중심의 산학협력협의체를 구성하여 사업별 본연의 목적사업 수행 및 유사 프로그램 공동기획을 통한 학내 자원의 활용을 극대화하고자 한다. 또한, 사업단 간 교류를 위한 네트워크 정착 및 지역사회와의 네트워크 강화에 주력함으로써 사업단별 노하우 공유 및 교류 강화를 제도적으로 뒷받침하고자 한다.

〈그림 11〉 사업단 간 교류를 위한 대학 내부 및 외부 네트워크 체계도

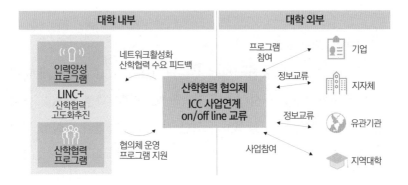

충북대학교의 LINC+ 사업 모델은 대학발전계획과 연계된 산학협력 선도모델을 지향한다. 대학 비전인 "지혜를 깨치며, 지역을 품고, 세계를 여는 충북대학교"를 구현하는 산학협력 비전으로서 "지역과 국가발전을 선도하는 산학협력 선도대학"을 설정하고, 특화분야 ICC를 중심으로 산학협력 제도 개선 및 인력양성, 기술이전 및 사업화 추진, 창업교육 활성화를 추진함으로써 산학협력을 통한 대학발전을 도모하고자 한다.

〈그림 12〉 대학발전계획과 연계된 산학협력 선도모델

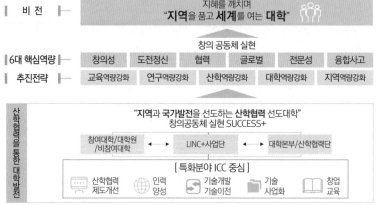

3) 산학협력 기반 계획

산학협력 기반(Infra & Structure) 부문의 목표는 ICC 운영체계 확립을 통한 산학친화형 인사시스템 정착화 및 산학친화형 인프라 내재화로 설정하였다. 이를 달성하기 위한 전략은 산학협력 친화형 체계 고도화, 산학협력 협업연계 시스템 확대, 산학연계형 교육프로그램 인프라 고도화 등으로 구분된다.

〈그림 13〉 산학협력 기반(Infra & Structure) 전략 및 목표

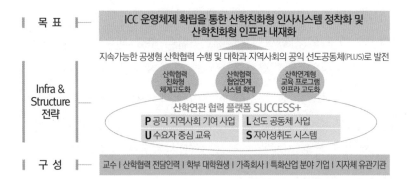

(1) 산학협력 친화형 체계 고도화

산학협력 친화형 체계 고도화 전략은 크게 산학협력 친화형 조직의 역량강화 및 인력 안정화와 교원업적평가 시 산학협력 실적 적용 및 확산을 내용으로 한다. 이를 위해 산학협력 친화형 조직 인력의 전문성 강화 및 업무 고도화를 추진하고, 산학협력 전담인력(산학협력중점교수 및 실무자)의 정규직화로 조직의 지속가능성을 확보하고, 산학협력 중점교수의 활용을 강화하고, 산학협력 전담인력의 대학 내 주요 부서 배치를 통한 대내·외 조직간 연계 강화에 주력하고자 한다.

〈그림 14〉 산학협력 조직의 전문화 및 고도화

전담조직의 전문화를 통한 산학협력 허브 구현

산학협력 조직의 전문화 및 고도화를 통한 지역과 상생 협력

전문성 강화 및 업무 고도화	조직의 지속가능성 확보	산학협력 중점 교수 활용 강화	산학협력 조직 연계 강화
· 전문인력확대 (창업, 기업지원, 기술이전 등) · 지역관련 전문가 교류 및 영입으로 노하우 공유	· 산학협력 전문가의 정규직화 · 인사제도 개선, 산학협력 중심의 조직구조 개편	· 산학협력 중점교수 전분야 채용 확대 · 산학협력 중점 교수 전임화로 신분 보장	· 산학협력 전담인력 센터 배치로 학내 연계 강화 · 대내외 조직간 연계 강화를 통한 산학협력 고도화

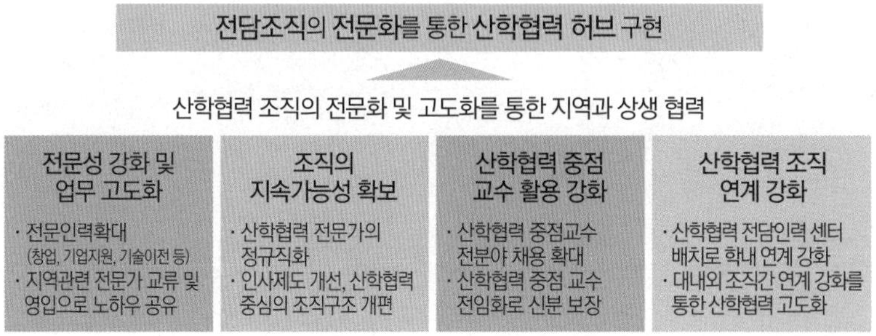

(2) 산학협력 협업연계 시스템 확대

산학협력 협업연계 시스템 확대 전략은 산학협력 정보공유시스템 확산과 대내·외 산학협력 서비스 증진을 주요 내용으로 한다. 산학협력 정보공유시스템 확산은 '창의공동체 SUCCESS+ 시스템' 운영을 통해 산학협력 통합 지원 서비스를 제공하는 대·내외 산학협력 서비스 고도화에 초점을 둔다. 이를 위하여 기존 기업지원 시스템을 통합관리하고, 시스템 고도화를 통한 산학협력 정보공유 시스템의 지속적인 확산을 추진한다.

대내·외 산학협력 서비스 증진을 위해서는 i) ICC 중심의 산학협력 One-stop 서비스 지원체계 구축·운영, ii) LINC+ 사업단과 산학협력단 협업으로 산학협력 단일창구 운영, iii) ICC 기반 산학협력협의체 운영으로 대외 협업 및 연계시스템 강화 및 확산, iv) 산학협력 수행 조직 내 전담인력 배치 및 v) 전담인력으로 구성된 내부 협업 조직으로 '창의 공동체 협업 컨소시엄' 운영 등을 추진한다.

〈그림 15〉 산학협력 정보공유시스템

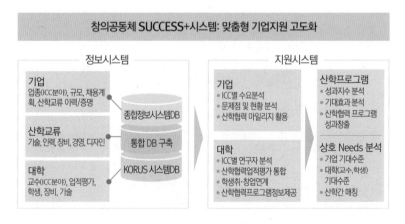

<그림 16> 대내·외 산학협력 서비스 증진

(3) 산학연계형 교육프로그램 인프라 고도화

산학연계형 교육프로그램 인프라 고도화 전략은 산학협력 친화형 교육 인프라 확대, 대학별 특화된 산학연계 교육 프로그램 개발, 진로지도 및 취·창업 역량강화 종합지원체계 등으로 세분된다. 먼저, 교육 인프라를 확대하기 위해서 교수, 기업체 임직원, 지자체 관리자를 포함하는 다양한 분야의 전문가로 구성된 산학협력 교육과정위원회를 운영함으로써 산학협력 친화형 교육과정을 개설하고 검토한다. 기존 '교양과정', '전공과정' 이외에 '산학과정' 유형을 신설하고, 열린 학기제 기반 온라인-오프라인 강좌제 도입 및 K-MOOC 연계를 통한 지역기업 재직자 교육을 강화하고, 지역 친화적 프로그램의 발굴 및 융합적 콘텐츠 보강, 지역단체 협력체계 구축을 추진한다.

대학별 특화된 산학연계 교육 프로그램 개발을 위해 ICC기반의 6개 단과대학을 중심으로 능동적 융복합 교육 프로그램을 운영하고,

사회 맞춤형 인재 양성을 위한 지속가능 선순환 학사조직 실현을 위해 취·창업을 확대하고 산학협력 연계 강화로 대학 경쟁력을 제고한다. 아울러 대학 전 분야의 자율적 참여 확대, 기업-대학 쌍방향 소통 산학협력 학사 구조, 글로벌 산학협력과 사회 맞춤형 교육 구조 확대를 추진한다.

〈그림 17〉 산학협력 교육과정위원회 (안)

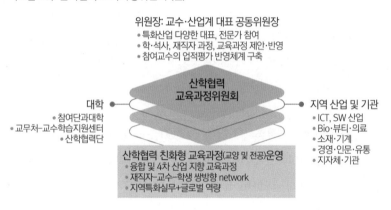

〈그림 18〉 산학연계 교육 프로그램 개발(안)

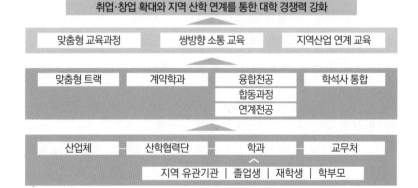

진로지도 및 취·창업 역량강화 종합지원체계의 측면에서는 학내 유관기관들과 연계 협력을 통해 맞춤형 진로지도를 추진함으로써 취·창업 역량강화 종합지원체계를 구축·운영한다. 아울러 취·창업 준비기, 전공·실무 심화기, 전공·실무 완성기 단계별로 맞춤지원 체계를 운영하고, 단계적 커리어 관리, 수요자중심의 맞춤형 취·창업교육 및 진로지도, 취·창업을 위한 업무공간 제공으로 역량강화 플랫폼 고도화를 추진한다. 또한 취·창업 프로그램과 캡스톤디자인 연계 특허, 프로그램 등록, 상품화 등의 성과 창출을 유도한다.

〈그림 19〉 진로지도 및 취·창업 역량강화 종합지원체계

4) 산학협력 실행계획

산학협력 실행(Action) 부문의 목표는 지속가능한 공생형 산학협력 체계 및 수요자 중심의 자아성취도 시스템을 통한 공익·선도공동체 실현이다. 산학협력 친화형 교육프로그램 및 지역사회와 기업과의

산학협력 활동의 2대 축을 중심으로 산학프로젝트 확대, 기술이전, 기술지도 및 산학포럼 활성화 및 고용창출에 역점을 둔다. 이를 위한 핵심 Action 전략으로서 산학협력 친화형 교육과정 운영, 취·창업 역량강화 교육과정 운영, 특화인재 융복합교육과정 그리고 지역사회 및 기업맞춤 지원 등을 추진한다.

〈그림 20〉 산학협력 Action 전략 및 목표

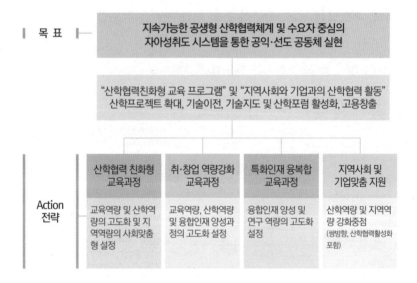

(1) 산학협력 친화형 교육과정 운영계획

교육과정 중 '산학과정' 유형을 별도로 신설하기 위해 인문사회 및 이공계 융합계열의 산학과정 교과목을 개설하고, 산학협력의 모든 정규 교육과정을 산학과정으로 편입한다. 또한 산업체 수요중심 ICC 연계 교육과정 운영의 고도화를 지속적으로 추진한다. 아울러 산학 협력 친화형 교육과정 운영의 지속성을 증대하기 위해 지역 소재 기업을 대상으로 한 계약학과에 ICC 중심의 융복합 협동과정 및 학과 간 협동과정을 개설하고, 융합형 캡스톤 디자인 및 산학협력 핵심 기업연계 교육과정을 운영하고, 융합형 캡스톤디자인의 정규 교과목화를 추진하여 대학원 고도화 교과목 개발운영에 역점을 둔다.

(2) 취·창업 역량강화 교육과정 운영계획

ICC 기반 취업 역량강화 3대 분야 프로그램 고도화를 위하여 실무기술 역량 제고, 전문성이 강화된 고급인력양성, 글로벌 인재양성 등을 추진한다. 산학프로젝트 Lab, 산학맞춤형강의, SK하이닉스/셀트리온/보쉬와 같은 지역소재 기업을 대상으로 하는 기업맞춤형트랙을 운영하고, 산학공동논문지도, 대학원 산업체 공동워크샵, 산학연계 코디네이터 확대 등을 추진한다. ICC 기반 창업 특화프로그램 운영 확대(대학發 학생창업문화 확산) 및 전방위 창업 지원을 위하여 창업교육센터에 창업강좌 23강좌 이상을 개설하여 기업가정신 함양에 만전을 기하며, 기술지주회사와 연계한 학생창업기업 성공모델 확산, ICC 창업동아리 집중 육성을 통한 기술창업 활성화, 기업연계 창업인턴제 확대에 역점을 둔다.

(3) 특화인재 융복합교육과정 운영계획

특화 분야 융·복합 인력양성 지속가능화를 위해 특화분야 집중 학과(과정) 운영 활성화 및 설치 확대에 주력한다. 구체적인 방안으로, 화장품 산업학과 및 스마트자동차 협동과정 운영, 채용조건형 셀트리온 계약학과 설치 협약을 이행한다. 또한 특화 분야 융·복합 교육과정 고도화 및 내재화를 추진하며, 이를 위해 산학협력 정규 교육과정 별도 설치 및 개방화에 역점을 둔다. 구체적으로 융합과정, 융합 캡스톤디자인, 대학원 융합 캡스톤디자인, 글로벌 캡스톤디자인, 산학특강 운영을 통한 산학관 공생 교육과정 운영에 주력한다.

(4) 지역사회 및 기업 맞춤형 지원계획

특화분야 ICC 기반 기업지원 프로그램 확산 및 지속성 전략의 추진이 관건인 바, 지자체의 지속적인 재정지원 확보로 현장실습을 포함한 다양한 기업지원 프로그램으로의 확대 및 지역사회 유관기관과 연계한 산학협력활동을 강화하고, ICC 분야별 산학협력협의체 중심으로 기업지원의 내실화 전략 구축 및 연차별·단계적 확산을 유도하고, 대학의 특화분야에 기반한 ICC의 단계적 운영 확대에 따라 기업지원 프로그램을 세분화·집중화함으로써 관련 산업체의 실질적 성장에 기여한다.

5) 대학 자율 산학협력 확산 활동

대학 자율 산학협력 활동은 대학내 유기적 산학협력 체계구축, 산학협력 공동 인프라 구축 및 대학(원)생 취·창업지원으로 세분된다. 먼저 대학내 유기적 산학협력 체계구축을 위해서는 비참여 단과대학 부학장 및 비참여학과 학과장으로 산학협력확산위원회를 구성하여 대학 내 산학협력 확산 및 산학협력 친화형 제도개선을 수행하고, 산학협력단 직원 역량강화 교육체계 구축 및 운영을 통하여 대학 내 산학협력 기능을 강화하며, 산학협력협의체 공동 참여 등과 같이 대학 내 유관조직의 연계 고도화를 추진한다.

〈그림 21〉 대학 자율 산학협력 확산 활동 흐름도

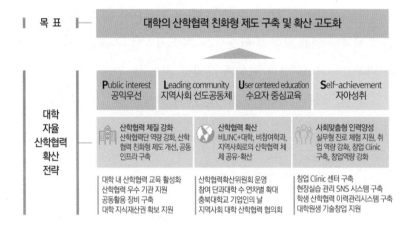

산학협력 공동 인프라 구축을 위해 LINC+위원회 활성화, 공동활용
장비 확보를 통한 기업지원 효과성 제고, 산학협력 우수연구실 및 대
학 지식재산권 확보 지원, 산학협력 교육과정 활성화(공동훈련센터 활
성화)를 추진한다.

〈그림 22〉 산학협력 공동 인프라 구축 흐름도

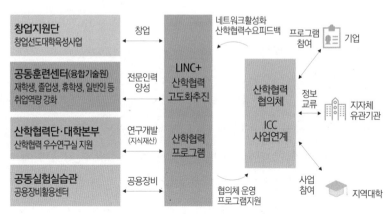

대학(원)생 취·창업지원을 위해서는 교원 및 학생(학부, 대학원) 창업 클리닉(Clinic) 센터 구축을 통해 대학 내 창업문화 확산, 현장실습 효율성 제고를 위한 모바일 현장실습 관리 시스템 구축 운영, 비참여학과 학부/대학원생 산학 교육과정 참여 지원 및 전체 참여학생의 산학협력 이력관리 통합지원시스템 구축, 대학원생 연구 결과물의 특허출원 지원 등이 추진된다.

〈그림 23〉 대학(원)생 취·창업지원 흐름도

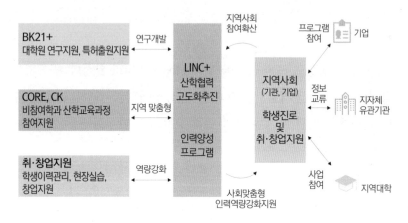

6. 맺음말

글의 첫머리에서 밝힌 바와 같이, 충북대학교는 충청권의 학문과 지성의 중추적 역할을 담당하면서 지역인재 양성과 지식 창조에 매진하여 지역 발전에 실질적으로 기여하여 왔다. 충북대학교는 제8차 종합발전계획에서 "지혜를 깨치며, 지역을 품고, 세계를 여는 충북대학교"의 대학 비전을 설정하고, '새로운 미래를 만드는 개신인'의 인재상을 토대로 6대 핵심역량(trans-CHANGE 핵심역량: 창의성, 품격, 적극성, 공동체 의식, 글로벌, 전문성)을 도출하였다.

충청권을 대표하는 지역거점 국립대로서의 소임을 다하기 위해서는 지금까지도 그래왔지만, 앞으로도 대학과 지역사회가 씨줄과 날줄로 엮어지는 '창의학습네트워크'를 구축하여야 마땅하다. 다양한 유형의 대학 가운데 충북대학교를 위시한 거점대 국립대학은 특히 지역사회와 유리된(delocalized) 기관이 아니라 지역사회와 운명공동체적인 관계를 형성하고 있다. 이러한 네트워크 구조 속에서 대학과 지역사회 모두 중심성과 영향력이 높은 인자로 자리매김 받을 수 있도록 부단한 노력을 기울여야 한다. 이를 위해서는 특정한 생산품이나 혁신과 연관된 활동을 촉진하기 위한 '하드'한 지원책과 이해당사자 사이의 협조 관계를 가능하게 하는 '소프트'한 접근법 양자에 대하여 대학과 지역사회가 함께 하는 학습공동체 형성은 필수적인 대안이라고 본다.

이와 같은 소명의식을 바탕으로 충북대학교는 국립대학 혁신지원사업(PoINT)에서 「대학-지역사회 파트너십 기반의 상생적 레질리언스(co-resilience) 플랫폼 구축」을 대학의 고유모델로 설정하고, 대학-지역사회 간 상생적 재생(revitalization) 및 회복력(resilience)의 구심점 역할을 충실히 수행하고자 한다. 상생적 레질리언스의 개념을 원용하여 지역의 경제·사회적인 성과를 극대화할 수 있는 방안뿐만 아니라 일정한 성과를 꾸준히 유지할 수 있는 실천적 대안을 대학과 지역사회가 함께 찾을 수 있다고 본다. 같은 맥락에서 충북대학교는 사회맞춤형 산학협력 선도대학(LINC+) 육성사업에서 산업분야별 집중

지원(Industry Coupled Collaboration Center: ICC)을 통해 지역산업을 선도하는 충청권 산업선도형 대학으로서의 역할을 강화하고, 지역산업체와의 지속가능한 공생형 산학협력에 근거한 대학과 지역의 상생 발전에 이바지하고자 한다.

참고문헌

김이수, 2016, "메타분석을 활용한 지역과 대학간 협력에 관한 연구: 국내 연구를 중심으로," 한국자치행정학보, 제30권 제1호, pp.115-143.

김지은, 2010, "대학-지역사회 파트너쉽을 통한 지역재생 사례연구: 일리노이 주립대학교 시카고 캠퍼스 지역협력프로그램을 중심으로," 서울도시연구, 제11권 제3호, pp.68-86.

김재훈, 2017, "지역격차의 공간구조: 2000년과 2014년의 비교," 한국사회학, 제51집 제2호, pp.95-153.

남기범, 2016, "'선택과 집중'의 종언: 포스트클러스터 지역산업정책의 논거와 방향," 한국경제지리학회지, 제19권 제4호, pp.764-781.

서울대학교, 2017 미래연구 방향 및 정책 어젠다.

이원호, 2016, "지속가능한 성장을 위한 지역회복력과 장소성: 지역경쟁력의 대안 모색," 한국지역지리학회지, 제22권 제3호, pp.483-498.

전대욱, 2017, "저출산·고령화에 따른 지역발전의 영향과 향후 대책," 지방행정연구, 제31권 제1호, pp.63-84.

충북대학교, 2017, 제8차 충북대학교 종합발전계획.

충북대학교, 2017, 충북대-지역사회 간 협력에 관한 인식 및 만족도 조사.

최남희, 2015, "새로운 지역개발전략으로서의 회복탄력성의 요소와 인과순환적 원형구조에 관한 연구," 한국시스템다이내믹스연구, 제16권 제4호, pp.155-178.

Acosta, Manuel, Joaquín M. Azagra-Caro, and Daniel Coronado, 2016, "Access to Universities' Public Knowledge: Who Is More Regionalist?," *Regional Studies*, Vol. 50, No. 3, pp.446-459.

Martin, Ron, and Peter Sunley, 2015, "On the Notion of Regional Economic Resilience: Conceptualization and Explanation," *Journal of Economic Geography*, Vol. 15, pp. 1-42.

Filippetti, Andrea, and Maria Savona. 2017, "University-industry Linkages and Academic Engagements: Individual Behaviors and Firms' Barriers. Introduction to the Special Section," *Journal of Technology Transfer*, Vol. 42, pp.719-729.

Galan-Muros, Victoria, and Carolin Plewa, 2016, "What Drives and Inhibits University-business Cooperation in Europe?: A Comprehensive Assessment," *R&D Management*, Vol. 46, No. 2, pp.369-382.

Huggins, Robert, and Daniel Prokop, 2017, "Network Structure and Regional Innovation: A Study of University-industry Ties," *Urban Studies*, Vol. 54, No. 4, pp.931-952.

Ranga, Marina, Juha Peraelampi, and Juha Kansikas, 2016, "The New Face of University-business Cooperation in Finland," *Science and Public Policy*, Vol. 43, No. 5, pp.601-612.

ICT 컬처 형성으로
대학과의 공존을 추진하는 청주시

이승훈 청주시장

청주시는 지리적으로 한반도의 중앙에 위치하고 있는 도시로서 동쪽에는 괴산군과 보은군, 서쪽에는 세종시, 남쪽은 대전광역시, 북쪽은 천안시 및 진천·증평군과 인접하고 있다. 또한, 수도권과 영·호남지역을 연결하는 국토의 중심지이며 교통의 주요 결절점을 형성하는 교통의 요충지이다. 2012년 6월 27일 대한민국 헌정사상 최초의 주민투표에 의한 통합 결정으로 오랜 숙원이었던 (구) 청주시와 (구) 청원군 행정구역을 통합해, 2014년 7월 1일 청주시로 출범하게 되었으며 인구 85만, 940㎢의 중부권 핵심도시 기능을 수행하고 있는 도시이다. 또한, 청주시 지역에는 4년제대(충북대, 한국교원대, 청주교대, 청주대, 서원대, 꽃동네대), 전문대(충청대, 충북보건과학대), 한국폴리텍대, 공군사관학교 모두 10개의 대학이 소재하고 있다.

세계화의 급속한 진전과 지식기반시대의 도래라는 세계질서의 변화 속에서 지역 경쟁력이 곧 국가 경쟁력이라는 점을 인식하고 능동적으로 대처하는 것이 중요하다고 생각한다. 이에 지자체도 우수한 지역 자원과 적극적인 상생협력 행정을 펼쳐 보다 나은 지역발전, 도시성장을 이끌어내어야 한다. 오늘날 지역 사회 발전에 있어 지역 대학의 기능과 역할이 중요하게 강조되고 있는 것은 부인할 수 없는 현실이다. 점점 복잡·다양해지고 있는 도시 사회는 도시를 구성하고 있는 다양한 주체들의 역할과 협력, 상생을 요구하고 있다. 청주시는 2003년 7월 청주시와 청주권대학협의회를 창립, 협약서를 채택하고 활발하게 공동협력 사업을 발굴·추진해오고 있으며, 각종 위원회에도 지역 대학의 교수들이 참여하여 활발히 활동하고 있다. 또한, 2014년 7월에 취임한 후 지역대학과 유기적인 협력체계의 중요성을 인식하고 조직 내에 대학협력팀을 신설하기도 하였다. 2017년 한 해만 지역 5개 대학과 총 38개 공동협력 사업을 추진하고 있으며, 이에 대해 40억 원 정도의 시비 재정지원을 하고 있다.

　최근 저출산 및 고령화 사회 도래와 4차 산업혁명 등에 따른 지역경쟁력 확보를 위해 대학과 도시의 상호보완적 협력체계인 유니버시티(Univer-City)가 속속 생기고 있다. 대학이 도시에 요구되는 현안문제를 해결하고 도시는 이에 대한 행·재정적 지원을 하는 구조로 대학과 기업이 함께 도시를 성장시키는 선순환의 역할을 수행하는 것이다. 미국의 스탠퍼드대가 첨단 기술 산업단지 실리콘밸리 조성에 기여해 창업 인재를 적극적으로 육성한 것을 대표적인 사례로 볼 수 있을 것이다. 1990년 이후 대학 졸업자의 25%가 이 대학 인근 35km 내에서 창업하여 수익금을 스타트업 기업에 재투자하고 있다.

인재육성-기업설립-재투자의 선순환 구조가 도시의 성장을 이끌어
낸 것이다. 우리나라도 대표적으로 서울시가 2017년 대학가 13곳에
캠퍼스 타운을 조성하고 2025년까지 52곳의 캠퍼스 타운을 조성한
다는 계획이며, 울산·포항·경주는 지역대학과 도시상생발전 포럼을
개최해 '해오름동맹 협력사업'을 추진하고 있다.

청주시도 한 도시의 고민을 넘어 국가 차원의 위기인 인구감소 문
제를 해결하기 위해 한 단계 확대된 대학(University), 시(City), 기업·단
체(Company)의 민-관-학 협력체인 가족친화 지역사회 UCC네트워크
를 구축했다. 2017년 5월에 지역대학 6곳과 32개 기업·단체가 청주
시와 협약을 맺어 각각의 구성원의 역할을 세분화하였다.

대학(University)에서는 만혼 및 비혼의 문제에 대한 인식개선을 목
표로 결혼·가정생활의 행복과 관련한 교양과목을 개설하고, 교직원
을 대상으로 유연근무제 도입 등 일·가정 양립을 실천하는 방안을
마련해 추진하게 된다.

기업·단체(Company)는 임신 중인 여직원을 배려하는 직장문화 조
성, 육아 부담이 적은 기업 만들기, 아빠의 육아·가사 참여확대, 가족
과 함께하는 직장 분위기 조성 등 일과 가정 양립을 위한 기업문화
를 조성하는 데 일조를 담당하게 된다.

시(City)는 각종 기관·단체장 회의에 찾아가는 인구문제 설명회 개
최, UCC네트워크 참여 독려와 활성화를 위해 노력하게 된다. 또한,
네트워크 구성원들 간의 정보공유와 참여확대를 위해 구성원들의 가
족 친화 우수사례 및 수기, 타 지역뿐만 아니라 외국의 가족 친화 제
도가 실린 소식지를 발행할 계획이다. 청주시에서 이러한 대학과 기
업·단체와의 상생협력의 노력이 수도권 집중으로 이어지는 지역 편

차를 해소하고 지역만의 특색을 갖춘 지역사회 발전을 이끌어 낼 것으로 본다.

제4차 산업혁명의 시대가 도래되고 있는 시점에 지자체 차원의 미래의 고부가가치 산업 육성과 청년 일자리 창출 및 경제발전, 그리고 살기 좋은 정주 여건 조성을 통한 시민의 삶의 질 향상 등 현실적인 문제에 대한 다방면의 능동적인 대처가 필요한 시기임은 틀림없다.

청주시는 국정운영 과제 중 하나인 과학기술의 발전과 미래성장 산업의 생태계 육성에 동참하고자 역점사업을 추진하고 있다. 대표적으로 게임 산업의 지역균등 발전을 위하여 지역기반형 글로벌 충북 게임센터 지정을 추진하고 있다. 이는 5년간 지역의 게임기업 30개를 육성하고 400여 명의 일자리 창출을 목표로 한다. 이 사업의 유치는 유능한 IT관련 학과 졸업자의 지역유출을 막아 지역발전에 새로운 마중물이 될 것으로 기대하고 있다. 이와 더불어 지역 대학과 협력을 통한 스마트 카·스마트 공장 운영설계 인재 양성을 위한 석·박사급 과정 운영이 국가공모사업으로 선정되어 스마트시티를 선도하는 전문 인력을 양성·배출할 예정이며 이 사업은 5년에 걸쳐 추진될 계획이다. 스마트시티의 자율주행자동차 부분에서는 청주시와 충북도, 지역대학이 협업하여 국내최초 민간기관에서 주관하는 자율주행차 성능시험장을 실증모델로 만들어 전국에 홍보되었으며 자율주행자동차를 제작하는 기업과 유수의 연구기관에서 사용 문의가 오고 있으며, 차년도에 테스트베드의 사업 규모를 확장하여 국고를 확보하기 위해 대학과 상생·협업하고 있다.

또한, 전 세계적으로 급속하게 진화하는 스마트도시 건설에도 박차를 가하고자 스마트시티 실행계획 장단기 계획수립 용역을 실시 중이다. 시는 '스마트 으뜸도시 청주(FIRST SMART City, CHEONGJU)'의 비전 아래 미래도시, 개성도시, 초연결 도시, 문제해결도시, 융복합 도시의 20개 서비스 발굴전략을 통해 100만 인구가 편리하고 윤택한 삶을 영위할 수 있는 으뜸도시 청주 건설을 목표로 대학과 민간부문이 참여하는 협력체계를 구축해 추진할 계획이다.

청주시의 제4차 산업혁명 기반 IT사업의 활성화를 위해 충북도와 도내 소재의 5개 대학과 협업하여 ICT컬처 분야의 연구개발특구 지정을 위하여 노력하고 있다. 특구로 지정이 된다면 대학과 지자체가 협업하고 연구소나 기업을 참여시켜 대학의 우수한 기술과 아이디어를 기업의 사업화와 공존하여 연구소기업으로 발전시켜 지역경제 활성화 및 일자리 창출이 증가할 것으로 기대한다. 지난 4월 4차 산업혁명에 대응하기 위해 지역 대학과 ICT 융·복합 지역 정보콘텐츠 소프트웨어 분야의 상생 발전 협약을 체결하였고, 지역대학 교수 4명을 포함하여 기업체, 연구회 등이 참여하는 '청주시 ICT발전 협의회'를 구성해 중장기 스마트계획 수립, 4차 산업혁명 역량강화 교육, ICBAM(사물인터넷, 클라우드, 빅데이터, 인공지능, 모바일) 활용한 기술적용 행정 분야 발굴, 도시 건설에 따른 도시문제의 체계적 관리방안, 정부 공모사업 협력 등에 대하여 토론과 자문의 역할을 담당하고 있다. 앞으로 시는 4차 산업 혁명에 대비한 선도적인 역할과 지역발전을 위해 지역의 대학과 상생협력 강화 및 활성화에 더욱 노력할 것이다.

지방대학의 발전은 지방분권과 국토균형발전의 핵심이다. 외국의 사례를 보더라도 지역마다 유서 깊은 대학이 지역발전을 선도해 왔다. 그러나 우리나라의 경우 그나마 지방의 명문대학으로 자리 잡았던 대학마저 과도한 수도권 집중화로 대학의 명성은 물론, 생존 그 자체가 위협받고 있는 현실이 되는 것 같다. 갈수록 치열해져 가는 대학의 경쟁 환경에서 살아남기 위해서 일반적이고 평범한 대학의 성격에서 벗어나 특성화 실현이 필요할 것이다.

미국 남부의 사막지대인 애리조나 피닉스지역이 바이오 밸리로 떠오르고 있다. 이는 학습패턴을 연구중심에서 산학 융합모델로 바꾼 애리조나 주립대의 대학 특성화 전략이 주요하였다. 애리조나 대학은 생물학, 컴퓨터 엔지니어링, 법학 등 기타 사회과학을 전공한 100여 명의 교수들이 함께 '바이오디자인 연구소(Bio design Institute)'를 주 정부와 피닉스시의 재정지원으로 설립하게 되었다. 최첨단 생명공학 연구 개발 분야의 인프라가 구축되자 제약회사들이 수천 만 달러의 자금을 들여 BT관련사업 기반을 확충하기 시작하게 되었고, 세계 유수의 BT연구센터들이 속속 피닉스 등 애리조나 지역으로 몰려들고 있다. 피닉스시는 인구가 15년 전보다 1백 20만 명이 늘어났고 수백 명의 일자리가 창출되었으며 새로운 바이오산업 거점 도시로 변모하는 기적을 낳았다.

이처럼 우리 지역의 대학도 국내를 벗어나 세계 속에서도 경쟁할 수 있는 대학별 특성화 전략을 통해 지역 대학도 살아남고 산 · 학 · 관 상생협력을 통해 좋은 일자리 창출을 이끌어내어 풍요로운 도시로 성장하기를 바란다. 이러한 특성화 전략은 지역의 우수한 인재가 지역에 소재한 대학에 입학하고 또 대학은 지역발전을 이끌 우수한 인재를 배출하고, 배출된 인재는 지역에서 창업하는 선순환 구조가 형성되게 된다. 대학의 특성화로 우수한 인재의 창업과 맞춤형 인재양성은 그 지역의 일자리 창출과 청년 실업은 물론 지역사회

발전과 도시성장에 큰 역할을 하게 될 것이다.

도시와 상생 관점에서 대학과 지역사회 간 협력은 불가분의 관계이다. 대학과 도시의 상생협력을 위한 몇 가지 제언을 해보고자 한다.

첫째, 대학과 지역사회 간의 협력체계 구축이다. 대학은 교육·연구의 거점이자 고도의 의료서비스 제공의 거점, 지역 내 소비·사회·문화 활동의 주체, 대규모 녹지와 휴식공간의 제공 등 다양한 역할을 수행하는 주체로서 중요한 의미를 가진다. 이러한 이유로 미국과 일본 등에서는 대학이 주도적으로 도시의 마스터플랜을 수립하고 거버넌스에서 주도적 역할을 수행하여 주변 도시의 발전을 선도하는 사례를 볼 수 있다. 하지만 우리나라의 대학들은 주변 도시와 단절되어 독립적인 형태를 유지하고 있으며 대학의 본래 기능 중 하나인 지역사회 공헌 기능으로서 준공공적 역할에 대해서는 매우 소극적인 것이 사실이다. 대학과 지역사회는 경제, 문화, 교육 등의 여러 방면에서 효과적인 협력체계를 구축하여 지역의 특성에 맞는 개발 및 발전 방향을 제시하고, 대학과 지역사회의 물리적·기능적인 연계를 통해 지역주민의 삶의 질 향상과 지역사회 활성화로 이어나갈 수 있는 상생방안을 모색해 나가는 데 함께 노력을 기울여야 한다.

둘째, 대학가 주변 도시재생이다. 지역사회의 교육·문화·환경 중심으로의 대학가 육성을 위해서는 대학과 주변 지역의 특성과 여건에 맞는 종합적인 관리계획 수립이 필요하며 계획수립 시 대학과 지역사회 이해당사자의 참여를 유도하여 계획의 실현성과 지속성을 높여야 한다. 우리 지역도 대학담장 허물기와 녹화사업, 대학가 주변 상권 활성화, 주거환경 개선 등 캠퍼스와 주변 지역의 활성화를 위한 공동협력이 필요할 때이다.

셋째, 대학시설 개방이다. 사회가 발전할수록 대학은 본래의 기능인 교육 및 연구를 뛰어넘어 지역의 경제적인 발전, 대학문화 형성, 쾌적한 환경 조성 등 보다 광범위한 기능을 수행하게 됨은 물론 지역사회와 공생적 관계를 유지하며 지역발전의 원동력으로서의 역할이 새롭게 강조되고 있다. 대학의 도서관, 운동장, 체육관 등의 훌륭한 학교 시설들이 지역주민에게 개방된다면 지역주민 삶의 향상에 기여함은 물론 지역사회와 소통을 통한 상생의 시너지효과가 나타날 것이다.

넷째, 평생교육의 확대이다. 대학은 이미 평생교육체제를 구축하는 데 있어 중추적인 역할을 하고 있다. 고도의 인적자원을 갖추고 있는 대학은 지역사회의 평생교육체제를 실현할 수 있는 최적의 공간이기 때문이다. 정보화 사회에서의 효율적인 정보와 지식의 습득, 급변하는 사회에 대응하기 위해서 연령에 상관없이 계속적인 재교육의 요구 등의 주민 욕구를 충족시켜 주기 위해서는 평생교육 프로그램의 확대가 필요하다.

도시의 발전, 지역사회 활성화를 위해서는 도시 구성체 모두의 협력이 있어야 한다. 특히 대학의 교육·연구를 통한 인재양성과 새로운 지식 가치창출은 산업의 경쟁력을 높이고 도시의 활력으로 이어진다. 세계화 시대에 지방자치단체와 지역 대학의 긴밀한 협력 관계는 국내의 경쟁력뿐 아니라 국제화된 경쟁력을 갖추는데 불가피한 요소이다. 이러한 협력 체계를 지속적으로 발전시켜 도시성장으로의 시너지 효과를 내는 방향으로 발전해 나가야 할 것이다.

도시와 함께 가치를 창출하는 대학 포스텍: BOIC와 FOIC를 중심으로

김도연 포스텍 총장

대학과 도시의 상생

1980년대 미국의 Pittsburgh 시는 멈춰 선 US steel사의 높은 고로(高爐)가 도시 쇠락을 상징처럼 보여주고 있었다. 그 후 약 30여 년이 지난 지금 Pittsburgh 시는 예전의 철강도시와는 전혀 다른 새로운 형태로 탈바꿈 되어 있고 그 변화의 배경에는 University of Pittsburgh 와 Carnegie-Mellon University가 있다. 이 두 대학은 바이오 분야와 Computer 공학에서 세계 최고의 연구결과들에 기초한 기업을 만들어 도시의 모습을 변화시켰다. 이처럼 대학은 도시부활의 알파이자 오메가이다.

포항은 60년 전 작은 어촌이었고 POSCO가 자리 잡은 후 철강도시로 변화되어 지금은 50만 인구로 번성하고 있다. POSCO는 지난

8년을 연속해서 World Steel Dynamic에 의해 세계적으로 가장 경쟁력 있는 철강회사로 평가 받고 있기에 US Steel과는 물론 다를 것이다. 그러나 포항은 철강산업 하나로 만족해서는 안 된다. 진정한 세계적 도시로의 도약을 위해서는 철강에 덧붙여 또 다른 산업을 키워야 할 것이다. 이를 위해 무엇을 할 것인가? 이 질문에 대한 답은 젊은이들이 모여 있는 대학에 있다.

가치창출대학

포스텍은 1986년 연구중심대학(Research Oriented University)라는 그 당시 국내에서는 생소한 기치를 내걸고 개교하였다. 당시 연구의 불모지였던 대한민국에서 포스텍은 엄청난 도전의 길에 나섰던 것인데, 그 후 30년 동안 포스텍이 이룬 업적은 사실 기적 같은 것이다. 2017년 3월 영국 타임즈고등교육(Times Higher Education, THE)이 평가해 발표한 World's Best Small Universities 에서 포스텍은 미국의 Caltech, 프랑스의 Ecole Normale Superieure 에 이어 세계 3위로 평가되었다. 교수 1인당 논문 피인용수에 있어서도 포스텍은 세계 6위에 오르는 등 포스텍은 대한민국의 과학기술 경쟁력을 한 차원 끌어 올렸다고 자부하고 있다. 이는 POSCO와 학교법인의 전폭적 지원 및 대학구성원 모두의 열정과 노력이 함께 어울려 맺은 열매다.

세계 무대에서의 초일류 대학을 향한 포스텍의 도전은 물론 현재 진행형이며 미래에도 계속될 것이다. 그리고 미래는 준비하는 자의 것이기에 포스텍은 30년을 마감하며 새로운 30년을 준비하고 있다.

세계적인 무대에서 대학간의 경쟁은 더욱 심해지고 있으며 국민들은 정부와 사회의 지원을 받는 대학들에 대해 좀 더 직접적으로 국가의 경제 발전에 기여할 것을 압박하고 있다. 동시에 학생들은 불확실한 미래의 삶을 개척하는데 있어 대학이 좀 더 뚜렷한 길을 제시하라고 요구하는 상황이다. 세계화로 인해 이미 좁아진 지구촌(地球村)에서 대한민국의 대학들은 발전전략이 아니라 생존전략의 차원에서 미래를 설계해야 할 시점이다.

이러한 배경에서 포스텍은 그간의 연구중심에서 한 걸음 더 나아가 가치창출(價値創出)이란 새로운 지향점을 모색하기로 했다. 지난날 연구중심대학으로서 추구했던 가치는 튼실한 교육을 통해 얻을 수 있었던 인재가치와 빼어난 연구로 얻을 수 있었던 지식가치였다. 가치창출대학의 목표는 얻어지는 소중한 인재가치와 지식가치를 창업(創業), 창직(創職)과 연계하여 사회·경제적 발전에도 직접적으로 기여하는 것이다.

이제 대학은 새로운 일자리를 만들어내는 주역이 되어야 한다. 미국의 경우, 전체 기업의 4%에 불과한 벤쳐기업이 만들어 내는 신규 일자리는 절반 이상이며 영국도 최근 일자리의 60%를 벤쳐기업이 만들어 내고 있다. 대학 스스로가 연구성과를 이용해 이를 벤쳐기업으로 이어가야 하는 이유다. 이런 측면에서 대학은 창업도 연구의 주요 성과로서 그 가치를 인정해야 한다. 그러나 창업을 위한 연구만 의미가 있는 것은 당연히 아니다. 모든 자연현상에 대해 우리는 호기심을 지니고 있으며 이를 풀어가는 과정, 즉 기초연구에서 얻어지는 새롭고 가치 있는 지식은 대학의 가장 소중한 성과이며 자산이다.

〈그림 1〉 포스텍의 새로운 30년을 위한 새로운 지향점

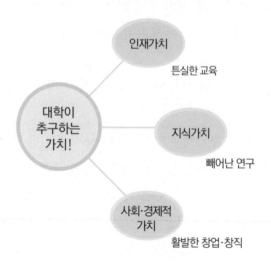

POSTECH: 가치창출대학(Value Creation University)!

인재가치
튼실한 교육

대학이
추구하는
가치!

지식가치
빼어난 연구

사회·경제적
가치
활발한 창업·창직

이러한 가치창출을 위한 구체적인 실행방안은 무엇일까? 포스텍은 과거 폐쇄적이었던 대학의 연구환경을 대폭 개방하면서 혁신을 모색하고 있다.

개방형 혁신센터(OIC : Open Innovation Center)

Open Innovation(개방형 혁신)은 2003년 버클리 대학에서 시작된 것으로, 기업활동에서 내부뿐 아니라 외부의 아이디어도 함께 이용해 제품이나 서비스를 만들어 내는 개념이다. 포스텍이 추진하는 Open Innovation Center도 대학의 내부 구성원뿐 아니라 대학 외부의 연

구소와 기업도 함께 불러 공동으로 연구하고 작업하는 공간을 의미한다. 사회·경제적 가치창출을 위해 대학-기업-정부 모두의 협업 체계를 구축하기 위함이다. 특히 기업의 참여는 아주 중요하다. 이를 통해 대학은 빠르게 변화하는 시장에 대응할 수 있고 기업은 대학이 지닌 인력공급과 탁월한 연구성과를 공유할 수 있을 것으로 믿어진다.

포스텍은 최근 두 개의 OIC를 바이오 제약 분야와 미래도시 산업 분야에 새로이 설립했다. 우선 BOIC(Bio- Open Innovation Center)는 생명과학과의 성영철 교수가 스스로의 연구성과를 바탕으로 키워 낸 제약전문 벤처기업 제넥신을 비롯한 기업들 그리고 포항시 및 경상북도의 참여로 2016년에 발족했다. BOIC의 궁극적 목표는 신약개발이며 이를 통해 포항을 제약산업 도시로 만드는 일이다. 이를 위한 중요 연구시설로는 포스텍이 지니고 있는 방사광 가속기를 꼽을 수 있다.

〈그림 2〉 2016년 9월에 세계에서 세 번째로 준공된 4세대 방사광 가속기

방사광가속기(Synchrotron Radiation Source)

포항이 미래 제약산업 도시로 다른 도시와 차별화 되는 이유 중의 하나는 포스텍이 운영하고 있는 방사광 가속기이다. 1994년 3세대 방사광 가속기를 운영하기 시작한 후 2016년 9월에는 세계에서 세 빈째로 미국과 일본에 이어 4세대 방사광 가속기를 왼공하여 운영하고 있다. 3세대 방사광 가속기에서는 전자를 가속하여 원운동을 만들어 주면서 밝은 빛을 만들어 내는데 그 파장의 범위가 넓고 단위 면적당 빛의 세기가 강하다(햇빛의 100억배). 이를 이용하면 눈으로는 볼 수 없었던 물질의 미세구조를 볼 수 있어 다양한 산업분야에 그간 응용되었다. 이에 비해 4세대 방사광 가속기는 3세대에 비해 그 밝기가 다시 1억배가 강하다. 또한 극미세시간 동안의 현상을 관찰할 수 있어 지금까지 볼 수 없었던 식물에서의 광합성과정, 물이 생성되는 순간, 단백질의 구조 등을 볼 수 있을 것으로 기대된다. 4세대 방사광 가속기를 통해 많은 분야의 기초연구 및 응용연구가 한층 더 심오해 질 것으로 확신하는데 그 중에도 포스텍이 특히 관심을 갖는 분야는 바이오 제약이다.

BOIC(Bio Open Innovation Center)

포스텍이 BOIC를 통해 집중하고자 하는 분야는 신약개발이다. 신약개발은 대부분 많은 비용과 시간을 들여서 수많은 시행착오를 통하여 이루어지고 있다. 그러나 4세대 가속기를 이용하여 신약개발의 타겟인 세포막단백질의 3차원 구조를 먼저 규명할 수 있으면, 이에 기반한 신약설계를 통하여 훨씬 빠른 시간 내에 적은 비용으로 사업화가 가능하게 될 것이다. 현재 전세계 제약시장은 연 1,200조원의 엄청난 규모로 조선, 반도체 그리고 자동차 시장을 모두 합친 것에 상응한다. 아울러 고령화 추세 등과 더불어 차후 10년내에 의약품 시장은 두 배 이상으로 성장할 것으로도 예상되고 있다. 이렇게 큰 시장임에도 불구하고 우리 제약산업의 세계적 경쟁력은 대단히 미미한 실정이다.

〈그림 3〉 전세계의 산업별 시장 규모

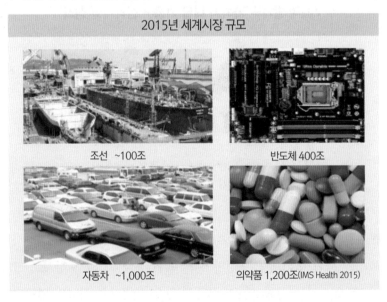

포스텍의 가속기를 이용한 신약설계를 통해 제약산업 분야가 성공적으로 발전한다면 이는 포항의 번성에 기여할 뿐 아니라 국가적으로도 새로운 고부가 가치산업을 창출하는 일이다. 이 분야는 학문적

인 관점에서도 매우 중요하여 구조생물학 분야는 2000년 이후 6명의 노벨상 수상자가 나올 정도로 기초연구로서의 가치가 있다. 여하튼 신약개발의 새로운 패러다임을 만들어 갈 BOIC는 대한민국이 의약품시장에 본격적으로 진출할 계기를 만들어 갈 것이다.

〈그림 4〉 Bio Open Innovation Center를 통한 신약개발

포스텍의 인프라가 될 BOIC는 지하1층, 지상4층, 연면적 약 10,000㎡으로 건립될 예정이며 이를 위해 2016년 11월, 22개의 유관기관(대학, 연구소, 기업, 지자체등)이 공동으로 MOU 를 맺고 신약사업 육성을 위한 협의체를 구성하였다. 이후 경상북도와 포항시는 자체 주요사업으로 예산확보에 노력하고 있으며 대학은 최고의 연구팀을 꾸리기 위해 국제협력, 관련분야 교수채용 등을 서두르고 있다. 현재 미국 Arizona State University 의 Bio Design Institute 와 긴밀한 공동연구를 추진 중이고 제넥신(주)과 공동으로 SL-POGEN 이라는 회사를 만들어 이 분야의 산업화를 준비하고 있다.

이러한 가속기와 신약산업의 밀접한 관계는 이미 스위스의 바젤이라는 도시에서도 볼 수 있다. 바젤에는 포항과 마찬가지로 4세대 방사광 가속기가 건설 중인데 이는 세계적 제약기업인 노바티스(Novartis) 등을 지원하기 위함이다. 이러한 신약개발 연구가 성과를 내기 시작하면 마치 Pittsburgh시가 바이오 산업에 의해 모습이 바뀌었듯 포항시에도 많은 변화가 있을 것으로 기대된다. 포스텍의 BOIC는 향후 우수한 연구인력을 주축으로 기초과학연구단, 가속기연구소, Arizona State University, 스웨덴의 Karolinska Institute, 임상시험을 위한 의료기관, 바이오벤쳐, 그리고 신약관련 제약사들이 모두 함께 일할 수 있는 Platform 으로서 기능을 수행할 것이다.

FOIC(Future City Open Innovation Center)

포스텍이 설립한 두 번째 Open Innovation Center는 미래도시 분야다. 통계적으로 전세계에서는 매일 약 15만명의 인구가 도시로 유입되고 있는데 이는 약 3-4 일마다 포항만한 도시 건설이 필요함을 의미한다. 중국의 경우, 2012년 기준 52.6%였던 도시화율(상주인구 기준)을 2020년까지 60% 수준으로 높이는 것을 목표로 하고 있으며, 이에 따라 중국 정부는 분당규모의 도시를 매년 50개씩 건설하기 위해 42조 위안(약 7200조 원)을 투자할 계획이다. 중국과 아시아에서만 앞으로 25억명이 도시로 나올 것이라는 예측도 있다. 이러한 새로운 도시의 수요뿐 아니라 오래된 도시도 인구가 밀집하면서 제 기능을 상실했고 지역들이 슬럼화 되면서 도시재생이라는 부분도 매우 중요한 사업이 되었다. 또한 IT기술이 발전하면서 시민의 생활을 편리하게 하여 이들이 살기 좋은 도시를 만드는 일 자체도 아주 중요해 졌다. 이러한 미래도시에 관련된 시장은 세계적으로 연 1500조 규모로 추산되고 있는데 이 분야로의 진출을 위해서는 대학뿐 아니라 지자체, 기업, 그리고 연구소 간의 협력을 통한 시너지가 매우 중요하다.

해외에서는 이미 많은 나라에서 이러한 구상을 실현하고 있으며 중국과 인도는 각 500개와 100개의 새로운 국가주도 스마트도시 조성을 추진 중에 있다. 우리 정부도 Smart City사업을 통해 이 분야로 발돋움하고 있는데, 이미 2009년 Ubiquitous 도시 건설 등에 관한 법률을 제정한 바 있다. 최근에는 인천 송도 혹은 세종시를 중심으로 하는 국제스마트 도시가 계획 중인 것으로 알려져 있다.

〈그림 5〉 스마트시티 개념도 *

＊ 정재영, "글로벌 메가시티의 미래 지형도" (LG Business Insight 1114호, 2010).

포스텍도 새로이 Future City Open Innovation Center를 발족시켜 이러한 미래도시건설에 기여할 계획이다. 다행히 포스텍은 POSCO, POSCO 건설, POSCO ICT 등의 회사들과 협력할 수 있는 좋은 환경을 가지고 있다. 또한 이러한 새로운 시도를 위해서는 적정 인구규모의 도시가 유리한데, 실제로 포항시는 인구 50만 정도로 시범사업 등을 추진하기 좋은 상황이다. 이미 POSCO 건설과 POSCO ICT 는 중동의 쿠웨이트에 우리나라 분당 면적의 3배 크기(세대수 2.5만~4만)에 달하는 새로운 도시를 설계/건설하는 사업에 참여하고 있다.

FOIC는 말 그대로 미래도시를 위해 학교, 연구소, 기업 등의 여러 기관이 모여 시너지를 내는 공간으로, 학교는 학교가 가진 첨단 기술을 미래도시라는 다양한 분야에 적용할 기회를 가지게 되고 기업은 필요한 기술 및 인력을 공급받을 수 있다. 구체적인 사업 분야는 에너지, 건강, 안전, 교통, 도시 운영 효율 및 자산 관리, 공정 자동화 등 소비자, 공공 등 산업 전 부문에 걸쳐 다양하다. 특히 요즈음 화두가 되고 있는 4차 산업혁명의 Keywords 즉, IoT, 인공지능, Big Data, Connected Car, Augmented Reality, Virtual Reality, Robot 등의 많은 기술이 실제 적용되는 분야이기도 하다. 포스텍은 정보통신 연구소를 중심으로 하는 인공지능연구그룹과 더불어 Big Data연구센터, Smart factory 등 4차산업혁명의 거의 모든 핵심분야에 빼어난 연구인력을 지니고 있다. 지자체와 기업의 협력이 잘 이루어지면 몇 가지의 선택된 분야에서 좋은 모델을 만들고 이를 산업화로 이끌 수 있을 것이다.

FOIC의 성공을 위해서는 대학의 연구역량 이외에 지자체의 역할이 매우 중요하다. 미래도시 또는 스마트도시를 만들기 위한 사업의 우선순위를 결정하고 사업추진을 위한 예산의 확보와 실행방안 수립, 외부기업의 유치방안을 마련해야 하는 등 여러 가지 일들이 있다. 포스텍은 포항시/경상북도와 더불어 훌륭한 사례를 만들기 위해 진력할 것이다.

도시를 변화시키는 한동대학교

장순흥 한동대학교 총장

현재 대학교에서 추진 중인 과제:
세상을 변화시키는 한동대학교 10대 프로젝트

한동대학교는 10대 프로젝트라는 축을 바탕으로 다양한 과제들을 추진 중에 있다. 10대 프로젝트는 1) 지역발전 프로젝트, 2) 통일한국 프로젝트, 3) 아프리카 프로젝트, 4) 창업활성화 프로젝트, 5) 스마트 파이낸싱·핀테크 프로젝트, 6) ICT/IoT 기반 초연결·초융합 프로젝트, 7) 스마트카·로봇·인공지능 프로젝트, 8) 지속가능한 에너지·환경 프로젝트, 9) 차세대 의식주 프로젝트, 10) 건강·복지 프로젝트로 구성되어 있다. 각 프로젝트별 주요 사례를 함께 소개하고자 한다.

1)지역발전 프로젝트

대한민국 산업화의 상징적인 도시인 포항과 역사문화의 상징적인 도시인 경주의 상생 발전을 위해 2015년 1월 말, 포항·경주 지역 기관 단체장 모임에서 형산강 포럼 창립을 제안하여 양 시장을 고문으로, 한동대학교 총장과 동국대 경주캠퍼스 총장을 공동대표로 하여 자문위원과 5개 분과위원회로 구성되었다. 포항과 경주의 공동 발전 권역인 형산강 권역을 환동해 경북 新 이니셔티브 전초기지로 개발하고 형산강이 보유한 각종 자원을 활용하어 포항·경주 상생발전의 모멘텀과 창조 모델을 구축하고자 형산강 프로젝트를 제안, 진행해 오고 있다. 한동대는 형산강 양 도시의 비전으로 최고의 경제 도시, 최고의 문화 도시, 최고의 에너토피아 도시, 최고의 창조 도시, 최고 품격의 국제 도시를 강조하였고 이를 위한 전략으로 문화와 산업, 인문학과 기술의 융합, 규제 최소화에 따른 창조와 자유의 분위기 조성, 에너지와 친환경을 융합한 에너토피아 추진, 국제적인 100대 벤처 육성을 통한 창업 활성화, 전통과 현대적 디자인을 융합함으로써 이미지·브랜드 구축, 해외학생 유치 및 평생교육을 통한 Learning City 조성, 기존 산업과 ICT 및 금융을 결합한 스마트 시티 조성, 물류·유통·문화센터 조성을 통한 접경 지역 집중 개발, 환동해권 지역의 인프라를 바탕으로 한 서해안 지역 교류를 확대하는 양안 전략, 新 신라방 거점을 통한 新 나·당 시대 조성 등을 제시하였다.

2) 통일한국 프로젝트

한동대학교는 '통일을 준비하는 대학'이라는 정신을 토대로 통일 아카데미, 북한중보주간, 통일을 위한 음악한마당, 통일한국센터 운영 등 다양한 활동을 하고 있다. 한동통일한국센터는 탈북민 학생의 교내 생활 및 졸업 후 성공적인 한국 사회 정착을 위한 집중 교육,

통일 후 미래 지도자 양성을 위한 교육, 통일 융합 교과과정 개발, 탈북민 및 통일 후 북한 지역 학생에 대한 교육 및 사회적응 프로그램, 민족동질성 회복 프로그램 개발, 각 사업과 관련된 국내외 기관과의 네트워크 구축, 연구, 조사, 보고서 발간, 세미나·워크숍 개최 등의 활동을 수행 중에 있다. 뿐만 아니라 한동대학교 통일과 평화 연구소를 주축으로 한 법학, 철학, 사회복지학자들과 국제장애인권연구의 최고 권위 기관인 미국 시라큐스 대학의 버튼 브렛 연구소의 책임연구자와 캘리포니아 주립대 교수가 함께 북한 장애인 인권 증진을 위한 연구를 진행하기도 했다.

3) 아프리카 프로젝트

한동대학교는 전 세계 개발도상국에서 외국 학생들을 유치하여 교육의 기회를 제공해 왔고 개도국의 역량 강화를 위한 국제개발협력 사업을 지속적으로 시행하고 있다. 교수와 학생들이 자비로 아프리카 및 아시아 지역의 개발도상국을 방문하여 연구 및 봉사활동을 해 왔으며 매년 상당한 금액의 교비 예산을 투입해 국제개발협력 사업을 지원하였다. 이러한 노력을 인정받아 OECD와 한국 대학 최초로 공식 인턴 채용 협정을 체결하고 2007년 유네스코로부터 개도국의 지속 발전 역량 강화 유니트윈 주관대학으로 지정되었다. 또한 반기문 UN 사무총장의 주도로 2010년 11월에 설립된 UN Academic Impact의 제 5대 원칙인 고등교육 역량 강화 글로벌 허브대학으로 2011년 지정되는 등 국제사회 협력에 이바지하는 대학으로 자리매김하고 있다. 다양한 국제협력사업의 프로그램을 통해 현재까지 28개 국가, 68개 대학 및 기관과 협력하여 각종 연구, 훈련 및 교육 프로그램을 진행해왔으며 약 13,000여명의 아프리카 및 아시아 개도국 정부, 현지 대학 관계자와 학생들이 수혜를 받았다. 또한, 2008년부터 동아프리카, 서아프리카, 에티오피아, 몽골, 캄보디아, 남아메리카, 라오스 등지에서 20회에 걸쳐 글로벌 기업가정신 훈련 프로그램을 개최해 개발도상국 국제개발협력 실무형 인재 양성 및 기업가정신 교육을 통한 개발도상국의 지속적인 발전 역량 강화, 개발도상국 경제 개발을 위한 리더 및 현지 국제 기업가 양성에 힘쓰고 있다.

4) 창업활성화 프로젝트

2014년부터 한동창업경진대회를 개최하여 우승자를 일정 기간 실리콘밸리, 상해, 이스라엘로 파견하여 현지 인턴십 활동 및 창업 관련 활동을 할 수 있도록 지원하고 있으며 전산전자공학부와 실리콘밸리를 연계하여 재학생들이 전공 분야를 살려 현지 인턴십 및 취업을 할 수 있도록 돕고 있다. 한 졸업생은 산호세 파리바게트를 위한 챗봇 엔진을 개발하여 간단하고 일반적인 문의는 챗봇이 해결할 수 있도록 하였다. 챗봇 메신저 창에 주문하면 고객의 핸드폰으로 프리오더 영수증이 문자 발송되고 매장을 찾은 고객이 그 번호를 보여주면 바로 제품을 픽업할 수 있게 하는 것이다. 2016년 9월에 신설된 ICT 창업학부는 '기술 너머의 창조', '혁신으로 미래를 창출함'이라는 정신을 바탕으로 국제기업가정신, ICT 창업, ICT 융합 트랙으로 구성된다. 국제기업가정신 전공은 사업구상·실현·운영 등 실무 비즈니스 역량 함양을 목표로 하며, ICT 융합 전공은 ICT 연구와 활용 역량 함양을 통해 전산학적 사고와 창조적 문제해결능력에 초점을 맞춰 정보전문가 및 분석가 양성을 목표로 한다. ICT 창업 전공은 창업

역량과 ICT 활용 역량을 습득해 미래지식·지혜산업을 선도하는 실무형 인재 양성이 목표다.

5) 스마트 파이낸싱·핀테크 프로젝트

한동대학교는 3년간 총 사업비 6억 5000만원을 위탁받아 모바일 핀테크 사업의 일환으로 포항포인트 사업을 운영하고 있다. 2016년에는 포항포인트 서비스 앱을 개발해 양덕 30여개 가맹점에 보급, 시범 운영을 실시했으며 올해는 클라우드 방식의 POS 개발 보급 및 대이동, 구룡포 등지의 상가 지역 확대, 내년에는 포항시 전역 상가 확대 추진을 계획 중이다. 포항포인트는 대기업 프랜차이즈 업체가 많이 하는 쿠폰 행사 및 스탬프, 마일리지 적립 등의 서비스를 지역 영세업체에서도 할 수 있도록 시스템을 구축하고 지역 내 소상공인은 누구나 앱을 다운로드 받아 무료로 이용하도록 하는 사업이다. 뿐만 아니라 한동대학교 스마트핀테크 캠퍼스 구축 사례는 지난 해 개최된 정부 3.0 국민체험마당 행사에서 경상북도 우수 사례로 선정되었다. 비접촉식 근거리무선통신(NFC) 학생증을 사용하여 셔틀버스 탑승, 출석체크 서비스 이용, 식당 결제, 도서관리시스템 이용 등이 가능하다.

6) ICT/IoT 기반 초연결·초융합 프로젝트

한동대학교는 개교 때부터 국내 최초로 전교생의 소프트웨어 교육을 의무화했을 뿐 아니라 포항시가 철강산업 일변도의 도시에서 소프트 산업을 기반으로 한 4차 산업혁명 중심 도시가 될 수 있도록 지속적인 노력을 해 왔다. 이에 2017년 3월, 소프트웨어 중심대학으로 선정되었고 2020년까지 4년간 지원되는 국비 70억원을 포함해 약

100억원의 규모로 사업을 진행하게 된다. 이를 바탕으로 IT 융합대학 신설, 학내 소프트웨어 교육 조직 통합, 인력 양성 규모 확충, 머신러닝 특성화 학부 및 대학원 산학 트랙 등을 운영할 계획이다. 또한 전문성, 현장 적응력, 프로 의식을 갖춘 소프트웨어 인재 양성을 위한 융합 교육 체계를 마련하고 지역 및 국내외 기업과 산학협력 교육 체계를 구축할 뿐만 아니라 비전공자를 위한 코딩 교육도 제공할 계획이다.

7) 스마트카·로봇·인공지능 프로젝트

한동대학교는 지난해부터 에너지시스템 융합분야 고효율 그린자동차 보급 활성화 및 학생들의 창의력에 기반을 둔 아이디어 발굴 및 미래 클린 에너지·환경 산업 육성을 목표로 교내에서 고효율 친환경 스마트 RC카 경진대회를 개최해 오고 있다. 학생들이 직접 만든 RC카로 블루투스 통신을 통한 원격 제어 및 각종 센서, 알고리즘을 활용한 자율주행 트랙을 완주하는 대회이다. 올해 10월에 산업통산자원부 주관으로 개최되는 대학생 자율주행 경진대회에는 한동대 학생들이 유일한 학사 출신 참가자로 전기차를 직접 제어하여 교통신호, 표지판, 보행자 인식 및 차선변경, U턴 제어 등의 미션을 수행하게 된다. 이외에도 김인중 교수 연구팀은 세계 최초로 인공지능을 이용한 T-커머스 방송 편성 시스템을 실용화하는 데 성공하였다. 이는 컴퓨터가 인공신경망으로 딥러닝을 이용해 T-커머스에서 각 상품의 편성 시간대에 따른 매출을 데이터로 학습·예측하고 예상 매출을 최대화하도록 T-커머스 방송을 자동으로 편성하는 지능형 T-커머스 방송 편성 알고리즘이다.

8) 지속가능한 에너지·환경 프로젝트

한동대학교·포스텍 경북 동해안 지속가능 에너지·환경 융합인재 양성사업단은 2014년도 교육부와 한국연구재단이 추진하는 지방 대학특성화사업 중 권역별로 3개의 사업단을 선정하는 '지역전략유형'의 사업단으로 선정되었다. 이를 바탕으로 에너지·환경 융합 교육 워크숍 개최, 경북 동해안 지속가능 에너지-환경 융합 전문가 포럼 개최, 학술지 창간 등의 활동을 해 오고 있다. 뿐만 아니라 한동대 학생들이 3년 연속 국내 대표적인 대학생 공모전인 LG 글로벌챌린저에서 대상을 수상했는데, 모두 환경과 관련된 주제이다. 2013년도 대상 수상팀은 '사막의 회복을 위한 치료법, 미생물에서 찾다'는 주제로 박테리아를 이용한 사막화 방지 기술과 한국형 사막화 방지 시스템 모델을 제시했다. 2014년도 대상 수상팀은 바다에서 흔하게 사용되는 화학 스티로폼 부표가 해양환경을 오염시키는 문제 상황을 인식하고 해결방안으로 버섯 스티로폼 부표 대체를 제안했다. 2015년도 대상 수상팀은 '살아있는 식물에서 전기에너지를 얻다'는 주제로 식물의 광합성 결과로 생산한 유기물을 이용해 24시간 에너지 공급이 가능하고 자연을 훼손하지 않는 새로운 에너지 기술, 미생물 연료 세포를 활용해 전력이 공급되지 않는 지역에 제공할 수 있는 랜턴을 제작하는 등의 대안을 제안했다.

9) 차세대 의식주 프로젝트

최근 한동대학교 석좌교수이자 유산균 분야의 세계적인 석학 빌헬름 홀잡펠 교수가 주축이 되어 바이오벤처기업을 설립했다. 홀잡펠 교수는 김치에서 분리해낸 젖산균의 기능과 기존의 젖산균과 비교할 때 위장에서 높은 생존 가능성 및 식중독 균에 대한 향균성과 콜레스테롤 저하 효과에 대해서도 발표한 바 있다. 또한, 포항시는 한동대학교에 어린이 급식관리지원센터 운영을 위탁하고 동 센터에서는 영양사의 고용의무가 없는 급식 인원 100명 미만의 어린이집, 유치원 등을 대상으로 집단 급식소의 위생 및 영양을 체계적으로 관리하고 있다. 최근에는 특화사업으로 사물인터넷 식중독 지킴이 디바이스를 개발하여 소규모 어린이 보육시설의 식중독 예방을 위해 유해균의 발생과 증식에 결정적인 영향을 주는 온도, 습도, 식중독 지수를 현장 맞춤형으로 알려 주고 센터의 빅데이터망에서 30분 또는 1시간 간격으로 데이터를 수집한다.

10) 건강·복지 프로젝트

한동대학교는 10년째 사랑의 마라톤을 진행해 오고 있다. 사랑의 마라톤은 한동대 재학생, 포항시 장애인 및 시민 등 수백 명이 참여하여 장애인과 비장애인 2인이 한 조를 이뤄 협력하고 의지하며 5km를 완주하는 대회이다. 이 대회는 장애인들이 마라톤을 완주할 수 있도록 돕는 것 뿐만 아니라 장애인들을 이해하고 사랑하는 마음을 가지자는 취지로 진행되고 있다. 또한, 한동대 동문은 장애인을 위한 일자리 창출을 위해 2009년 이래로 곳곳에 히즈빈스 매장을 열기 시작했으며 장애인이 전문 바리스타로 일하고 있다. 이외에도 북한이탈주민들의 경제적 자립을 위한 떡 등 건강한 먹거리를 만드는 설레, 북한이탈주민들의 직업 훈련 등을 맡은 향기나는자원센터, 장애인 고용을 위한 카페를 컨설팅해주는 히즈빈스 컨설팅 등 여러 사업을 진행하고 있다.

대학에서 지방 혹은 중앙정부에 요청하고 싶은 일:
대학이 도시를 살리고, 도시가 대학을 살린다

국가와 지자체가 각 대학들이 특성 있는 대학으로 자리잡고, 또한 대학이 특색 있는 인재를 배출할 수 있도록 격려해 주기를 바란다. 획일화된 교육환경 속에서, 각 개인이 가진 재능을 발견하고 이를 발전시킬 수 있는 대학환경을 마련하기 위해 지원해 주기를 바란다.

각 구성원이 자신의 재능을 마음껏 발휘하고, 이웃사랑을 실천함으로써 세상을 변화시키는 데 동참하는 것이 한동대학교의 비전이다. 정해진 틀 안에서 정해진 길만 따라가는 피교육자가 아니라, 학생들이 가진 무궁무진한 잠재성을 믿고 적극적인 자세로 이를 발견하도록 인도하는 것이다. 이러한 맥락에서 한동대의 '무전공 무학부 입학제도'는 학생들이 전공을 정하지 않고 입학한 후, 1년 동안 다양한 학과의 기초전공 과목을 수강하거나 진로체험 활동을 통해 자신의 적성과 특기를 발굴하고 전공을 선택할 수 있도록 하고 있다. 또한 한동대학교는 복수전공을 필수로 시행하고 있어 학문간 연계 교육을 통한 시너지 효과를 제고할 뿐만 아니라 자신의 비전을 위해 자유롭게 전공을 설계할 수 있는 학생설계융합전공 프로그램도 운영하고 있다. 한동대 학생들이 창의융합교육을 통해 인문학 및 공학을 함께 융합하여 배우고, 이를 통해 이 시대가 필요로 하는 융합형 인재로 성장할 수 있는 것을 목표하고 있다.

이외에도 국내 대학 중 최초로 자유학기제를 도입하여, 학생들이 자기주도적 활동을 할 수 있도록 장려하고 있다. 학생들은 자유학기제를 통해 프로젝트, 캡스톤, 인턴십 등의 다양한 체험활동에 참여하며 창의성 함양, 현장 기반 학습역량 및 문제해결력 강화, 비전 탐색 및 진로 개발 등 자기계발에 몰두할 수 있다. 미래를 여는 현 시대의 핵심 키워드는 바로 창의력이다. 재능을 창의적으로 발휘하기 위해서는 주어진 문제들에 과감하게 도전해 나가는 용기와 쉽게 포기하지 않는 끈기가 무엇보다도 중요하다. 재능을 창의적으로 발휘하기 위해서는 주어진 문제들에 과감하게 도전해 나가는 용기와 쉽게 포기하지 않는 끈기가 무엇보다도 중요하다. 학생들이 창의력과 재능을 계발시키고 발휘시키는 데 전폭적인 지원을 할 수 있도록 대학뿐만 아니라 국가와 지자체가 함께 힘써야 할 것이다.

또한, 대학이 국가와 지역사회 발전에 기여함에 있어 정부와 지자체가 학생들이 보다 좋은 환경에서 학습할 수 있도록 대학 주변의 도로, 대중교통 등의 인프라 구축 지원에 힘쓰고 대학 주변의 깨끗한 환경을 조성하는 것을 도와주기를 바란다.

대학과 도시의 상생발전을 위한 새로운 제안: 매력적인 차세대 산업 양성·혁신적인 문화 조성·평생교육의 융성을 위한 대학과 도시의 협력

대학과 도시는 매력적인 차세대 산업과 혁신적인 문화를 조성하는 데 힘써야 할 것이다. 유망 산업으로 꼽히는 스마트 시티, 스마트 홈, 스마트 카, 스마트 팜 산업뿐 아니라 차세대 의식주 산업, 고급 먹거리 산업, 바이오 산업 등 신성장 동력 산업을 적극 유치해야 한다. 대학은 이를 위한 연구와 인재양성에 힘쓰고 도시는 대학의 연구와 인재를 바탕으로 한 기술화 및 사업화, 인프라 구축 및 제도 개선 등

각종 지원에 힘써야 한다. 이를 통해 일자리를 창출하고 취·창업 기회를 제공, 지원할 수 있다.

뿐만 아니라 혁신과 글로벌의 문화를 창출해야 한다. 대학이 가진 인적 인프라와 도시가 가진 물적 인프라를 서로 공유하고 상호 협력함으로써 대학과 도시가 함께 도시의 국제화 및 글로벌 교류에 힘쓰기를 바란다. 외국인의 왕래와 방문이 잦을 수 있도록 컨텐츠를 개발하고, 외국인과 자유롭게 어울리고 소통할 수 있는 글로벌 문화를 정착시켜야 할 것이다. 지식·감성 기반의 창조적이고 혁신적인 소프트 문화, 젊은이들의 실패를 용인하는 포용과 자유의 문화, 공유와 협력의 문화를 만들기 위해 대학과 도시가 함께 협력해야 한다.

마윈 알리바바 회장은 고향 항저우의 한 아파트에서 창업했다. 항저우는 인구나 자본 규모로는 상하이와 견줄 수 없지만, 알리바바라는 전 세계적 IT기업을 배출하는 영예를 안았고 다시금 주목받는 도시가 되었음을 기억하며, 도전 정신과 실력을 갖춘 인재, 매력적인 차세대 산업과 혁신적 문화를 양성하는 데 대학과 도시가 함께 협력해야 할 것이다.

끝으로 인재·차세대 산업·혁신 문화 양성과 더불어 지역주민의 수준을 향상시키기 위한 대학과 도시의 역할이 매우 중요하다. 지역민들이 끊임없이 배우는 자세를 가지고 학습할 수 있는 환경을 조성하기 위해 대학은 지역민에 평생교육을 제공하고 정부와 지자체는 이를 행·재정적으로 지원해야 할 것이다.

앞으로 4차산업혁명시대를 주도할 인재의 특성은 크게 3가지라고 생각한다.

첫째, 이웃을 사랑하는 마음과 이웃의 필요가 무엇인지 고민하는 자세를 가진 인재이다. 에어비앤비(Airbnb)의 출현과 성공은 4차산업혁명으로 도래한 공유경제시대의 대표적인 사례이다. 9년 전, 혜성과 같이 등장하여 숙박 시장을 석권한 숙박 공유 서비스 업체 에어비앤비는 100년에 가까운 역사를 가진 호텔 체인인 힐튼의 기업 가치를 이미 추월하였다. 소비를 미덕으로 삼으며 자신의 이익과 생존에 초점을 둔 자본주의 경제논리를 살았던 '미제너레이션(Me-generation)'에서 공동의 가치를 위해 함께 일하고, 협동소비를 동력으로 하여 지속가능한 사회를 추구해나가는 '위제너레이션(We-generation)'으로 패러다임이 전환하고 있는 것이다. 우리는 함께 살아가는 방법을 추구하고 협력을 배워나가지 않으면 관계를 기반으로, 평판을 근거로 하는 공유경제 시대에서 생존하기 어려울 것이다. 우리가 직면하는 문제들 자체가 융합적이기 때문에, 한 개인의 탁월한 지식적 역량으로만 해결할 수 없는 문제가 대부분이다. 이에 협업은 선택의 이슈가 아닌 새롭게 열린 시대의 필수적 덕목이 된 것이다. 공유·협력의 시대에는 성장보다 성숙, 사치보다 가치를 추구하는 인재를 길러야 한다. 성숙과 가치를 추구하는 진정한 공유경제시대, 협력시대를 살아가기 위해서는 이웃을 사랑하는 마음과 이웃의 필요가 무엇인지 고민하는 자세가 필수이다. 진정한 인성교육은 이웃을 사랑하고자 하는 의지와 이웃의 문제를 돕고 필요를 채워주고자 하는 마음에서 비롯된다.

둘째, 평생 스스로 배움을 즐기는 자세와 자기주도적 학습역량을 가진 인재이다. 종종 언론을 통해 골리앗과 같았던 거대기업들이 끊임없는 기술과 지식의 변화 속에서 무너지는 모습을 접하게 된다. 진공관을 대체하는 트랜지스터로 20세기 혁신을 주도한 에이티앤티(AT&T)의 벨 연구소는 신생 기업이나 다름 없었던 구글이나 페이스북의 도전에 무릎을 꿇었다. 대표적인 미국의 거대기업 제너럴일렉트릭(GE)은 민첩함과 용기를 지닌 이 시대 스타트업들의 신속함과 유연성을 벤치마킹하기 시작했고 제프리 이멜트 회장은 거대한 규모, 자본, 기술력에 그쳐서는 안 되며 더 나아가 뛰어난 기업가 정신과 이 시대의 변화에 빠르게 대응하는 민첩함을 함께 갖춰야 함을 크게 강조한 바 있다. 이 시대는 골리앗과 같은 거대한 하드웨어적 규모보다도, 다윗의 물매질과 같은 민첩한 신성장 동력 및 골리앗을 쓰러뜨린 돌멩이 하나와 같은 작지만 강한 무기를 요구한다. 내수 기반 약화, 수출경쟁력 저하, 저출산 및 고령화로 인한 취약한 인구 구조등 여러 난관을 맞은 대한민국은 공식에 길들여지지 않은, 야성을 갖춘 다윗과 같은 인재가 절실히 필요하다. 현재 우리 교육은 주어진 문제의 정답을 찾는 것에만 몰두하고 있다. 우리 주변의 문제, 지역사회의 문제, 국가의 문제, 전 세계가 직면하고 있는 문제가 무엇인지 찾아내고 이를 해결하기 위해 지속적으로 공부하고 연구하는 것이 아니라, 주어진 정답에 어긋나지 않기 위해 암기식 위주의 학습에 경쟁을 불태우고 있다. 빠르게 변화하는 시대에 있어 교육·연구의 핵심은 평생 적극적으로 배우고자 하는 자세와 자기주도적 학습역량을 가지고 주어진 난관을 지혜롭고 창의적으로 타개해 나가는 인재를 양성하는 데 있다.

셋째, 문제를 발견하고 해결하고자 하는 의지와 창의적인 사고역량을 가진 인재이다. 4차산업혁명시대에서 교육·연구의 핵심은 중요한 문제, 좋은 문제를 발견하고 해결하는 것이다. 소프트웨어와 ICT/IoT 기술의 발달을 바탕으로 한 초연결·초지능의 4차산업혁명시대에는 다양한 고객의 요구를 신속하게 충족시켜 줄 수 있는 속도(agility)와 다양성(diversity)의 능력을 갖춰야 한다. 이를 위해 '고객이 무엇을 원하는가', '고객에게 무엇이 필요한가'를 파악한 이후 '무엇을 만들 것인가'를 고민하여 필요사항(requirement)를 정리할 수 있는 능력이 중요하다. 이러한 문제발견능력과 문제해결능력을 갖춘 대표적인 인물의 예로, 빌 게이츠를 들 수 있다. 미국의 경제전문지 포브스가 매년 발표하는 세계부자순위에서 2016년에도 1위를 차지한 빌 게이츠는 어마어마한 재산뿐만 아니라 전 세계 다양한 문제를 발견하고 해결하는 데 앞장서고 이에 자신의 재산을 아끼지 않고 기부하는 인물로도 유명하다. 그는 전기·식수·에너지·소아마비·백신·교육 등 전 세계 수많은 문제에 관심을 가지고, 이를 해결하고자 다양한 아이디어를 개발하고 실천에 옮겨왔다. 4차산업혁명시대에서 가장 중요한 역량은 빌게이츠와 같이 '무엇을 만들 것인가'를 고민하고 소비자의 필요사항(customer requirement)를 정리할 수 있는 능력이다. 이웃과 사회, 세계를 위해 해결해야 할 문제가 무엇인지 정의하고 이를 해결하기 위한 방법을 정리할 수 있는 인재를 양성하기 위해 힘써야 할 것이다.

담장을 넘어 도시 속으로

이강덕 포항시장

지역과 함께하는 대학의 새로운 패러다임 'Univer + City'

21세기에 들어 대학의 역할은 단순교육과 연구기능을 넘어서 인적자원의 유지와 보유, 그리고 지역과 함께 할 수 있는 열린 개방성, 공동체 의식, 기술의 공유와 기업지원 등을 포함해 지역발전에 원동력이 되는 가치창출에 있다고 할 수 있다. 이러한 의미에서 지난해 5월 포항의 포스텍과 울산의 울산대가 중심이 되어 지역발전을 위한 공동의 장으로 'Univer+City 포럼'을 결성한 것은 아주 고무적이고 신선한 바람이라 할 수 있다. 나아가 포항의 한동대, 울산의 UNIST, 경주의 동국대, 위덕대, 세 도시 상공회의소 등이 참여하여 협력의 장으로 만들어 전국적으로 이목을 집중하고 있다.

특히 세 도시의 대학은 'Univer+City 포럼'을 통해 기술사업화 장터 마련과 창업기업에 대한 인력지원, 금융상담, 기업운영을 위한 멘토링, 대기업과의 네트워크 기회마련 등 교류 프로그램은 앞으로 지역에 변화를 가져오는데 큰 힘이 될 것으로 믿는다. 지역대학의 이러한 시도는 향후 지역에서의 역할 증대는 물론 지역발전으로 이어질 것이며, 지역사회도 대학이 지역과 연계할 수 있는 기회를 늘려 주어야 한다.

　이론적, 실증적 연구를 통해서도 나타나는 것이 지역혁신이나 산업 클러스터의 핵심에는 대학이 있다는 점이다. 한 연구에 따르면, 미국 버클리 소재 캘리포니아 주립대학교(UC Berkeley)의 경우, 그 대학교와 대학원에 입학한 다른 주나 외국 학생들 중, 상당수가 졸업 후에 그 지역이나 주변에 남아서 직장을 가지고 산다는 것이다. 물론 외국의 명문대학교라서 그렇다고 말할 수도 있지만, 21세기 대학의 역할을 잘 수행하는 좋은 예라고 할 수 있다.

　우리나라의 경우에도 지방 도시에 입지한 대학들이 지역의 발전을 위해 더욱 그러한 일에 집중해야 하고, 지방정부는 대학들이 그러한 활동을 잘 해 나갈 수 있도록 도와주어야 한다. 포항의 예를 들어 보면, 사실 지금까지 지역의 대학들은 교육의 질과 전문성, 국제화 면에서 다른 지역의 대학들 보다 훨씬 높은 수준을 보여 왔다. 하지만 지역민들이 느끼는 이질감도 많이 있었다. 다시 말하면 지역의 대학은 글로벌 하지만 지역과 지역에 있는 기업들은 대학으로부터 지역과 함께하는 프로그램이나 개방적 요소, 기술적 지원이 부족하였다는 것이다. 물론 지역대학의 감춰진 경쟁력을 알리고 이를 통해 고급 인력을 지역에서 흡수하려는 노력에 지자체도 소홀했다는 것은 부인할 수 없다.

　포스텍이 포항을 떠나 우리나라는 물론 세계를 움직이는 대학이 될 수 없다는 것은 스텐포드 대학과 실리콘밸리의 예에서도 명확히 볼 수 있다. 지역대학이 세계적인 대학이 되기에 앞서 우리나라의 선도적 대학이 되어야 하고, 우리나라의 선도적 대학이기에 앞서 지역을 선도하고, 지역과 함께 해야 할 뿐만 아니라 지역사회를 바꾸는데 앞장서야 한다. 그래서 이제 지역대학은 담장을 열어, 주민들을 받아들이고, 도시의 중심으로 나와야 한다. 이러한 시점에 새로운 패러다임인 'Univer+City'를 통해 지역대학이 지역과 함께 하겠다는 시도에 대해 지역 주민을 대표해 정말 환영하고 큰 박수를 보낸다. 이는 김도연 포스텍 총장님 취임이후 "지역과 함께하는 가치창출대학"이라는 철학이 녹아 났다고 생각한다.

이제 지역과 대학은 하나의 공동체이다. 기초연구가 아닌 기술이전과 사업화를 전제로 한 공동연구 활동의 확대, 학생교류 프로그램 확대, 스포츠와 문화교류의 확대, 지역대학 공동축제 개최, 재능기부를 포함한 지역대학 공동 봉사활동 등 다양한 활동을 공유하고 함께 참여함으로써 지역발전의 파트너십과 공동체 의식을 쌓아가는 것이 중요하다.

'해오름 동맹' 출범으로 도시간 소통과 협력의 시대 열어

지역대학의 협력에 이어 시너지 효과를 높이기 위해 지방정부도 연합하기 시작했다.

울산, 경주, 포항 3개 도시는 모두 한반도에서 해가 가장 먼저 뜨는 지역이면서 역사적, 공간적으로 밀접한 생활권이다. 찬란한 신라 문화를 일궈낸 자랑스러운 역사의 중심지 이자, 대한민국 산업화를 일으킨 선도지역이며 국도7호선을 통한 60분 생활권이다. 오래 전부터 사람과 물자의 교류가 많았던 세 도시는 동질성이 높은 지역으로 상호보완적 관계 속에서 경쟁과 협력으로 우리나라 발전을 이끌어 왔으며, 울산의 자동차·조선·석유화학, 포항의 철강, 경주의 역사관광산업이 우리나라를 대표하고 있다. 이러한 지역여건을 기반으로 3개 도시는 지난해 6월 울산-포항 고속도로 개통을 계기로 '해오름 동맹'을 출범 하였다.

해오름 동맹은 최근 불확실한 세계경기 침체로 심화되고 있는 지역경제의 어려움을 극복할 새로운 모멘텀으로 행정구역을 넘어 소통과 협력의 시대를 연 전국 최초의 광역발전 모델이다. 출범이후 해오름 동맹은 각 도시의 강점을 서류 공유하고 지원하며 다양한 공동협력 사업을 추진하고 있으며, 1년 밖에 되지 않았지만 3개 도시의 적극적인 의지와 참여로 가시적인 성과도 나타내고 있다.

먼저, 산업R&D분야에서는 제3·4세대 방사광가속기, 양성자가속기 등 국내 최고의 기초연구 인프라를 갖춘 포항, 경주, 울산 일대를 '동해안 연구개발특구'로 지정하기 위해 공동 대응을 하고 있다. 연구개발특구 지정은 포항의 첨단신소재, 경주의 부품, 울산의 최종재 등 탄탄한 보완적 산업생태계를 구축하여 동해남부권 경제성장의 기폭제가 될 것으로 기대된다.

도시인프라 분야에서는 동해남부선 폐선부지 활용방안과 폐철도지역진흥특별법 제정을 추진하고 있으며, 도시 접근성 확보를 위해 간선도로망 확충과 국도 14호선, 국도 31호선 도로확장 등 광역교통망 구축사업도 구상하고 있어 지역 간 경계를 허물고 인적 물적 교류

확대를 통해 더 많은 시너지 효과를 기대할 수 있다.

문화·관광·예술 분야에서는 대한민국 테마여행 10선에 해오름동 맹 권역이 선정되는 등 관광자원의 공동개발과 역사와 문화를 이어 줄 수 있는 콘텐츠 개발과 관광벨트 조성을 위한 마스터플랜 용역이 진행 중이다. 아울러 지난해 하모니콘서트, 낭독극장, 합동문화공연 을 개최 하였으며, 올해는 전통시장 활성화를 위한 사회단체간의 자 매결연, 해오름동맹 문화재단 업무협약은 물론, 12월 공연을 목표로 세 도시가 함께 오페라 공연을 준비하고 있어 앞으로 문화관광을 통 해 지역 간 공감과 소통의 기회가 확대되리라 믿는다.

특히, 해오름동맹 상생발전 전략을 공유하기 위해 지난 10개월에 걸쳐 '동해남부권 상생발전 연구용역'을 완료하여 해오름동맹의 비 전을 제시하고 5개 분야 64개 세부사업을 발굴, 이중 11대 선도사업 을 선정하여 우선 추진할 계획이다.

아울러 해오름동맹의 상생발전 지속성을 담보하기 위해 행정협의 회를 구성하여 공동협력 추진사업의 통합관리, 예산확보, 국책사업 유치 등을 공동 대응하기 위해 향후 해오름동맹 사무국을 설치할 계 획이다. 앞으로 3개 도시 해오름 동맹 협력을 강화할 경우 인구 200 만, 경제규모 95조원의 메가시티(Megacity)로 도약이 가능할 것이다.

지속가능한 상생발전을 위한 협력적 거버넌스 구축해야..

오늘날 우리 사회는 인공지능(AI), 빅데이터(Big data), 크라우드 (Cloud), 사물인터넷(IOT) 등의 기술을 기반으로 하는 여러 분야의 기술이 융합되면서 산업 전반에 걸쳐 신산업화가 촉발되는 4차 산업혁명 시대로 급격하게 변화하고 있다.

많은 전문가들은 4차 산업혁명을 통해 산업과 융복합이 촉진되면서 새로운 기술이 탄생해 우리 경제에 보다 광범위하고 근본적인 체질 변화를 촉발시킬 것으로 예상되고 전 세계 대부분의 나라와 도시들도 4차 산업혁명을 통해 미래 먹거리를 준비하고 있다.

우리 포항은 국제경기 악화, 주력인 철강산업의 장기침체와 글로벌 공급과잉 등으로 지역경제가 어려움에 처해 있는 가운데 미래 먹거리 창출이 어느 때보다 시급한 상황이다. 지금 변화의 시기를 기회로 삼아 어떻게 활용하고 대응하느냐가 우리 포항의 미래를 좌우할 것이다. 어려움을 겪는 것은 울산의 조선, 석유화학, 자동차 산업과 경주의 부품산업도 똑같은 상황일 것이다.

'Univer+City 포럼'은 이러한 시기에 지역의 경쟁력을 확보하기 위해 도시와 대학이 상호 보완적인 협력체계를 구축하는 매개체가 될 것으로 확신한다. Univer+City 포럼은 대학이 도시에 나타나는 다양한 문제를 고민하고 해결하며, 도시는 이를 위해 행정적·재정적 지원을 하는 구조로 대학과 기업이 함께 도시를 발전시키는 순환 생태계를 만드는 역할을 수행할 수 있다.

또한, 지방정부와 대학이 추진하는 사업이 도시의 공공복리 향상이나 지역사회와 협력을 통한 도시문제를 해결하는 것이기 때문에 중앙정부의 재정적 지원도 고려해야 한다.

'Univer+City 포럼'과 '해오름 동맹' 1년을 맞아 세 도시의 지방정부와 대학은 협력적 거버넌스를 구축해야 한다. 이를 위해 세 도시의 관계자와 실무자들이 참여하는 '산학연관 협의회'를 구성해 필요한 현안이 발생하였을 때 보다 원활하고 빠르게 해결해 나갈 수 있도록 지원하며, 협의회에서 논의된 사업이나 협의사항은 해오름동맹의 주요 사업으로 추진할 수 있도록 유기적인 협력체계를 만들어 나가야겠다.

이와 함께 세 도시는 대학과 협력활동을 체계적으로 관리하고 대학과 관련된 이슈나 문제가 발생하였을 때 소통할 수 있는 창구역할을 하고 지속적인 정책 추진에 기여하는 전담조직을 설치해야 한다.

이제 포항, 울산, 경주 3개 도시와 대학은 교류와 협력에 대한 의지는 갈수록 적극적이다. 지방의 한계를 극복하고 도시 간 협업과 융합으로 대한민국의 변화를 선도하는 모델이 될 'Univer+City 포럼'과 '해오름 동맹'이 상호 보완과 시너지를 확보하는 네트워크 시티 (Network city)의 새로운 사례로 자리매김하고, 우리나라 경제를 재도약 시키는 새로운 기회가 될 것으로 기대하고 있다.

지역사회의 회복과 지속성장을
가능하게 하는 대학, 한림대

김중수[1] 한림대학교 총장

글로벌 경기침체로 인한 저성장뿐만 아니라 다층적 불균형 및 보호주의 팽배로 인해 세계경제의 불확실성이 계속 증대될 전망이다. 우리나라 경제도 글로벌 추세의 변화와 함께 저출산, 고령화, 성장잠재력 하락, 산업 경쟁력 약화 등 구조적인 문제가 악화일로에 있다. 이러한 국내외적 변화에 성공적으로 대응하기 위해서는 우수한 인력과 인프라를 갖추고 미래인재를 육성하는 대학의 역할이 그 어느 때보다 중요하고 이 문제에 매우 높은 정책적 우선순위가 부여되어야 할 것이다. 특히 지역의 발전을 견인하면서 양적, 질적 지속성장을 가능하게 하는 지역-대학간 협력의 고도화를 위해 쌍방향 이해와 협력이 요구되는 시점이다. 특히 긴 안목에서 지역발전을 도모하고자 하는 지역의 정치지도자의 혜안이 요구된다고 본다.

1   한림대학교 총장. 본고 작성에 최성찬연구처장과 이선우기획처장의 도움이 컸음을 밝힌다.

한림대학교가 위치한 강원도는 행정구역상 면적은 전국의 16.8%인데 비해, 지역내 총생산(GRDP)은 2.5%, 사업체 수는 3.5%, 수출은 0.4%로 산업기반이 매우 취약하고 경제의 비중이 낮은 지역이다. 고용률도 57.5%(2015년)로 전국 최하위 수준에 머무르고 있다.[2] 이와 같이 강원도 산업이 타 지역에 비해 전반적으로 불리한 여건임에도 불구하고, 바이오헬스케어와 연관된 산업 기반은 상대적으로 양호하게 구축되어 있는 실정이다. 특히 바이오·헬스케어 관련 신약개발 및 건강진단 분야는 정부의 유일한 생명공학기술(BT) 분야 신성장동력산업으로 포함되어 있으며, 강원권의 특화분야로 지정되어 이 지역에 맞는 전략산업으로 집중 육성되고 있다.

또한, 강원도는 인구 중 대학생의 비율이 상대적으로 높은 지역으로서 고등교육기관에 대한 지역사회의 관심과 정책적 대응이 전략적으로 필요한 지역이다. 대학이 지니고 있는 고급 인력과 장비 등 다양한 인프라를 효율적으로 활용한 발전을 도모해야만 수도권에 대비한 상대적 한계를 극복할 수 있다. 그것이 총 R&D투자비의 절대적 규모면에서 인구가 1/6수준에 불과한 세종시 수준에 비교될 정도로 경쟁력기반이 취약한 강원도가 지향해야 할 방향이다. 전국적으로는 R&D투자비의 77.9%가 '기업'에 집중되어 있으나 강원도에서는 전체의 52.5%가 '대학'에 집중되어 있는 특이한 구조를 갖고 있다. 마찬가지로 R&D 인력에 있어서도 전국적으로는 기업이 59.0%를 차지

2 「강원도 미래비전 2040 연구」, 강원발전연구원 보고서 16-32, 2016

하고 있으나 강원도에서는 대학이 74.8%를 차지하고 있다.[3] 이러한 맥락에서 볼 때, 강원도에서의 지역과 대학의 인력 공유 및 연구개발에 대한 협력은 선택의 문제가 아니라 생존의 문제라 해도 과언이 아닐 듯하다.

한림대학교는 특성화분야인 바이오, ICT 분야의 강점과 한림대학교 재단의 의료원 산하 6개 대형병원의 인적 물적 인프라를 바탕으로, 바이오헬스케어 관련분야의 산학협력과 우수 인력 배출에 많은 노력을 기울여 왔다. 강원도 지역의 취약점을 보완하는 역할을 수행해오고 있다고 할 수 있다. 지난 수년간 교육부 재정지원사업인 산학협력 선도대학 육성사업(LINC)을 수행하면서 한림대학은 '헬스케어 서비스산업분야의 산학협력 모델 구축'을 목표로 설정하고, 대학의 체질을 개선하면서 지역 산업체와의 상생발전을 실현하기 위한 괄목할만한 성과를 이루어왔다고 나름 평가하고 있다. 구체적으로 예를 들어 설명하면, 산학협력관, 종합연구센터 등 인프라를 확충하여 지역기업과 대학교원의 활발한 공동연구 기반을 구축하고 산학친화형 인사제도를 도입하였다. 또한 현장밀착형 교육의 중요성을 강조하면서 산학협력특성화대학을 중심으로 캡스톤디자인 교과목, 사회맞춤형 교과목 및 국내외 장단기 현장실습 등을 꾸준히 확대해 오고 있다. 그 밖에도 지역기업과 대학의 네트워킹 체계를 구축하기 위해 산학협력협의체 활동과 다양한 기업지원 프로그램을 개발하여 활용하면서 700여개의 가족회사와 활발한 교류를 진행해 오고 있다.

상호 호혜적이고 내실 있는 지역과 대학의 협력을 위해서는 우선 대학구성원, 특히 학생들이 지역사회로부터 케어를 받고 있다는 느

3 「지역 과학기술 혁신역량 평가」, KISTEP 연구보고서 2013-023, 2013

낌이 들도록 하면 좋을 듯하다. 강원도의 경우, 교통 인프라의 확충으로 인해 수도권 지역의 많은 학생들이 유입되고 있지만, 대부분의 경우 정주(定住)하지 못하고 있는 것이 현실이다. 학생들이 주말에도 캠퍼스와 지역에 머무르면서 도시에 활기를 불어넣고 지역경제에도 도움을 주는 모습을 총장 취임 초부터 계속 그려오고 있다. 학생들이 정주할 수 있는 기숙사 건립을 지자체와 대학이 공동으로 추진하거나, 지역사회가 주도하여 대학과 함께 하는 '스포츠 리그' 또는 '대학생의 날' 행사를 개최하는 것 등이 구체적인 추진 전략의 예이다.

춘천시와 한림대학교의 상생협력 관계

대학이 지자체, 공공기관 및 산업체가 필요로 하는 우수한 인력을 보유하고 또한 배출해야 하는 것은 대학 존립의 목표라고 할 수 있다. 이들을 적절히 발굴하고 활용하기 위해서는 수요자의 노력도 필요하지만 공급자인 대학교원들의 인식전환이 무엇보다 중요하다고 생각한다. 만약 와인 품질이 포도 작황과 관계없이 들쑥날쑥하던 문제를 해결해 달라는 지역 농장주들의 요청을 대학이나 연구자들이 거절했더라면 화학을 전공하고 있던 파스퇴르(Louis Pasteur)가 발효에 대한 이해를 시작으로 위대한 미생물학자가 될 수 없었을 것이다. 연구자들이 지역 현안문제의 해결에 적극적으로 나서는 풍토가 만들어져야 하며, 이러한 노력이 교원의 업적으로 적절히 평가 받을 수 있도록 하는 제도 마련은 대학운영자의 몫임은 두말할 나위 없다.

강원도 지역의 낙후도(16개 市·道 중 14위)와 빠른 고령화는 농업기반의 산업 발전에 심각한 위협 요인으로 작용하므로 지역 경제를 살리고 미래농업 시대를 준비하기 위한 산업 및 복지 프로그램 개발이 절실히 요구된다. 특별히 강원도는 경기도와 전라남도에 이어 전국 3위의 마을기업 수를 가지고 있다.[4] 이는 강원도가 6차 산업에 대한 높은 잠재적 수요를 가지고 있음을 의미하며, 한림대학교는 지역 상생이라는 목표를 달성하기 위해 지역공동체에 기반을 둔 접근방식을 통해 지역 지향적인 산학협력 모델을 구축할 계획이다. 이는 한림대학교의 "사회맞춤형 산학협력 선도대학(LINC+)"육성사업의 핵심과제이기도 하다. 기존의 '산업체-대학'이라는 단순협력의 틀에서 벗어나 6차 산업 즉, 농촌에 존재하는 모든 유무형의 자원(1차 산업)을 바탕으로 농업과 식품, 특산품 제조가공(2차 산업) 및 유통 판매, 문화, 체험, 관광, 서비스(3차 산업) 등을 연계함으로써 새로운 부가가치를 창출하는 지역 지향적 활동을 통해 공동체 회복과 생산적 복지를 추구하고자 하는 것에 초점이 맞추어져 있다. 또한 지역공동사회의 전통과 역사, 자연환경, 문화를 공동체적 자원으로 재구축하여, 취약한 문화·예술 교육기반과 산업기반, 건강 불평등, 고령화 등 지역공동체 위기를 해소하기 위한 '문화 나눔'과 '건강 돌봄'에 대해 한림대학교가 중추적 역할을 감당할 계획을 세워 이를 추진하고자 한다.

한림대학이 위치한 춘천시는 국비지원인'북한강 유역의 6차 산업 활성화사업'추진뿐만 아니라 다양한 가족체류형 테마관광시설의 확충과 지역축제가 활발하게 진행되고 있는 도시이다.[5] 춘천시의 역동적 발전은 최근 3년간(2014~2106)의 인구증가 현상에서도 잘 나타나

---

4   「2016 강원도 통계 핸드북」, 강원발전연구원, 2016
5   국제마임축제, 춘천인형극제, 막국수닭갈비축제 등

고 있으며[6], 한림대학은 '6차 산업 혁신 전공,' '건강돌봄서비스 디자인전공,' '지역문화 콘텐츠전공' 등 다양한 융·복합 교육프로그램을 운영함으로써 지역이 필요로 하는 맞춤형 인재양성체계를 구축하고 있다. 이를 통해 그 동안 본교 재학생 중 약 30%가 춘천·강원지역 출신임에도 지역 내 취업자가 많지 않았던 지역산업 수요와 대학공급의 양적, 질적 미스매치가 조만간 해소될 것으로 기대된다.

춘천시의 인구는 전체적으로는 꾸준히 증가하고 있으나, 지난 5년간 0~9세 인구는 오히려 2% 감소하였다[7]. 같은 기간 노인인구는 3,901명 증가하였고, 총 인구 중에서 차지하는 비율이 15%에 이르러 고령사회로 진입하였다[8]. 따라서 고령주민에 대한 만성질환관리, 취약계층 영양관리, 정신건강증진, 자살예방서비스 등 '삶의 질' 향상을 위한 춘천시의 노력 뿐 아니라 대학의 적극적 역할수행이 그 어느 때보다 필요한 시점이다. 한림대학교는 지난 5월 이후 LINC+ 사업을 통해 식품영양, 심리, 사회복지, 간호학과 등을 중심으로 지역사회 건강돌봄 산학협력네트워크를 구축하고 주민대상 맞춤형 교육프로그램을 제공함으로써 전문 인력양성을 추진하고 있다. 한편 춘천시와 한림대학교의 상호발전을 위한 공동프로젝트의 예로 '세대통합형 고령친화 커뮤니티 구성 및 운영매뉴얼 개발'이나 '치매친화적 사회구축을 위한 치매안심마을 시범운영 프로그램 개발'등을 통해 심화되고 있는 저출산·고령화 위기를 오히려 기회로 삼을 수 있는 방안을 모색하고자 한다. 이러한 노력이 성과를 나타낸다면, 춘천시가 지닌 아름다운 자연환경과 다양한 문화예술관광 도시로서의 이

---

6   278,840명→281,005명→283,948명으로 증가, 「2017 춘천시 주요 업무계획」, 춘천시, 2017
7   출산율 전국 184위, 도내 15위
8   「50년의 기다림, 100년의 춘천설계」, 강원발전연구원 정책메모 제623호, 2017. 5. 29.

미지와 함께 높은 수준의 사회안전망이 구축되게 될 것이며, 이럴 경우, 춘천시는 한림대학교와의 협력관계를 통하여 전국 최고의 매력적인 정주환경으로 인정받는데 손색이 없을 정도로 발전할 수 있을 것이다.

대학교육은 변화된 미래에 준비된 인재를 육성하는 책무를 져야 하며, 실제로 대학교육을 이러한 변화에 상응하게 개혁할 수 있을 것인가의 여부에 우리나라의 미래가 달려있다고 해도 결코 지나친 표현이 아닐 것이다. 최근 교육당국이 학사운영을 지금까지의 경직적인 규제위주에서 벗어나 자율화 조치를 도입할 것을 공표한 것은 시대상황의 변화에 부응하는 대학교육개혁의 절박성(切迫性)을 인식하였기 때문이라는 점에 주목해야 한다. 우리의 예상보다 훨씬 빠른 속도로 '제 4차 산업혁명 시대'가 도래하고 있다. 따라서 대학은 '제 4차 산업혁명 시대' 교육의 핵심적 개념인 '융합, 소통, 공유'를 구체화할 수 있도록 학사제도와 교육 커리큘럼(curriculum)을 시대적 흐름에 맞춰 지체하지 말고 개편하고 개혁해 나가야 한다. 단순히 기존의 지식을 전달하는 것에서 탈피하여 탐구와 경험을 통해 학생의 역량을 키우는 방향으로 교과내용(syllabus)이 개편되는 것이 융·복합시대의 교육에 부합하는 것이다. 이러한 시대의 요구에 부응하기 위하여 한림대학교는 복수전공 필수화를 전면 시행하는 동시에 다양한 융·복합전공을 개설함으로써 글로벌 선진인재 양성을 위한 노력을 시작하였다. 향후 사회적 수요에 부응하는 정도가 반영되어 기존 학과 또는 전공간의 융·복합이 자연스럽게 이루어지면서 수요자 중심의 실용적 교육개혁이 이루어질 것으로 기대된다. 시대상황의 변화에 상응하는 살아 있는 교육을 제공하면 학생들이 미래를 밝게 볼 수 있

는 능력을 구비하게 될 것이며 궁극적으로 진취적인 기상과 도전의
식을 지닌 미래지향형 창의인재로 육성될 것으로 확신한다.

끝으로, 대학은 학문적 성과 뿐 아니라 봉사활동 등을 통하여 지역
사회의 발전에 직접적인 기여를 할 수 있어야 한다. 세계적으로 볼
때, 명문대학교를 갖지 못한 유수한 도시를 찾기가 쉽지 않다는 사
실은 기업 못지않게 대학의 존재가 도시의 발전에 필수적이라는 의
미를 시사한다. 다른 말로 표현하면, 우수한 인재를 공급하는 학교가
있어야 기업이 생성할 수 있다는 뜻이다. 따라서 지역이 발전하지 못
하는 곳에는 명문대학이 존재하지 않는다는 것이 널리 관측되고 있
다는 점에 지역의 정치지도자들이 유념해야 한다. 대학과 지역사회
가 상생하는 호혜적 관계가 정립되어야 한다는 것의 중요성은 제 아
무리 강조해도 지나침이 없다고 할 수 있다. 그것이 지역사회의 회복
과 지속성장을 위한 길인 동시에, 학령인구의 급격한 감소, 청년 실
업률 급증 등의 위기상황에서 대학이 살아남는 길이기도 하다.

전통의 도시 춘천,
대학과의 동반발전을 꿈꾸다

최동용 춘천시장

현재 춘천시 청사(옛 춘천여고)와 담장 사이로 춘천향교가 있다. 조선 초 설립됐다고 하니, 춘천에서는 가장 유서 깊은 공간이고 건물이다.

향교(鄕校)는 말 그대로 국가가 지원하는 지방(鄕) 교육기관(校)이었다. 지금의 서울인 한양에는 유일한 국립대학인 성균관이 있었으니 향교는 지방 최고의 중등교육기관쯤 된다.

춘천향교는 터를 잡은 이래 지금까지 그 자리를 지키고 있다. 옛 지도를 보면 봉의산 아래 지금 강원도청 자리에 사또(춘천부사)가 행정을 보는 관아가 있고 시내를 바라보는 방향으로 왼편에 향교가, 오른쪽에는 땅과 곡식의 신을 모시는 사직단(社稷壇)이 있다.

향교는 조선의 건국 이념인 유학을 실천하는 곳이었다. 공자를 비롯한 성현에 대한 제사와 인재 양성, 백성에 대한 교화가 주 기능이었다. 그 중 공자의 위패를 모신 사당이 대성전이다. 문묘(文廟)라고

도 한다.

동아시아의 옛 도시 구성은 궁궐을 중심으로 왼쪽에 왕실이나 성현에 대한 사당을, 오른쪽에 사직단을 설치하는 좌묘우사(左廟右社)를 원리로 했다. 지방도 마찬가지였다. 그로 인해 관아 왼편인 지금 자리에 춘천향교가 들어선 것이다.

어느 도시이건 향교가 있는 동네는 교동(校洞)이라 불렀다. 교동은 그 도시의 중심 동네였다. 그만큼 전통도시는 학교가 구심체 역할을 했다. 학교는 단순히 후학을 가르치는 곳만이 아니라 문화의 계승과 창달, 도덕과 윤리의 중심체 역할을 했기 때문이다.

서구의 오래된 도시 역시 대학을 중심으로 발전했다. 중세 후반기, 농업의 발달로 인구가 늘면서 도시로 유입됐다. 잉여 인력을 활용한 수공업과 상업이 발달했다. 생산과 거래, 이웃 도시, 외국과의 교역이 늘면서 성채 정도에 불과했던 도시는 그 외연을 키워가면서 지금의 도시 틀을 갖췄다.

지식과 기술의 수요는 자연스럽게 교육의 수요 증가로 이어졌다. 수도원, 궁정에서 주로 맡아오던 교육은 분야가 세분화되고 가르치는 사람과 배우는 사람의 조합이 만들졌다. 그 조합이 12세기 지금의 이탈리아, 프랑스, 영국을 중심으로 세워지기 시작한 대학의 연원이다. 지인에게 도움을 청하니 교수, 학생 조합을 뜻하는 라틴어 우니베르시타스Universitas가 영어의 대학(university)이 된 이유라고 한다.

이탈리아의 볼로냐 대학, 프랑스의 파리 대학, 영국의 옥스퍼드, 캠브리지 대학이 그 때 만들어졌고 도시는 대학과 함께 발전했다. 지금도 유럽여행에서 만나는 중세 도시들은 도시 자체가 대학이고 대학이 거리를 이루고 있다.

청교도들은 미국을 개척하면서 동시에 학교와 대학을 세웠다. 미국의 유명도시에 어김없이 명문대학이 자리 잡고 있는 이유다. 하버드, 엠아이티(MIT), 웨즐리 대학 등 수많은 명문대학이 있는 보스톤이 대표적인 예이다.

전통도시인 춘천은 어떤가. 조선시대 때는 관학인 향교와 사립인 서원을 중심으로 교육이 이뤄져 오나 일제강점기인 1939년 춘천교대 설립을 시작으로 근대 대학교육이 시작된다. 이후 1946년 강원대의 전신인 춘천농업대학, 1982년 한림대가 문을 열면서 점차 대학도시로 발전해 왔다.

현재는 강원대, 한림대, 춘천교대, 한림성심대, 송곡대, 방송통신대, 폴리텍3대학까지 7개 대학이 있고 전체 학생수가 3만명 정도 된다. 2017년 7월 현재 춘천시 인구(28만3천명)에서 차지하는 비중을 보면 10%가 넘는다. 가히 교육 도시, 대학 도시라 할 만하다. 대학이 춘천의 핵심적인 인적 자원일 뿐 아니라 지역경제, 문화, 산업 등 도시 전반에 걸쳐 중추적인 역할을 하고 있는 것이다.

실제는 어떤가.

지역 대학생들이 먹고 자고 쓰는 대학생 생활경제 규모는 춘천에서 공무원 못지않게 큰 비중을 차지하고 있다. 대학을 중심으로 식당, 술집, 편의점, 미용, 안경점 등 여러 업종의 상가들이 이른바 대학상권을 형성하고 있다. 주변의 원룸촌 경기도 대학생들에 의존하고 있다.

한편으로는 경춘복선전철 개통을 기점으로 수도권에서 통학하는 학생들이 늘면서 원룸촌이 어려움을 겪고 있다. 한마디로 춘천과 같은 대학도시에서 대학생 경제와 지역경제는 떼려야 뗄 수 없는 관계인 것이다.

그렇다고 대학을 대학생에 의한 소비경제적 관점에서만 보는 것은 아니다. 산학연 협업을 통해 대학의 전문지식과 새로운 기술, 혁신, 지역발전전략이 지역기업과 행정에 접목되고 있고 첨단산업사회가 될수록 그 연관성을 더 깊고 중요해지고 있다. 또한 대학의 평생교육 프로그램을 통해 시민들과도 폭넓은 교류를 하고 있다.

한마디로 그 지역에 대학이 있고 없고에 따라 도시의 현재와 미래가 달라진다는 것이다. 대학이 지역에 끼치는 사회적, 경제적 중요성을 알기에 인구 몇만의 작은 도시들까지 앞 다퉈 대학 유치에 나서고 있다.

개인적으로는 고등학교 졸업 후 가정 형편으로 대학진학을 하지 못했으나 40여년 공직을 하면서 업무나 자기 연찬을 위해 직간접적으로 지역 대학과 많은 인연을 맺어 왔다. 많은 것을 배우고 교수님들과의 만남을 통해 대학이 지역에 미치는 중요성을 몸소 실감할 수 있는 기회가 많았다.

강원대를 보더라도 70~80년대까지만 하더라도 캠퍼스는 규모는 그리 크지 않았다. 그 후 비약적인 발전으로 효자동과 석사동 일원을 아우르는 거대한 캠퍼스로 성장했다.

의과대를 중심으로 시작한 한림대학은 적극적인 투자와 석학 유치로 우리나라를 대표하는 지성의 전당으로 발전하면서 춘천을 대내외에 알리는 데 더할 수 없이 큰 역할을 했다고 본다.

그 지역의 대학들과 함께 춘천이 발전해 왔다고 해도 과언이 아닐 정도로 대학은 지역발전에 인적, 학문적으로 지대한 기여를 해 왔고,

지금도 하고 있고, 앞으로도 해나갈 것이다.

이같은 지역대학의 긍정적인 기여 한편에는 현재 대학들이 처한 어려움이 있다. 대학 입학 인구 감소로 대학마다 신입생 유치에 어려움을 겪고 있고, 대학평가에 따른 구조개혁, 서열화 등으로 지역대학은 내부적 고충을 안고 있다.

지역의 대학이 지역발전의 핵심 기반이자 동반발전의 파트너라는 차원에서 대학의 위기와 어려움은 당연히 지역의 관심사가 되어야 한다.

특히 공공영역, 즉 자치단체가 정책적 지원과 협력 관계를 지속적으로 만들어가는 노력이 필요하다고 본다.

흔히들 지역의 미래는 인재 육성에 있다고들 한다. 지역의 인재들이 그 지역의 대학에 입학해서 각 분야에서 요구하는 전문인으로 양성되고 대학 졸업 후 그 지역에서 일할 수 있는 기반이 있어야 한다. 고향을 떠나지 않고 안정된 직업활동을 할 수 있게 해 주는 것은 지자체의 책임이기도 하다.

춘천시는 민선6기 출범 후 안정적인 인재육성기반을 만들기 위해 봄내장학재단을 설립했다. 물론 초,중,고등학생 뿐 아니라 대학생까지 지원대상으로 하는 사업이다. 2015년말 설립한 장학재단은 춘천시의 출연과 지역사회의 기부로 2017년 현재 88억원의 기금이 조성됐다. 2022년까지 200억원 조성을 목표로 하고 있다.

종전에 자치단체가 지원하는 장학사업은 대부분 학업우수자에게 집중됐으나 봄내장학재단을 학업뿐 아니라 여러 방면에 걸쳐 재능있는 학생을 길러내는 것을 목표로 하고 있다. 대학생의 경우 현재는 주소이전자를 대상으로 선발을 하고 있으나 기금 확대에 맞춰 점차 다른 영역으로까지 확대할 계획을 갖고 있다.

젊은층 일자리 창출도 춘천시의 핵심 시책 중 하나다. 단기적으로 대학 주도의 취업 박람회를 지원하면서 청년 고용기업이나 구직활동자에 지원금을 주는 정책을 펴고 있다. 또한 취업수요가 늘고 있는 분야에 취업할 수 있도록 실무능력을 길러주는 교육 프로그램을 진행하고 있기도 하다.

물론 이러한 시책으로 청년 일자리난이 해결되는 것은 아니다. 도시 경제의 체질을 바꾸는 중장기 일자리 대책이 있어야 한다.

춘천시는 수십년간 상수원보호, 그린벨트, 군사보호구역 등 각종 규제로 각종 개발에 제약을 받으면서 변변한 제조업체가 들어서지를 못했다. 규제만 탓한다고 해결되는 게 아니다. 다행히 춘천은 각종 규제로 인해 산과 강, 호수를 가진 아름다운 자연환경이 잘 보전될 수 있었다. 자연과 생태를 직접 건드리지 않으면서 지역경제를 활성화시킬 방안이 필요했다.

그 고민 끝에 나온 게 의암호 일대를 국제적인 관광명소로 조성하는 의암호 삼각관광벨트 사업이다. 그 사업의 일환으로 국내 최장의 소양강스카이워크를 비롯, 서면에 국내 유일의 장난감, 로봇 체험시설인 토이로봇관, 어린이글램핑장을 조성했다. 1년이 지난 현재 140만명이 넘는 신규 관광객을 유치했다.

또 하나의 대형 관광 프로젝트가 추진 중이다. 삼천동 수변에서 의암호를 가로질러 삼악산을 연결하는 국내 최장 로프웨이 사업이다. 2019년 개장 예정인 삼악산 로프웨이는 경관이나 체험면에서 춘천을 대표하는 랜드마크가 될 것으로 확신한다. 어려움을 겪고 있지만 중도에 조성되는 레고랜드 테마파크까지 운영에 들어가면 춘천은 호반의 도시에서 명실상부한 국제관광도시로 변모할 것이다.

또한 민간에 의한 관광시설 투자도 잇따르고 있다. 춘천시가 추진하거나 유치한 관광시설이 모두 가동되는 2020년 경에는 관광분야에서 젊은이들이 선호하는 일자리가 다수 만들어질 것이다.

또 다른 중장기 일자리 창출 사업으로 첨단 고부가가치 산업 육성 계획을 갖고 있다. 그 중 하나가 강원대와 협력사업으로 추진 중인 '춘천지역 수열에너지 융복합 클러스터 조성'이다. 국책사업으로 5년간 3,500억원이 투입되는 이 사업은 세계 최초로 소양강댐 냉수를 활용해 데이터센터 등에 냉각에 필요한 에너지를 공급하고 주변에 관련 기업을 유치하는 것으로 상당한 기업유치와 일자리 창출이 기대되고 있다.

한림대와는 '스마트토이, VR분야 산학협력'을 체결해 관련 산업 육성을 추진하고 있다. 한림대는 성공적인 사업추진을 위해 올해 4차 산업혁명 융합전공을 신설하고 스마트 토이 관련 인력을 양성한다. 춘천시는 학생들의 스마트 토이 아이디어 발굴과 창업을 지원할 계획이다.

춘천시는 지역대학과 시민들의 교류, 소통, 상생발전을 위해 강원대, 한림대의 창업보육센터에도 재정지원을 하고 있다. 대학의 기술지원과 행정의 재정지원을 통해 참신한 아이디어를 가진 젊은이들을 육성하려는 사업이다. 일반 시민이 참여하는 대학별 평생교육 프로그램도 관심을 갖고 지원하는 분야다.

아름답고 편리하고 쾌적한 캠퍼스는 대학생활의 또 다른 즐거움이자 긍지이다.

춘천시는 대학의 시설과 환경을 개선하는 사업에도 관심을 갖고 있다. 그동안 수차례 협의가 진행되고 있는데, 대학과 시민이 함께 하는 공공기관 확충 차원에서 대학 진입도로 확장이라든가, 광장 조성, 통학 개선을 위한 시내버스 편의 제공 등의 방안도 갖고 있다.

앞으로도 춘천시는 각 지역대학들과 산학협력단지, 문화거리, 시유지 공동 활용 등 다양한 협력사업을 추진해나갈 계획이다.

거기에 더해 춘천시만의 특화된 미래 비전을 소개하는 것으로 이 글을 마치고자 한다. 지역과 대학의 연대, 지역과 대학의 상생발전과도 연관이 있는 사인이기 때문이다.

춘천시는 올해부터 보육선도도시를 핵심 시책으로 내걸고 있다. '인구절벽'이라는 말이 나올정도로 저출산과 고령화는 대한민국과 지역의 명운이 걸린 현안이 되고 있다. 저출산에 따른학령인구 감소는 초,중,고교 뿐 아니라 지역대학으로서는 물리적으로 해결하기 어려운 문제다.

보육선도도시는 한마디로, 임신에서 출산, 보육, 청소년, 청년층까지 우리 도시의 미래 자원인 아이들이 성장해서 그 지역사회의 일원으로 자리잡을 때까지 지자체가 책임지도 지원하고 환경을 조성해주는 정책이다.

그 실천방안으로 생애주기별 맞춤 시책을 개발하고 있고 앞으로도 지속적으로 내놓을 것이다. 물론 그중에는 대학생과 청년층을 위한 고급 일자리 창출, 주거 지원, 가정을 꾸릴 수 있도록 결혼과 출산 정책이 핵심 시책으로 포함될 것이다. 실질적인 대안을 마련하기 위해 대학 총장님들을 모셔 강의를 듣기도 하고 대학 총학생회 임원진들과 대화를 나누고 있다.

얼마전에는 강원대 법학전문대학원장이 시를 방문했는데, 대학원 측에서 편지를 보여주었다. 그 대학원 졸업생이 춘천시가 준 장학금으로 학비 걱정없이 로스쿨 과정을 마치고 변호사가 되었다는 감사의 편지였다. 그러면서 덧붙이는 말이 도움을 받아 변호사가 되었으니 자신도 반드시 사회환원을 하겠다며 지역의 학교에 장학금을 지원하고 있다는 것이다. 일면식은 없지만 춘천시의 지원을 지역사회에 돌리고 있는 그 졸업생의 편지에서 시장으로서 큰 보람을 느꼈다.

춘천에서 태어난 우리 모두의 자녀들이 지역의 대학에서 인재로 길러져 고향을 떠나지 않고 안정된 직장에서 풍요로운 삶을 살아가는 그런 도시를 꿈꾼다. 지역과 대학이 함께 발전하는 도시, 시민들이 지역의 대학을 우리의 대학으로 삼는 도시, 춘천시의 정책적 지원과 함께 시민들의 성원이 함께 하는 '유니버시티(Univer+City) 춘천'을 기대해 본다.

| 책 출간에 부쳐 |

포스텍 박태준미래전략연구소는 미래전략연구총서 제8권으로 『유니버+시티Unver+City: 대학과 도시의 상생발전』을 출간하게 되었다.

제1부 「대학과 도시의 상생발전: 유니버+시티는 우리의 미래」는 박태준미래전략연구소의 임영빈 박사를 연구책임자로 하여 정기준 교수, 이재열 교수가 참여한 협동 연구의 결과물이다. 이 연구결과를 바탕으로 이대환 자문위원이 첨삭과 윤문의 과정에 수고를 아끼지 않았다.

제2부 「대학과 도시의 상생발전: 지금 우리는 이렇게」는 총장님들과 시장님들의 귀중한 원고로 엮었다. 글을 싣는 차례에는 가나다순을 적용하기로 하고, 대학 이름을 기준으로 하되 영어약자로 표기하는 대학들은 그 우리말 발음을 기준으로 삼고 같은 지역의 대학과 도시는 같이 모으기로 했다. 그 밖에는 어떤 고려 사항도 없었음을 밝혀둔다.

총장님들과 시장님들이 바쁘신 가운데도 기꺼이 참여해주시지 않았다면 이 책을 내놓는 것은 불가능한 일이었다. 이분들께 심심한 감사를 드린다. 그리고 책의 전체적인 구상과 함께 서문을 써주신 포스텍 김도연 총장의 격려와 지원이 큰 힘이 되었다. 정완균 부총장은 원고 작성과 수정의 과정에 많은 도움을 주었다. 또한 금진호 과장은 출간에 따른 여러 행정 업무를 훌륭하게 수행하였다. 이 책의 출간에 관여한 모든 분들께 진심으로 고마움을 전한다.

우리나라 도시들은 많은 문제점에 봉착해 있으며, 이 해결을 위해서는 도시에 있는 대학들과의 상생발전이 불가결한 요소이다. 굳이 외국의 여러 사례를 살펴보지 않더라도 우리나라 도시들, 그리고 대학들의 미래는 상호간의 긴밀한 협력에 달려 있다는 것은 의심의 여지가 없다. 이런 점에서 '유니버+시티(Univer+City)'에 대한 총체적인 조망을 보여주는 이 책의 출간은 시의적절하다고 생각하며, 이를 담당한 포스텍 박태준미래전략연구소 소장으로서의 기쁨과 보람을 독자들과 나누고 싶다.

2017년 10월
박태준미래전략연구소장 김병현

유니버+시티 Univer+City

펴낸날	2017년 10월 20일 초판 1쇄 발행
펴낸곳	포항공과대학교 출판부 *POSTECH PRESS*
지은이	포스텍 박태준미래전략연구소
출판등록	2017년 3월 23일 제503-2017-000002호
전화/팩스	054-279-2548 / 054-279-3599
주소	경북 포항시 남구 지곡로 64(지곡동)
인쇄·제본	AP프린팅
종이	한솔 PNS
디자인	나루기획

판매 대행	(주)아시아
전화	02-821-5055
팩스	02-821-5057
주소	경기도 파주시 회동길 445(서울 사무소: 서울시 동작구 서달로 161-1 3층)
이메일	bookasia@hanmail.net
홈페이지	www.bookasia.org
페이스북	www.facebook.com/asiapublishers

ISBN	979-11-960958-6-4
	979-11-5662-119-5(세트)

| 박태준미래전략연구총서를 펴내며 |

현재가 과거의 축적 위에 있듯 미래는 현재를 포함한 과거의 축적 위에 있게 된다. 과거와 현재가 미래의 상당한 실재를 담보하는 것이다. 다만, 소통의 수준에는 격차가 크다. '역사와의 대화'에서 확인할 수 있는 것처럼 현재가 과거와 소통하는 일은 선명한 이해를 이룰 수 있어도, 현재가 미래와 소통하는 일은 희미한 공감을 넘어서기 어렵다. 이른바 'ICT시대'라 불리는 21세기 '지금 여기'서는 더욱 그러하다. 현란하고 다양한 현재의 상상력들이 서로 융합하고 충돌하면서 예측불허의 창조적 조화를 생성하기 때문이다. 그러나 그것이 인간 또는 인간사회의 어떤 근원적인 문제를 해결할 수는 없다.

나는 어디서 와서 어디로 가는가? 어떻게 살아야 인간답게 사는 것인가? 이런 질문들은 모든 개인에게 가장 근원적인 문제다. 이 문제의 완전한 해답이 나오는 날에 인문학은 사그라질지 모른다.

더 나은 공동체로 가는 변화의 길은 무엇인가? 더 나은 공동체로 가는 시대정신과 비전은 무엇인가? 이런 질문들은 인간사회가 결코 놓아버릴 수 없는 가장 근원적인 문제다. 이 문제가 '현재 공동체에서 벗어날 수 없는 우리'에게 당위적 책무의 하나로서 미래전략 탐구를 강력히 요청한다. 거대담론적인 미래전략도 있어야 하고, 실사구시적인 미래전략도 있어야 한다.

거대담론적인 미래전략 연구가 이상적(理想的)인 체제를 기획하는 원대한 작업에 주력한다면, 실사구시적인 미래전략 연구는 가까운 장래에 공동체가 당면할 주요 이슈들을 예측하고 대응책을 제시하는 작업에 주력한다. 박태준미래전략연구소는 앞으로 일정 기간 동안 후자에 집중할 계획이며, 그 결실들을 총서로 출간하여 더 나은 공동체를 향해 나아가는 사회적 자산으로 공유할 것이다.

꼭두새벽에 깨어난 이는 먼동을 예감한다. 그 먼동의 한 자락이 이 총서에 담겨 있기를 바랄 따름이다.

박태준미래전략연구소

가치창출대학이란 무엇인가?
왜 가치창출대학인가?
대한민국 대학들이 나아갈 운명의 길을 제시하다

최고 가치창출대학으로

포스텍 박태준미래전략연구소 지음
150×222 | 128쪽 | 12,000원 | 2017년 6월 12일

산업화 시대에 정부의 '빠른 추격자(Fast Follower)' 전략을 뒷받침하는 인력을 양성해온 우리 대학들은 1980년대에 들어와서도 선진국의 지식을 재가공하여 학생들에게 전수했다. 그러나 1980년대를 거치는 동안 이공계를 중심으로 본격적인 연구에 진입하면서 새로운 지식을 내놓기 시작했다. 1986년 12월 '최고 연구중심대학으로'라는 슬로건을 앞세우고 설립된 '소수정예 이공계 대학' 포스텍은 연구를 상징하는 대학이었다.

2000년대 이후 우리 대학들은 새로운 환경을 맞이했다. 대학이 변해야 한다는 질책과 비판이 쏟아지기도 했다. 지금은 글로벌, 융합, 4차 산업혁명이라는 말이 시대적 변화의 중심을 형성하고 있다. 어떤 혁신이 있어야 하는가? 포스텍은 이 질문에 대한 답으로 연구중심대학으로서의 인재양성과 지식창출을 근본으로 삼아 새로운 사회·경제적 가치창출에 도전해야 한다는 결론에 이르렀다. 교육과 연구의 두 축으로 세계적 강소대학의 반열에 올라섰지만 사회·경제적 가치창출의 새 축을 추가하는 것이 시대적 사명에 부응하고 자강(自强)의 동력을 확보하는 길이라고 확신한다.

– 본문 「왜 가치창출대학인가?」에서